Gleitschirmfliegen

Peter Janssen | Karl Slezak | Klaus Tänzler

Gleitschirm-
Theorie und Praxis
fliegen

nymphenburger

Fotografen:
Alle Fotos im Buch Sky Art Hannes Schmalzl, ausgenommen Seite 21 Harry
Buntz; Seiten 9, 68, 118/119, 185 Andreas Busslinger; Seiten 59, 123
Remy le Clus; Seiten 132/133 Schorsch Höcherl; Seite 168 oben Klaus Irschik;
Seiten 126/127 Eugen Köninger; Seiten 54, 151 Burkhard Martens;
Seiten 19, 43, 49, 69, 74, 155 Johannes Mayr; Seite 168 unten Markus Müller;
Seiten 10/11 Michel Pfeiffer; Seiten 1, 34, 46/47, 112, 124, 174/175 Martin Scheel
azoom.ch; Seite 22 Bernd Schmidtler

Titelfoto: Johannes Mayr
Foto Rückseite: Michel Pfeiffer
Vorsatz: Ausschnitte aus »Die Alpen im Panorama«, Verlag Morsak, Grafenau

Zeichnungen:
Suzi Gneist, Rudi Leitner, Renate Miller, Corinna Veit

Besonderer Dank an Peter Gröniger (DHV-Lehrteam), Sepp Himberger
(Österreichischer Aeroclub), Christoph Kirsch (Mitverfasser der 7. bis 11. Auflage),
Björn Klaassen (Naturschutz), Fritz Kurz (Initiator und Mitverfasser
der 1. bis 6. Auflage), Horst Langschied (Bundesverkehrsministerium),
Hannes Schmalzl (Meteorologe)

Besuchen Sie uns im Internet unter:
www.nymphenburger-verlag.de

14., aktualisierte Auflage 2005

Inhalt

Wetterkunde

Sicherheitsvorkehrungen

Natur- und Umweltschutz

Luftrecht

CD-ROM

Die beiliegende CD-ROM (Hülle ablösbar) ist Bestandteil dieses Lehrbuchs. Sie enthält mit freundlicher Genehmigung des Deutschen Hängegleiterverbandes (DHV) Ausschnitte aus seinen Lehrfilmen. Diese sind in voller Länge als Video beim DHV erhältlich, Postfach 88, 83701 Gmund, Tel. 08022/9675-0, Fax -99 oder im Internetshop www.dhv.de.

Ergänzend zum Kapitel Luftrecht sind die bei Druck des Buches noch geltenden Vorschriften und Erläuterungen zum Abschnitt »Pilot« enthalten.

Die Lehrfilme auf der CD-ROM sind in 2 Teile gegliedert:

Basics

Starten: Vorbereitung, Grundhaltung, Aufziehen, Kontrolle, Beschleunigen, Abheben, 6 Minuten.
Steuern: Fluggeschwindigkeit, Kurvenflug, Flugfigur Acht, 6 Minuten.
Landen: Landeeinteilung, Landung, 6 Minuten.

Performance

Starten: Im Steilgelände, bei starkem Wind, Rückwärts-Aufziehen, 8 Minuten.
Landen: Landeeinteilung bei starkem Wind, Hanglandung, Toplandung, 3 Minuten.
Aktiv Fliegen: Nicken, Rollen, schnelle Acht, Einklapper, 17 Minuten.
Abstiegshilfen: Ohrenanlegen, B-Leinen-Stall, Steilspirale, 10 Minuten.
Rettungsschirm: Funktion, 3 Minuten.

Systemanforderungen

Prozessor: Intel Pentium 133 oder schneller
RAM: Mindestens 32 MB
Betriebssystem: Windows 95, 98, NT 4.0, Windows ME, Windows 2000
CD-ROM Laufwerk: 4-fach oder schneller
Media Player: Version 6.4 (Windows 95), Version 7.1 (restliche Systeme), herunterladen: www.microsoft.com/downloads/
Browser: Microsoft Internet Explorer 4 oder Netscape Navigator 4.5
Grafikkarte: SVGA oder höher (mindestens 800 x 600)

Internet

Wichtiges und Aktuelles über Gleitschirmfliegen, z.B. der Stichtag für das Inkrafttreten des neuen Luftrechts und künftige Änderungen, die Adressen der Flugschulen und Performance Center, die Gleitschirmvereine, die geprüften Gleitschirme mit Testflugergebnissen, das Versicherungsprogramm des DHV, Termine für Pilotenprüfungen, Meisterschaftsberichte bei www.dhv.de, für Österreich bei www.oe.aeroclub.at.

Änderungen dieses Buches bis zur nächsten Überarbeitung bei www.herbig.net.

Einladung zum Mitfliegen

»Gleitschirmfliegen«, »Paragleiten«, »Gleitschirmsegeln«: Ein junger Sport hat sich ausgebreitet. Noch nie hat eine neue Luftsportart in so kurzer Zeit so viele Menschen begeistert; Menschen, denen Fliegen bisher zu aufwändig, zu teuer, zu riskant erschien. Endlich gibt es mit dem Gleitschirm die Möglichkeit, ganz einfach von einem Berggipfel davonzufliegen, hinab ins Tal, wie unter einem fliegenden Teppich.

Das Buch lädt den Leser ein, dieser Flugsehnsucht nachzugeben. Gleitschirmfliegen sieht ja nicht nur einfach und sicher aus, sondern ist es im Prinzip auch. Unfallträchtig wird es jedoch, wenn man aus Unwissenheit oder Leichtsinn unnötige Risiken eingeht. Die Kenntnis der theoretischen Grundlagen ist daher zwingend notwendig – sie sind in diesem Buch auch für Noch-nicht-Flieger leicht verständlich aufbereitet. Diese sogenannten »Fußgänger« machen den Großteil der Flugschüler aus. Auffallend viele Frauen sind mit dabei – Gleitschirmfliegen ist ja eher eine »sanfte« Sportart.

Bergwanderer verwandeln den lästigen Abstieg mit dem Gleitschirm in einen neuen Höhepunkt. Auch immer mehr Drachenflieger und Fallschirmspringer stellen begeistert fest: Keine komplizierte Technik, kein Streß mehr ... Gleitschirmfliegen ist der geeignete Sport für fliegerische »Aussteiger«, die sich ohne großen Aufwand wieder reaktivieren wollen.

Ein Flugkurs an einer zugelassenen Flugschule ist die Voraussetzung für den vorgeschriebenen Luftfahrerschein. Dieses Lehrbuch ist für den Unterricht die bestmögliche Grundlage. Es wurde nach den offiziellen Lehrplänen zusammengestellt. Auch die neuesten technischen Entwicklungen und Erfahrungen sind schon mit aufgenommen.

Wie sicher ist Gleitschirmfliegen? Das hängt allein vom Piloten ab. Gleitschirme sind dank technischer Prüfung sicher und leicht beherrschbar – sofern man nicht mutwillig ihre Möglichkeiten überschreitet. Wetter und lokale Windverhältnisse sind für ausgebildete Piloten überschaubar. Doch wie der Pilot später im Flug mit seinem Gleitschirm umgeht, wie er sich in einer konkreten Situation entscheidet, das bestimmt er selbst auf Grundlage seiner Ausbildung – und seines persönlichen Verantwortungsbewusstseins.

Gleitschirmpiloten kennen kein Transportproblem, keine zeitraubende Vorbereitung, wie bei anderen Flugsportarten üblich. Es ist die reine Freude und Erholung. Was gibt es Schöneres, als ein Stoffpäckchen aus dem Rucksack zu holen und einfach davonzuschweben – während die »Fußgänger« sehnsüchtig hinterherschauen? Kein anderer Luftsport kommt dem uralten Menschheitstraum von den eigenen Flügeln so nahe.

Fritz Kurz

Gerätekunde

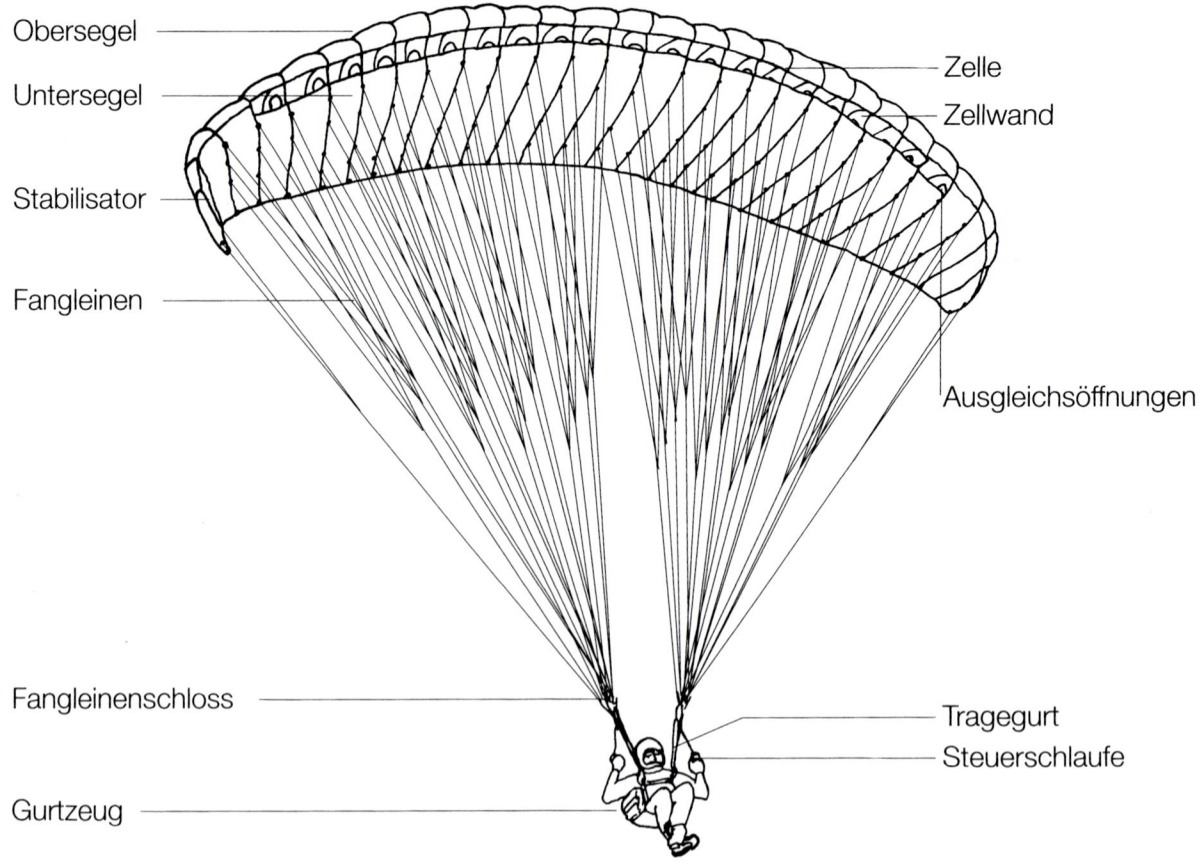

Obersegel

Untersegel

Stabilisator

Fangleinen

Fangleinenschloss

Gurtzeug

Zelle

Zellwand

Ausgleichsöffnungen

Tragegurt

Steuerschlaufe

Der Gleitschirm hat keine starren Bauteile. Er lässt sich auf Rucksackgröße
zusammenlegen und wird durch den
Fahrtwind, der durch Öffnungen vorne
an der Kappe eintritt, in seine Flügelform gebracht.

Die Gleitschirmkappe

Obersegel und Untersegel sind durch senkrecht stehende Zellwände in Profilform miteinander verbunden. Die Zellwände unterteilen die Gleitschirmkappe in Zellen. An der Unterseite dieser »tragenden Rippen« sind die Leinen mittels innen- oder außenliegender Verstärkungen (Flares) aus festem Material angebracht. Eine Zelle ist zwischen den Leinenaufhängungen meist noch einmal in mehrere Kammern getrennt. Dies geschieht durch senkrecht stehende oder diagonal verlaufende (Diagonalrippen) Zellzwischenwände, die der Kappe eine gute Profiltreue geben. Diese Aufteilung erlaubt zudem einen weiten Abstand der Leinenaufhängungen, was zur Verringerung des Widerstandes beiträgt.

Um den Füllvorgang beim Starten zu erleichtern, sind die Zellwände an den Öffnungen im Bereich der Eintrittskante meist durch härteres Material (z. B. Mylar) verstärkt. Zellwände und Zellzwischenwände sind mit großen Druckausgleichsöffnungen versehen. Diese sorgen für eine gleichmäßige Druckverteilung in der Kappe und ermöglichen die Wiederbelüftung eingeklappter Flügelteile.

Die Öffnungen der Eintrittskante können, je nach Schirmmodell, unterschiedliche Größen und Formen haben. Meist rechteckig oder halbmondförmig, bilden sie die Profilnase. Teilweise geschlossene Zellen, häufig im Bereich der Außenflügel, werden von innen durch die offenen Nachbarzellen belüftet. Die Hinterkante (Austrittskante) des Gleitschirmes ist komplett geschlossen und meist durch ein stabiles Nahtschutzband verstärkt. Im hinteren Flügelbereich sind bei vielen Gleitschirmen Querbänder in Spannweitenrichtung eingearbeitet, die zur Erhöhung der Stabilität und zur Verringerung von Eigenschwingungen des Gleitschirmes beitragen.

Die Kappe läuft an den Flügelenden in die herabgezogenen Stabilisatoren aus. Sie verleihen dem Schirm Spurtreue und Stabilität.

Material und Verarbeitung

Das Material der Gleitschirmkappe ist ein reißfestes synthetisches Rip-Stop-Gewebe, aus Polyamid (Nylon) oder Polyester, das mit einer schützenden, weitgehend luftundurchlässigen Beschichtung »ausgerüstet« ist. Karoförmige, in kurzen Abständen eingewebte Verstärkungsfäden erschweren das Weiterreißen des Tuches nach einer Beschädigung. Für die verschiedenen Bauteile der Gleitschirmkappe kommen, je nach Anforderung an Festigkeit oder Dehnungsstabilität, häufig unterschiedliche Tucharten- und -stärken zum Einsatz. Vernäht wird die Kappe mit hochfestem, dehnungsarmem Kunstfaserfaden, unterschiedliche Nähtechniken berücksichtigen die Belastungsanforderungen der einzelnen Bauteile.

Alterung und Verschleiß

Die Beschichtung des Tuches, die dieses gegen UV-Strahlung, Feuchtigkeit, Luftdurchlässigkeit und übermäßige Dehnung schützt, verliert mit der Zeit an Wirksamkeit. Hauptfaktoren sind mechanische Beanspruchungen (Schleifen des Schirmes über den Boden, enges Packen) und langanhaltende Sonneneinstrahlung. Als Folge wird das Tuch stärker luftdurchlässig, was zu einer Veränderung der Flugeigenschaften durch Druckpunktverschiebung führen kann. Gealterte Tücher weisen auch eine geringere Dehnungsstabilität und niedrigere Reißfestigkeit auf.

Leinen und Tragegurte

Die Fangleinen verbinden die Gleitschirmkappe mit den Tragegurten. Ihre Aufgabe ist die profilgenaue, hochfeste, aber widerstandsarme Verteilung der Lasten. Die Gesamtlänge aller Leinen am Gleitschirm beträgt mehrere hundert Meter, zwischen den Leinenansatzpunkten am Untersegel und den Tragegurten liegen 6–9 Meter. Mit den Tragegurten wird die Verbindung zum Gurtzeug und damit zum Piloten hergestellt.

Leinensystem

Die für den Laien recht kompliziert anmutende Beleinung des Gleitschirmes hat eine einfache Systematik: Horizontal wird das Leinensystem in Leinenebenen geordnet, vertikal in 2 oder meistens 3 Leinenstockwerke. An der Unterseite der Gleitschirmkappe sind die Fangleinen in 4 oder 5 parallelen Querreihen befestigt. Die vorderste Leinenebene, knapp hinter der Eintrittskante, wird als A-Leinenebene, die letzte Leinenebene vor der Hinterkante als D- oder E-Leinenebene bezeichnet. Je mindestens 2 der 100 oder mehr kurzen und dünnen Galerieleinen (oberstes Stockwerk) münden in eine stärkere Gabelleine (mittleres Stockwerk), die wiederum, meist paarweise, zu den dicken Stammleinen führen (unterstes Stockwerk). Die Stammleinen jeder Flügelhälfte laufen, nach den Ebenen getrennt, in den Leinenschlössern der Tragegurte zusammen. Zur besseren Sortierbarkeit sind die einzelnen Leinengruppen meist farblich getrennt.

Dieses System der mehrfachen Vergabelung von wenigen starken auf viele dünne Leinen ergibt hohe Festigkeit und gute Profiltreue sowie geringen Widerstand und gute Leinensortierbarkeit. Die Längen der Leinen legen die Kappenkrümmung fest und bestimmen Anstellwinkel und Trimmung des Gleitschirmes. Die Leinengeometrie der beiden Flügelhälften ist identisch.

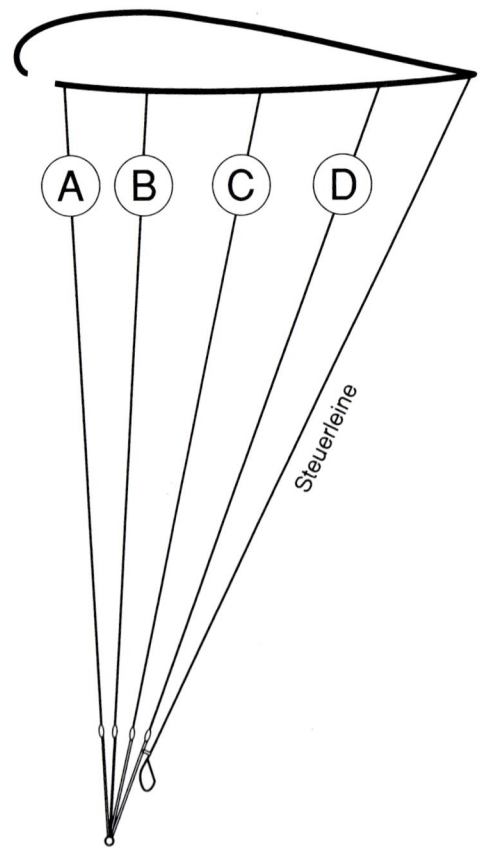

Leinenmaterial

Gleitschirmleinen weisen in der Regel eine Kern-Mantel-Konstruktion auf. Der Kern besteht aus längslaufenden Fasern, der schützende Mantel aus geflochtenem Polyester. Bei manchen Gleitschirmen werden, vorwiegend im obersten Leinenstockwerk, unummantelte Leinen eingesetzt.

Die Leinendurchmesser betragen bis 3 mm bei den Stammleinen (Festigkeit über 200 kp) und teilweise unter 1 mm (Festigkeit ca. 80 kg) bei den Galerieleinen. Die Gesamtfestigkeit des Leinensystems muss mindestens das Vielfache des maximal zulässigen Startgewichtes des Schirmmodells betragen (z. B. das Achtfache für

A- und B-Leinen). Die Enden der Leinen sind zu Schlaufen vernäht, die Verbindung der Leinen untereinander erfolgt durch gegenseitiges Einschlaufen.

Als Kernmaterialien kommt Kevlar (Aramid) oder Dyneema (Polyäthylen) zum Einsatz. Aramidleinen sind extrem längenkonstant, aber relativ knickempfindlich, Dyneemaleinen sind robuster, weisen aber eine höhere Dehnung bei Belastung auf. Das hoch hitzebeständige Kevlarmaterial ist an der gelblichen Farbe zu erkennen, während Dyneema, das bereits bei 150 °Grad schmilzt, rein weiß ist.

Manche Hersteller kombinieren Leinen beider Materialien an ihren Gleitschirmen.

Veränderung der Leinenlängen

Trimmung (Fluggeschwindigkeit im ungebremsten Flug) und Extremflugverhalten des Schirmes sind unmittelbar von den Längen der Leinen abhängig. Wenn sich Abweichungen der Leinenlängen über den Toleranzbereich (ca. +/− 5 mm) heraus ergeben, kann das Flugverhalten des Gleitschirmes von dem des getesteten Musters abweichen.

Auch bei ordnungsgemäßem Gebrauch des Gleitschirms über eine längere Dauer kann es zu kleinen Veränderungen der Leinenlängen kommen. In der Regel tendieren die Leinen der vorderen Ebenen (A und B) zum Dehnen, da sie im Flug 2/3 der Lasten zu tragen haben, die Leinen der hinteren Ebenen (C, D, wo vorhanden E) können leicht schrumpfen. Negativ wirkt sich zudem aus:

- Intensiver Windenschleppbetrieb mit dem Gleitschirm. Durch die hohen, relativ langandauernden Lasten auf die vorderen Leinen können sich diese dauerhaft dehnen.
- Feuchtigkeitseinfluss. Beim Auslegen des Schirmes im nassen Gras nehmen hauptsächlich die hinteren Leinen Feuchtigkeit auf. Diese können dadurch schrumpfen und wegen der geringen Belastung im Flug dauerhaft verkürzt bleiben.

- Häufiges Fliegen von Extrem- und Abstiegshilfemanövern. B-Stall und Steilspirale beanspruchen die Leinen durch Dauerbelastung, Einklapper bringen kurzzeitige Lastspitzenwerte auf einzelne Leinen oder Leinengruppen.

Die Leinenlängenänderungen führen in der Regel zu einem höheren Anstellwinkel des Gleitschirmes. Die Folgen sind verzögertes Startverhalten, geringere Trimmgeschwindigkeit, höhere Sackfluganfälligkeit.

> ▶ Die Leinenlängen keinesfalls eigenmächtig ändern.
> ▶ Bei verändertem Flugverhalten des Schirmes die Leinengeometrie vom Hersteller überprüfen lassen.
> ▶ Beschädigte Leinen gegen Original-Ersatzleinen austauschen.

Steuerleinen

Mit den zwei Steuerleinen können die Hinterkanten beider Schirmhälften unabhängig voneinander heruntergezogen werden. Von mehreren Anlenkpunkten an der Hinterkante der jeweiligen Flügelhälfte führt die Steuerspinne zur Hauptsteuerleine. Diese läuft, separat von allen anderen Leinen, zu einer Rolle oder Öse am hinters-

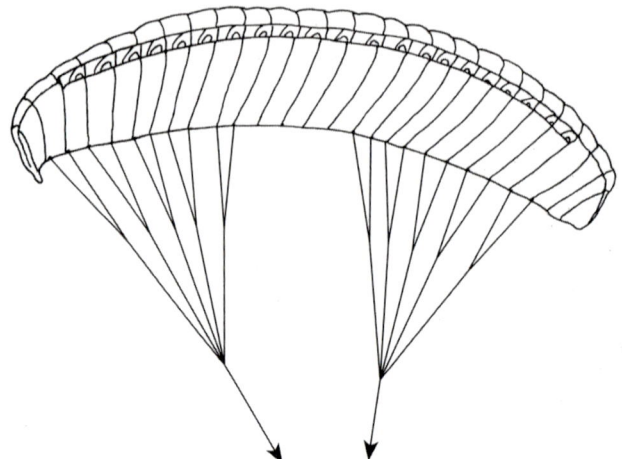

ten Tragegurt und mündet dort in die Steuerschlaufe. Während des Fluges hält der Pilot die Steuerschlaufen in den Händen, zum Transport werden sie an den dafür vorgesehenen Befestigungen (Druckknopf, Klettband, Magnet) arretiert.

Einstellung der Steuerleinen

Während es für das gesamte Leinensystem des Gleitschirmes normalerweise keine Verstellmöglichkeiten gibt, können die Steuerleinen in ihrer Länge verändert werden.

Ab Werk wird der Gleitschirm mit einem Bremsleinenvorlauf (Leerweg) von 5 bis 20 cm ausgeliefert. Eine Anpassung an Körpergröße bzw. Armlänge des Piloten oder unterschiedlich hohe Gurtzeugaufhängungen kann notwendig sein.

Die Einstellung erfolgt durch Verschieben des Knotens, mit dem die Steuerleine an der Steuerschlaufe befestigt ist.

Generell gilt:
- Bei Trimmgeschwindigkeit (Null-Bremse) muss die Hinterkante des Schirmes gerade sein, der Leerweg bis zum »Greifen« der Bremsen darf nicht weniger als 5 cm betragen.
- Zu kurz eingestellte Bremsen können in Extremflugsituation kritisches Flugverhalten, z. B. Sackflug oder stabiles Trudeln, provozieren.
- Bei deutlich zu lang eingestellten Bremsen ist nicht der ganze Steuerweg für den Piloten nutzbar.
- Immer anhand der Betriebsanleitung einstellen.

Tragegurte

Mit den Tragegurten werden Gurtzeug und Schirm miteinander verbunden.

Je nach Gerätetyp finden 3 bis 5 Tragegurte pro Flügelseite Verwendung. Am meisten verbreitet ist das 4-Tragegurte-System, je ein Gurt für A, B, C, D-Leinen, häu-

fig noch kombiniert mil einem separaten Gurt für die äußerste A-Leine zum leichten »Ohrenanlegen«. Zum Einhängen in den Karabiner der Gurtzeugaufhängung sind alle Tragegurte einer Seite an ihrem unteren Ende zu einer stabilen Schlaufe vernäht. Die Verbindung zu den Fangleinen erfolgt mit den Leinenschlössern, aus Stahl oder Aluminium gefertigten Schraubgliedern. Um ein Verrutschen der Leinen zu vermeiden, sind diese meist mit Gummiringen oder Kunststoffclips im Leinenschloss gesichert.

Projizierte
Fläche

Beschleunigungssystem

Die Tragegurte können mit einem Beschleunigungssystem versehen sein, das die Erhöhung der Fluggeschwindigkeit ermöglicht. Das System arbeitet nach dem Prinzip des Flaschenzuges. Das Beschleunigungssystem am Tragegurt kann mit einem am Gurtzeug befestigten Beinstrecker verbunden werden. Bei Betätigung des Beinstreckers wird die Geometrie der Tragegurte so verändert, (meist Verkürzung der vorderen und Verlängerung der hinteren Tragegurte) dass die Fluggeschwindigkeit des Schirmes um 5 bis 15 km/h steigt. Die Geschwindigkeitszunahme wird durch eine Verkleinerung des Anstellwinkels, die notwendige Stabilität durch eine Veränderung des Flügelprofils erreicht.

▶ Bei Betätigung des Beschleunigungssystems verliert der Gleitschirm Stabilität und wird anfälliger für Turbulenzen.

Flügelmaße und Flächenbelastung

Die ausgelegte **Fläche** von einsitzigen Gleitschirmen beträgt, abhängig vom zugelassenen Gewichtsbereich des Musters, etwa zwischen 18 und 32 qm. Aerodynamisch relevant ist aber die projizierte Fläche. Dies ist die Fläche im Flug, die sich in der Draufsicht zeigt und durch die Krümmung des Gleitschirmes kleiner ist als das am Boden ausgelegte Segel.
Die **Flügelstreckung** bezeichnet das Verhältnis von Spannweite zur Flügeltiefe des Schirmes und lässt sich mit folgender Formel errechnen:

$$\text{Streckung} = \frac{(\text{Spannweite})^2}{\text{projizierte Fläche}}$$

Auch hier ist der Unterschied zwischen den Maßen für den ausgelegten und den projizierten Flügel zu beach-

Beschleunigter Flug mittels Beinstrecker

ten. Moderne Gleitschirme weisen Flügelstreckungen zwischen 4 und 6 auf. Bis zu einem gewissen Maß verbessern große Streckungen, wegen der Reduzierung der Randwirbel, die Flugleistungen des Schirmes. Allerdings verschlechtern sich Stabilität, Kurvenhandling und Extremflugverhalten.

Flächenbelastung bezeichnet das Verhältnis von Startgewicht zu Flügelfläche. Die Angabe erfolgt in Kilo-

gramm pro Quadratmeter. Pilot, Ausrüstung und Gleitschirm ergeben das Startgewicht. Mit folgender Formel wird die Flächenbelastung errechnet:

$$\text{Flächenbelastung} = \frac{\text{Pilot} + \text{Ausrüstung} + \text{Gleitschirm}}{\text{projizierte Fläche}}$$

Heute ist es üblich, im mittleren bis oberen Teil des zugelassenen Gewichtsbereiches, also mit eher hoher Flächenbelastung, zu fliegen. Eine niedrige Flächenbelastung wirkt sich nachteilig auf Stabilität und Geschwindigkeit des Gleitschirmes aus.

▶ Unabhängig von der Flächenbelastung dürfen Gleitschirme nur innerhalb des bei der Musterprüfung festgelegten Gewichtsbereiches geflogen werden.

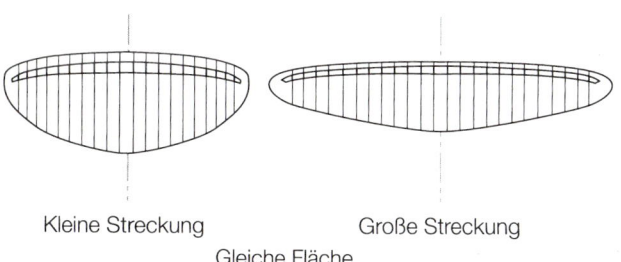

Kleine Streckung   Große Streckung
            Gleiche Fläche

Musterprüfung

Siehe auch
Kapitel
Luftrecht,
Seite 137

Bevor ein Gleitschirmmodell für den Flugbetrieb auf den Markt gebracht werden darf, muss die Musterprüfung erfolgreich abgeschlossen sein. Gemäß den Lufttüchtigkeitsforderungen des Luftfahrt-Bundesamtes wird ein Gleitschirmmuster hinsichtlich Festigkeit, Flugverhalten, Gestaltung und Bauausführung geprüft. Die Prüfung wird von einer LBA-anerkannten Prüfstelle durchgeführt. Der Deutsche Hängegleiterverband ist als Prüfstelle anerkannt.

Den Kern der Musterprüfung bilden die Festigkeitsprüfungen und die Testflüge. Bei den **Festigkeitsprüfungen** wird der Gleitschirm in zwei verschiedenen Belastungsformen getestet. Der Schocktest prüft die Festigkeit bei plötzlichen, schlagartigen Belastungen, wie sie bei extremen Einklapp- bzw. Öffnungssituationen vorkommen können. Beim Lasttest wird der Gleitschirm, in seiner flugfähigen Form, von einem Messfahrzeug mit hoher Geschwindigkeit gezogen, bis die erforderliche Belastung erreicht ist. Dabei muss eine Mindestfestigkeit des achtfachen maximal zulässigen Startgewichtes erreicht werden.

Bei den aufwändigen **Flugtests** werden Flugverhalten und Reaktionen des Gleitschirmes in Extremflugzuständen geprüft. Das umfassende Testflugprogramm wird von zwei verschiedenen Testpiloten unabhängig voneinander vollständig erflogen. Die Flugmanöver werden an

DHV-Klassifizierung

Klasse 1: Gleitschirm mit gutmütigem, weitgehend fehlerverzeihendem Flugverhalten

Klasse 1–2: Gleitschirm mit gutmütigem Flugverhalten

Klasse 2: Gleitschirm mit anspruchsvollem Flugverhalten und heftigen Reaktionen auf Störungen und Pilotenfehler. Für Piloten mit Könnensstand »Performance« und regelmäßiger Flugpraxis

Klasse 2–3: Gleitschirm mit sehr anspruchsvollem Flugverhalten und heftigen Reaktionen auf Störungen. Geringer Spielraum für Pilotenfehler. Für Piloten mit Könnensstand »Sicherheitstraining« und umfassender Flugerfahrung sowie regelmäßiger Flugpraxis.

Klasse 3: Gleitschirm mit sehr anspruchsvollem Flugverhalten und sehr heftigen Reaktionen auf Störungen. Kein Spielraum für Pilotenfehler. Für Piloten mit Könnensstand »Sicherheitstraining« und ständiger Flugpraxis.

E: Spezielle Einweisung erforderlich

G: Spezielles Gurtzeug erforderlich

Gleitsegel: Paraglider: Musterwing	**Klasse / Class:** 1–2 GH	
Prüf-Nr: Test reference-No: DHV GS-01-9791-01	**Anzahl Sitze / Number of seats:** 1	
Angewandte Prüfrichtlinien/Nomen: Testregulations/Standards applied: Deutsch-Österr. Luftverkehrsforderung für Hängegleiter und Gleitsegel	**Fluggewicht / Weight in flight:** 95 kg - 115 kg	
Hersteller: Manufacturer: Mustermann	**Gerätegewicht ca. / Weight of glider approx:** 9 kg	
	Projizierte Fläche ca. / Projected area approx: 24.85 m2	
Musterprüfbescheinigung erteilt an: Declaration of conformity issued to: Mustermann	**Anzahl Tragegurte / Number of risers:** 4	
Serien-Nr: Serial-No:	**Beschleuniger / Accelerator:** Ja / Yes	
	Trimmer / Trimmer: Nein / No	

Stückgeprüft durch: Conformity checked by:

Monat/ Jahr: Month / Year:

LBA anerkannte Prüfstelle für Hängegleiter und Gleitsegel:
Deutscher Hängegleiterverband, D-83703 Dürnbach, Miesbacherstr.2; www.dhv.de

Dieses Luftsportgerät wurde gemäß den luftrechtlichen Vorschriften in Deutschland und Österreich stückgeprüft. Es stimmt mit dem geprüften Muster überein und ist lufttüchtig.

Regelmäßige Nachprüfung nach: Periodic inspection after: 24 Mo

Vor Gebrauch Betriebsanweisung lesen!

Gütesiegel

DHV/OeAeC

123456

Gütesiegelplakette

DHV-Festig-
keitstest

Instand-
haltung
siehe auch
Kapitel
Luftrecht,
Seite 141

Unter- und Obergrenze des für den Gleitschirm ange-strebten Gewichtsbereiches sowie teilweise auch im beschleunigten Zustand durchgeführt.

Die Bewertungen der Testpiloten ergeben die Einstufung des Gleitschirmes in die fünfstufige DHV-Gütesiegelklassifizierung, wobei das jeweils schlechteste Testergebnis den Ausschlag gibt. Die Klassifizierung gibt Aufschluss über die Anforderungen, die ein Gleitschirm an das Können des Piloten stellt. Die Flugtests können aber lediglich als Anhaltspunkte für das Verhalten des Schirmes in extremen Flugzuständen dienen. Turbulenzen, Leesituationen oder starker Wind verschärfen in der Regel das Extremflugverhalten.

Bei den Flugtests wird auch überprüft, ob der Gleitschirm mit allen mustergeprüften Gurtzeugen geflogen werden kann oder ob ein spezielles Gurtzeug erforderlich ist. Fast alle modernen Gleitschirme dürfen nur mit Gurtzeugen der Gurtzeuggruppe GH (Brustgurtzeuge) geflogen werden, einige ältere Gleitschirmmuster nur mit Gurtzeugen der Gurtzeuggruppe GX (Gurtzeuge mit fixem Kreuzgurt).

Instandhaltung

Der wesentliche Faktor für eine lange Lebensdauer ist ein pfleglicher Umgang des Piloten mit seinem Gleitschirm.

- UV-Strahlung schädigt die Struktur des Kappengewebes, den Schirm deshalb nie länger als nötig in der Sonne liegen lassen.
- Sollte der Gleitschirm feucht werden, muss die Trocknung an einem warmen, lichtgeschützten und gut gelüfteten Ort erfolgen. Niemals feucht einpacken und längere Zeit im Packsack lassen. Dies kann zu einer Beschädigung des Tuches (Stockflecken) und zu Längenänderungen der Leinen führen.
- Starke mechanische Belastungen wie Schleifen des Schirmes über den Boden möglichst vermeiden.
- Den Schirm nach der Landung nicht auf die Eintrittskante fallen lassen. Dies kann zu einem starken Überdruck in der Kappe und zum Platzen von Zell- oder Zellzwischenwänden führen.
- Die Leinen keiner starken Zugbelastung aussetzen,

z. B. durch Verhängen an einem Hindernis. Beim Verpacken des Schirmes die Leinen nicht scharf knicken.

- Zum Entfernen von Schmutz auf der Gleitschirmkappe ein weiches Tuch und handwarmes Wasser verwenden. Als Reinigungsmittel niemals scharfe Chemikalien, allenfalls eine milde Seife gebrauchen.
- Nach Kontakt mit Salzwasser den gesamten Schirm schnellstmöglich mit klarem Süßwasser abspülen und trocknen.
- Alle Bauteile des Gleitschirmes regelmäßig auf Beschädigungen untersuchen. Bei festgestellten Schäden nach den Instandhaltungsanweisungen des Herstellers im Betriebshandbuch vorgehen.
- Lagerung des Schirmes in einem lichtgeschützten trockenen Raum. Niemals in der Nähe von Chemikalien lagern (Autobatterie, Benzin etc.) Wegen starker Temperaturschwankungen den Gleitschirm nicht länger im Auto lassen.
- Reparaturen von einem Fachbetrieb ausführen lassen.

Nachprüfung

In regelmäßigen Abständen muss der Gleitschirm nach den Anweisungen des Herstellers nachgeprüft werden. Bei der Nachprüfung wird festgestellt, ob der Gleitschirm noch lufttüchtig ist, insbesondere ist zu prüfen

- die Leinenfestigkeit durch Reißtests,
- die Leinenlängen durch Messung unter definierter Zuglast,
- die Luftdurchlässigkeit des Tuches mit einem speziellen Prüfgerät.

Zusätzlich ist eine Nachprüfung nach großen Reparaturen und großen Änderungen durchzuführen und sie kann angeordnet werden.

Siehe auch Kapitel Luftrecht, Seite 140

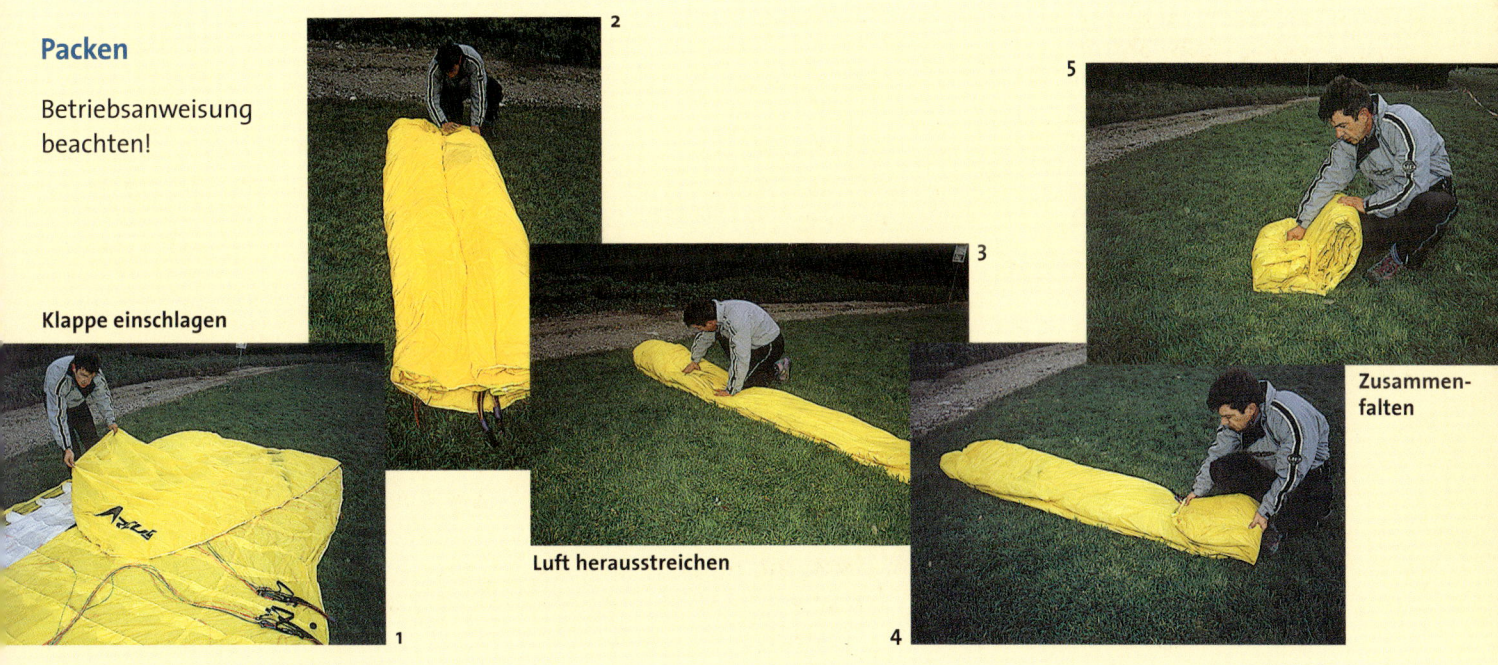

Packen

Betriebsanweisung beachten!

Klappe einschlagen

Luft herausstreichen

Zusammenfalten

Das Gurtzeug

Gleitschirmgurtzeuge gibt es in vielen verschiedenen Ausführungen. Vom leichten Bergsteigergurtzeug bis zum superbequemen, voluminösen Komfortgurtzeug. Das Gurtzeug hat maßgeblichen Einfluss auf Flugverhalten und Handling des Gleitschirmes und sollte mit der gleichen Umsicht gewählt werden wie das Fluggerät. Grundsätzlich muss das Gurtzeug einer möglichen Gurtzeugbeschränkung (GH, GX, siehe Abschnitt Musterprüfung) des Gleitschirmes entsprechen. Es sollte ferner

- passgenau einstellbar sein und komfortables, ermüdungsfreies Sitzen auch über einen längeren Zeitraum ermöglichen,
- genügend Bewegungsfreiheit bei Start, Landung und Gewichtsverlagerung bieten.

Die **Aufhängungshöhe** (Abstand Karabiner/Sitzbrett) kann bei den unterschiedlichen Gurtzeugen differieren.

- Bei eher niedriger Aufhängung werden die Bewegungen der Kappe deutlich zum Piloten übertragen, drohende Einklapper werden frühzeitig angekündigt. Gurtzeuge dieser Bauart vermitteln ein direktes, ungedämpftes Fluggefühl und ermöglichen sehr wirkungsvolle Gewichtsunterstützung beim Kurvenfliegen.
- Höhere Aufhängungen stabilisieren den Gleitschirm, vermitteln ein ruhigeres Fluggefühl, verschlechtern aber das »Feedback« der Kappe zum Piloten und erlauben wenig Gewichtsunterstützung beim Kurvenflug.

Der Effekt einer höheren Aufhängung wird auch mit verstellbaren Kreuzverstrebungen erreicht, die bei manchen Gurtzeugen zusätzlich verwendet werden können. Die diagonal unterhalb des Brustgurtes angebrachten Verstrebungen sollen zudem ein starkes seitliches Abkippen des Piloten nach einem großen seitlichen Einklapper verhindern.

Die **Sitzposition** im Gurtzeug kann mit den verstellbaren Schulter- und Beckengurten zwischen aufrecht und halb liegend bis liegend gewählt werden. Aus Gründen der besseren Übersicht und Manövrierbarkeit ist normalerweise eine eher aufrechte Sitzposition vorteilhaft. Der Brustgurt wird nach Belieben des Piloten eingestellt, auf eine allzu enge Einstellung sollte aber, wegen der Bewegungseinschränkung und möglicher Twistgefahr (Eindrehen der Tragegurte in Extremsituationen), verzichtet werden.

Zur Verbindung des Gurtzeuges mit den Tragegurten des Gleitschirmes dienen die **Aufhängekarabiner** mit Automatik-, Twist-Lock oder Schraubverschluss. Anstelle der Aufhängekarabiner ist auch die Montage von Schnell-Trennsystemen möglich, die in Notsituationen eine Trennung des Gurtzeuges von den Tragegurten auf Knopfdruck ermöglichen. Brust- und Beingurte werden meist mit Schnell- oder Klick-Verschlüssen arretiert. Beim Schließen dieser Beschläge ist auf ein hörbares Einrasten zu achten. Ältere Gurtzeuge sind häufig noch mit Drehverschlüssen ausgerüstet, bei welchen eine kleinere Metallplatte in der Aussparung eines größeren Gegenstückes eingeführt und fixiert wird.

Viele moderne Gurtzeuge verfügen über eine Sicherung gegen Herausfallen des Piloten wegen unverschlossener Beingurte.

Zur Montage des Fußbeschleunigerseiles können Führungsrollen angebracht sein. Halterung für den Beinstrecker, Schlaufen zum Einhängen der Windenschleppklinke und verstellbare Sitzbrettverlängerungen zur Entlastung der Oberschenkel bei langen Flügen sind weitere nützliche Ausstattungsdetails. Ausreichend Raum zum Verstauen des leeren Transportrucksacks sollte ebenso vorhanden sein wie leicht zugängliche Reißverschlussfächer für Rettungsschnur, Erste-Hilfe-Ausrüstung und sonstiges Zubehör.

Die meisten Gurtzeuge verfügen über einen integrierten **Rettungsschirm-Außencontainer** und eine eingenähte Rettungsschirmaufhängung. Der Rettungsschirmcontainer kann an unterschiedlichen Stellen des Gurtzeuges platziert sein: Als Frontcontainer im Brustgurtbereich, als Seitencontainer in Hüfthöhe links oder rechts, als Rückencontainer auf der Rückseite des Gurtzeuges, als Topcontainer im Schulterbereich oder als Sitzcontainer unterhalb des Sitzbrettes. Unabhängig von der Anbringungsart muss sichergestellt sein, dass eine verzögerungsfreie und gezielte Auslösung des Rettungsschirmes in jedem Falle möglich ist.

Auch Gleitschirmgurtzeuge unterliegen der **Musterprüfpflicht**. Mit einer Spezialmaschine werden Zerreißtests der Gurtbänder und Nähte sowie der Rettungsschirmaufhängung vorgenommen. Weitere Tests überprüfen die sichere Rückhaltung des Piloten auch in ungewöhnlichen Fluglagen (z. B. überkopf) sowie die Funktionalität des Rettungsschirmcontainers.

Rückenprotektor

Zum Schutz vor Verletzungen bei einem Aufprall auf den Rücken, müssen alle Gleitschirmgurtzeuge mit einem Protektor ausgerüstet sein. Die Wirksamkeit dieser Sys-

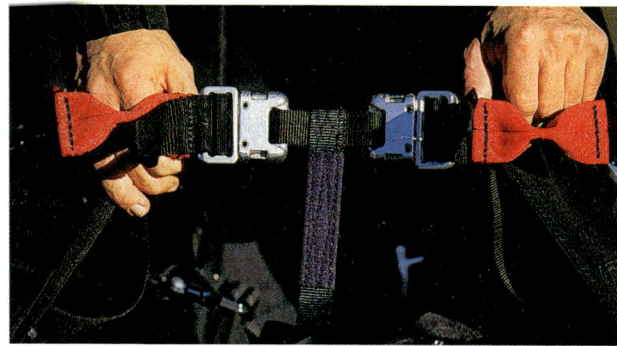

Beingurtsicherung

Integrierter Rettungsschirmcontainer

teme ist abhängig von Bauweise und Bauhöhe. Staudruck-Airbags blasen sich durch den Fahrtwind auf, Permanent-Airbags sind ständig gefüllte, in Kammern unterteilte Luftkissen. Beim Aufprall schützen sie den Piloten durch das kontrollierte Entweichen der Luft aus dem Luftpolster. Hartschaumprotektoren dämpfen den Aufschlag durch das Energieaufnahmevermögen des Schaumstoffes. Protektoren sind entweder integrale Bestandteile eines Gurtzeuges oder frei kombinierbare, mit verschiedenen Gurtzeugen kompatible Bauteile. Manche Gurtzeuge ermöglichen auch den Einbau von Seitenprotektoren, um den Verletzungsschutz bei einem seitlichen Aufprall zu erhöhen.

Bei der Protektorprüfung wird das Verzögerungsvermögen des Rückenschutzsystems gemessen.

Instandhaltung und Nachprüfung erstrecken sich insbesondere auf Scheuerstellen und Nahtschäden und sind gemäß Betriebsanweisung durchzuführen.

Das Rettungsgerät

Zur Rettung aus Luftnot, z. B. nach Kollisionen oder bei unkontrollierbaren Extremflugzuständen, muss jeder Gleitschirmpilot ein mustergeprüftes Rettungsgerät mit sich führen.

Rettungsgeräte für Gleitschirmflieger sind in der Regel **Rundkappen-Fallschirme**. Durch konstruktive Maßnahmen wie Mittelleine, Doppelkappe oder speziellen Schnitt der Stoffbahnen sind sie für ihren Einsatzzweck optimiert. Für die Schirmkappe und die Fangleinen wird dehnbares Nylon verarbeitet, die Gurtbänder der Verbindungsleine sind aus Polyester gefertigt.

Das System besteht aus Außencontainer, Innencontainer mit Auslösegriff sowie dem Rettungsschirm mit Fangleinen und der Verbindungsleine zur Rettungsgeräteaufhängung des Gurtzeuges.

Rettungsschirm und Fangleinen sind im Innencontainer verpackt, dieser ist im Außencontainer installiert. Verbindungsleine und Rettungsgeräteaufhängung des Gurtzeuges sind durch Einschlaufung oder ein spezielles Schraubglied zusammengefügt. Der Auslösegriff befindet sich im Sicht- oder Griffbereich des Piloten.

Zur **Auslösung** wird durch kräftigen Zug am Auslösegriff der Verschlussmechanismus des Außencontainers geöffnet und der Innencontainer freigesetzt. Kraftvolles Wegschleudern spannt Verbindungsgurt und Fangleinen, was die Öffnung des Innencontainers und die Auslösung des Rettungsschirmes bewirkt.

Wegen der Leichtbauweise ist das Rettungsgerät ein empfindlicher Ausrüstungsgegenstand, der sorgfältiger **Wartung und Pflege** bedarf. Insbesondere ist der Rettungsschirm

- in regelmäßigen Abständen gemäß den Anweisungen des Herstellers in der Betriebsanleitung neu zu packen,
- nach Einwirkung von Feuchtigkeit unverzüglich zu lüften, zu trocknen und neu zu packen,
- nicht längerer Zeit der Sonne auszusetzen,
- vor Chemikalien zu schützen.

Die Leinen des Rettungsschirmes dürfen nicht mit Klettbändern in Berührung kommen.

Instandhaltung und Nachprüfung sind gemäß Betriebsanleitung durchzuführen.

Gleitschirm-Rettungsgeräte müssen vor ihrer Markteinführung einer **Musterprüfung** unterzogen werden. Dabei werden, durch Abwurftests, Öffnungsverhalten und Festigkeit überprüft. Bei weiteren Tests auf einem Messfahrzeug wird das maximal zulässige Anhängegewicht ermittelt.

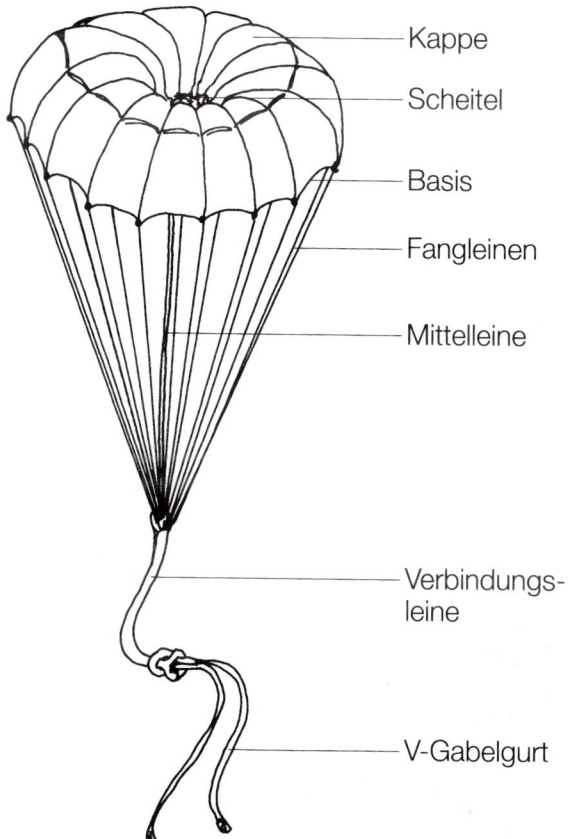

Kappe

Scheitel

Basis

Fangleinen

Mittelleine

Verbindungsleine

V-Gabelgurt

Auslösung des Rettungsschirmes siehe auch Seite 28 und Kapitel Gefahreneinweisung, Seite 84

Kurz nach der Öffnung des Rettungs- schirms

Zur Stabili- sierung des Rettungs- schirms den Gleitschirm flugunfähig machen durch Ein- holen von Fangleinen (Bild links) oder Ziehen an Trage- gurten (Bild rechts)

Kompatibilität von Gurtzeug und Rettungsgerät

Bei einem Rettungsgerät mit zugehörigem Außencontainer und externer Anbringung am Gurtzeug ist auf eine korrekte Zusammenfügung der Verbindungselemente zu achten. Wenn das Rettungsgerät in ein Gurtzeug mit internem Rettungsgerätecontainer eingebaut werden soll, muss die Kompatibilität aller Bauteile genau überprüft werden. Bei der Vielzahl der möglichen Kombinationsmöglichkeiten ist eine einwandfreie Funktion des Auslösemechanismus nicht automatisch gewährleistet. Die Funktion einer jeden Neukombination bedarf der Nachprüfung (Kompatibilitätsprüfung, K-Prüfung).

Zubehör

Das **Variometer** zeigt die Vertikalgeschwindigkeit akustisch und optisch an. Der modulierte Piepston der Variometeranzeige erleichtert das Auffinden und Ausfliegen von Aufwinden.

Der **Höhenmesser** zeigt die jeweils aktuelle Höhe auf einem LCD- Display an. Er kann in der Regel auf die Höhe über dem Meeresspiegel (QNH) oder auf die Höhe über dem Start- oder Landeplatz, (Höhendifferenz, QFE) eingestellt werden. Variometer und Höhenmesser sind meistens in einem Gerät kombiniert.

Geschwindigkeitsmesser können in Kombi-Fluginstrumente integriert sein. Meist erfolgt die Messung mittels eines an einem Kabel unter dem Piloten hängenden Flügelradsensors, die Werte werden auf dem Display des Instrumentes angezeigt. Da die Messung nicht in ungestörter Strömung erfolgt, sind die Messwerte nicht präzise.

GPS wird häufig von Streckenfliegern eingesetzt. Mit diesem Satelliten-Navigationsinstrument können jederzeit die eigene Position sowie die Position und Entfernung eines Wende- oder Zielpunktes festgestellt werden. GPS erlaubt zudem die Bestimmung der Geschwindigkeit über Grund.

Der **Barograf** zeichnet den Höhenverlauf eines gesamten Fluges in einem Barogramm auf. Er wird zur Dokumentation von Streckenflügen mitgeführt.

Der **Kugelkompass** kann notfalls der Orientierung im Nebel oder in Wolken dienen.

Ein **Funkgerät** auf den lizenzfreien Kanälen (z. B. LPD oder PMR) oder im lizenzpflichtigen Flugfunk- oder Amateurfunkbereich ist auch hilfreich in Notsituationen. Dies gilt ebenso für das mitgeführte Mobiltelefon, möglichst mit eingespeicherten Notrufnummern.

Warum fliegt der Gleitschirm? – Auf diese Frage antwortet die Aerodynamik, die Lehre von den Kräften an einem von Gas umströmten Körper. Jedes Fluggerät – also auch der Gleitschirm – ist den Gesetzen der Aerodynamik unterworfen.

Die Ausführungen zu diesem komplizierten Sachgebiet der Physik beschränken sich auf die für das Begreifen des Gleitschirmfluges notwendigen Teilbereiche. Formeln und Fachausdrücke werden nur insoweit verwendet, als sie zum Verständnis – und zur eigenen Sicherheit – erforderlich sind. Komplizierte Zusammenhänge sind vereinfacht dargestellt, einzelne Ungenauigkeiten lassen sich dabei nicht vermeiden. Die Ausführungen kreisen im Wesentlichen um die unten stehende Schemazeichnung, die Strich um Strich später aufgenommen, erläutert und ergänzt wird.

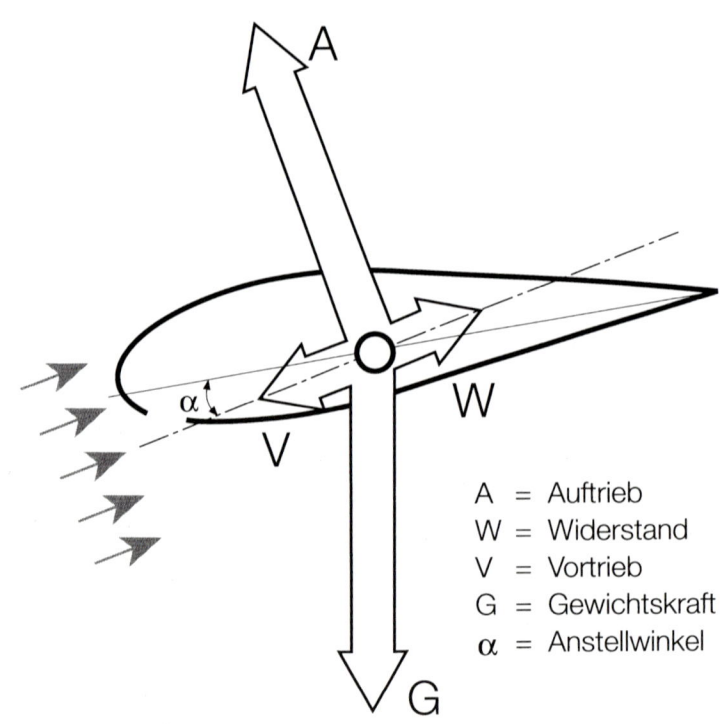

A = Auftrieb
W = Widerstand
V = Vortrieb
G = Gewichtskraft
α = Anstellwinkel

Die Kräfte beim stationären Geradeausflug

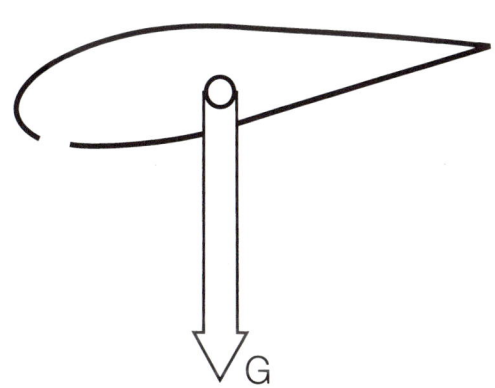

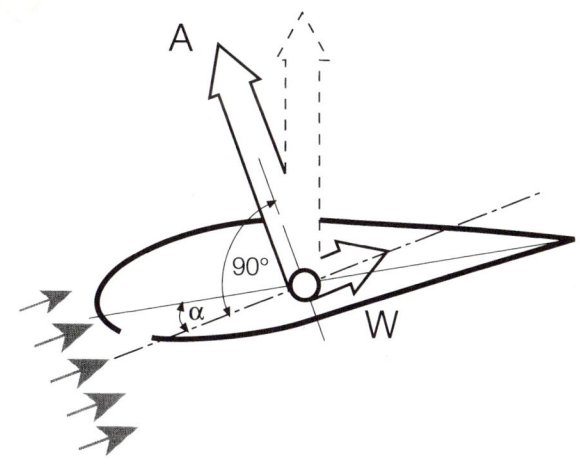

Die **Erdanziehung** zieht den Gleitschirm mit der Kraft G senkrecht nach unten. G ist das Gewicht des Gleitschirms und des Piloten nebst Ausrüstung, das sogenannte Startgewicht.

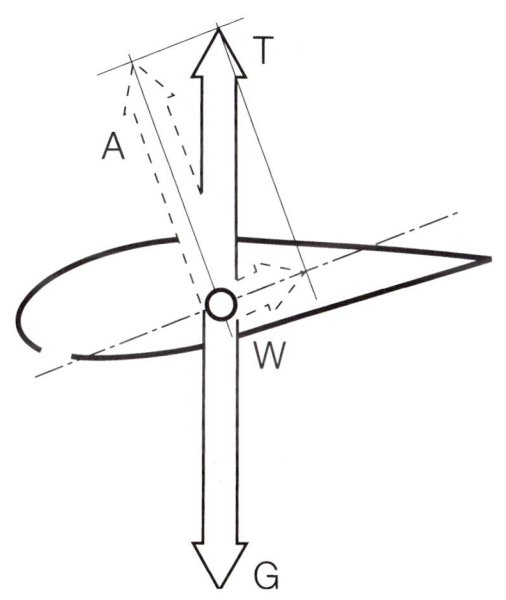

Das Gewicht wird kompensiert durch die **Totale Luftkraft** T. Diese bildet zugleich die resultierende Kraft aus Auftrieb und Widerstand.

Der **Auftrieb** A zieht den Gleitschirm gleichzeitig nach oben und nach vorne. Er wirkt senkrecht zur Strömungsrichtung, das heißt, zu der Richtung, aus der die Luftteilchen auf den Gleitschirm treffen.

Der **Widerstand** W bremst den Gleitschirm ab; er wirkt in Strömungsrichtung. Ebenso wie der Auftrieb steht er in engem Zusammenhang mit dem Anstellwinkel α.

Der **Anstellwinkel** α ist der Winkel zwischen Strömungsrichtung und mittlerer Profilsehne.

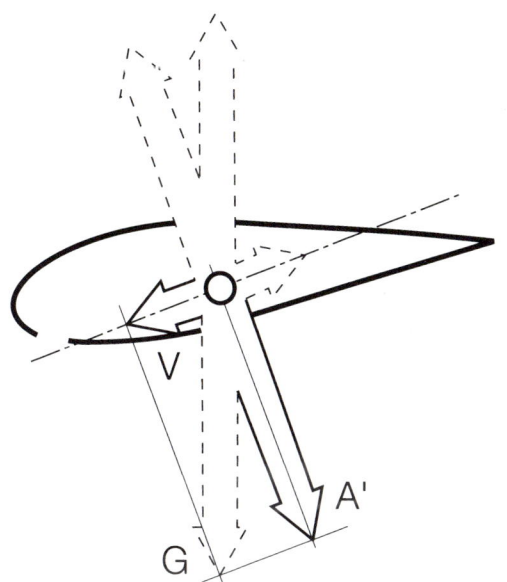

Der **Vortrieb** V ist die eine Komponente der Gewichtskraft, die andere heißt Auftriebsgegenkraft A'. Für die Erzeugung des Vortriebs muss der motorlose Gleitschirm Höhe opfern: Höhe (potenzielle Energie) wandelt sich um in Bewegung (kinetische Energie) und kompensiert die Bremswirkung des Widerstands.

Der Auftrieb

Dem Auftrieb verdanken wir das Fliegen. Durch den Auftrieb unterscheidet sich der Gleitschirm vom konventionellen Fallschirm.

Strömung

Grundvoraussetzung für den Auftrieb ist, dass am Flügel Strömung anliegt; Luftteilchen und Gleitschirm gleiten aneinander vorbei. Dabei spielt es keine Rolle, ob
- die Luftteilchen ruhen und sich der Gleitschirm bewegt (Windstille);
- Luft und Gleitschirm sich gegeneinander bewegen (mäßiger Gegenwind);
- Luft und Gleitschirm zwar dieselbe Bewegungsrichtung haben, der Gleitschirm aber schneller ist (Rückenwind);
- der Gleitschirm »steht« und sich nur die Luft bewegt (starker Gegenwind bei ca. 40 km/h);
- der Gleitschirm über Grund rückwärts fliegt (sehr starker Gegenwind).

Es kommt lediglich darauf an, dass die Luftteilchen von vorn nach hinten und mit ausreichender Geschwindigkeit am Segel entlang gleiten.

Geschwindigkeit

Entscheidend in der Aerodynamik ist die Eigengeschwindigkeit des Gleitschirmes (air speed). Eigengeschwindigkeit ist die Schnelligkeit, mit der sich der Gleitschirm durch die Luft bewegt, das heißt, die Schnelligkeit, mit der die Luftteilchen an der Tragfläche vorbeiströmen. Die Eigengeschwindigkeit wird auch als Strömungs- oder als Fluggeschwindigkeit bezeichnet. Besondere Geschwindigkeitswerte der Eigengeschwindigkeit sind
- die Mindestgeschwindigkeit, bei der der Gleitschirm gerade noch steuerfähig ist;

- die Abreißgeschwindigkeit, bei der die tragfähige Strömung vom Flügel abreißt;
- die Startgeschwindigkeit, bei der das Gerät abhebt;
- der Gleitgeschwindigkeitsbereich, bei dem die Strömung zuverlässig am Flügel anliegt;
- die Höchstgeschwindigkeit, unter der die zulässige Höchstgeschwindigkeit zu verstehen ist; bei Überschreitung droht Geräteversagen.

Die besonderen Geschwindigkeitswerte sind abhängig von der Bauweise des Gerätes.

Von der Eigengeschwindigkeit strikt zu trennen ist die Geschwindigkeit über Grund (ground speed), die die Schnelligkeit des Gleitschirmes über dem Erdboden – »über Grund« – angibt und keine Bedeutung für die Aerodynamik hat. Ausgehend von einer konstanten Eigengeschwindigkeit im Flug verringert sich bei Gegenwind die Geschwindigkeit über Grund; bei Rückenwind erhöht sie sich; dies hat besondere Bedeutung für Start und Landung.

Das Segel als Profil

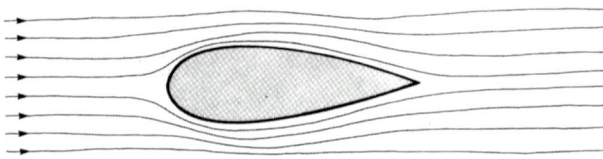

Strömung, die auf ein symmetrisches Profil trifft, teilt sich vor dem Profil und schließt sich dahinter wieder.

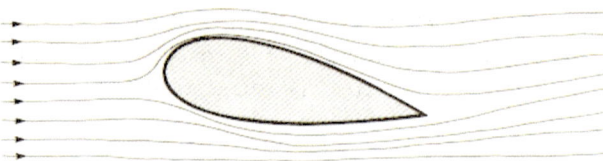

Gibt man dem symmetrischen Profil einen Anstellwinkel, so entsteht eine Zirkulationsströmung um das Profil, die sich auf der Oberseite beschleunigend und auf der Unterseite verlangsamend auf die Strömung auswirkt.

Beim asymmetrischen Profil ist die Beschleunigung auf der Profiloberseite »eingebaut«.

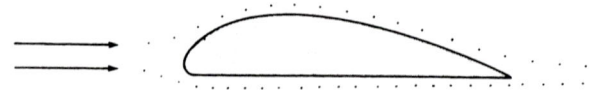

Die größere Geschwindigkeit auf der Oberseite hat zur Folge, daß die Luftteilchen dort dünner gelagert sind als auf der Unterseite, wo die Luftteilchen zusammengepresst werden.

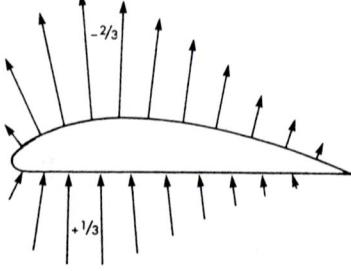

Auf der Oberseite entsteht dabei ein Unterdruck (Sog), auf der Unterseite ein Überdruck, die beide gemeinsam Auftrieb erzeugen. An der Auftriebserzeugung ist der Sog mit etwa 2/3 beteiligt, der Überdruck mit 1/3.

Das Profil des Gleitschirmes

Beim Gleitschirm bildet sich das Profil durch Überdruck im Inneren der Kappe (Staudruck-System). Bewegt sich der Schirm in der Luft vorwärts, strömen Luftteilchen durch die Eintrittsöffnungen ins Kappeninnere. Es entsteht Staudruck, der Ober- und Untersegel und auch die beiden äußeren Zellwände auseinander drückt. Die Kappe füllt sich prall auf.

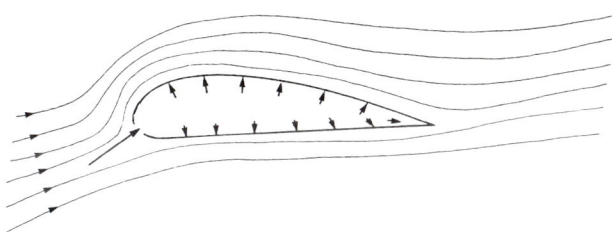

Der innere Überdruck beträgt bei 30 km/h nur ca. 4 kg pro Quadratmeter Segelfläche. Das genügt, um in Verbindung mit den Leinenaufhängungen und der Zellenstruktur dem Segel ausreichend Steifigkeit zu geben.

Der Staudruck und damit die Steifigkeit sinken und steigen im Quadrat zur Eigengeschwindigkeit. Bei einer Halbierung der Geschwindigkeit auf 15 km/h beträgt der Staudruck nur noch ein Viertel, die Kappe wird entsprechend weicher. Beträgt die Eigengeschwindigkeit Null, können sich die Zellen ganz entleeren, das Profil fällt zusammen.

Auftriebsformel

$$\text{Auftrieb } A = C_A \cdot \frac{\zeta}{2} \cdot v^2 \cdot F$$

C_A = Auftriebsbeiwert, abhängig von der Profilform, von der Flügelform und vom Anstellwinkel

ζ = Luftdichte

v = Eigengeschwindigkeit

F = projizierte Segelfläche

Die Auftriebsformel bedeutet

- Je größer die Fläche, desto größer der Auftrieb; Auftriebsvergrößerung linear zur Flächenvergrößerung.
- Je größer die Geschwindigkeit, desto größer der Auftrieb; Auftriebsvergrößerung quadratisch zur Geschwindigkeitserhöhung.
- Je geringer die Luftdichte, desto geringer der Auftrieb; Auftriebsverringerung linear zur Verringerung der Luftdichte.

Auftriebsverteilung am Flügel

Der Auftrieb ist im vorderen Drittel des Flügelprofils besonders ausgeprägt. Die Auftriebsverteilung über die Spannweite konzentriert sich beim ungebremsten Gleitflug auf den Mittelbereich des Segels. Bei Steuerleinenzug verstärkt sich der Auftrieb an den äußeren Flächenbereichen wegen des dort größeren Anstellwinkels.

Der Widerstand

Widerstand bremst den Gleitschirm und kostet Leistung. Die Geräteentwicklung gilt daher in erster Linie der Widerstandsminderung. Trotzdem ist beim Gleitschirmflug auch Widerstand notwendig, für Steuerung und Landung. Drei Widerstandsarten sind beim Gleitschirm wesentlich: Formwiderstand, Randwiderstand und Restwiderstand.

Formwiderstand

Der Formwiderstand wird durch die auftriebserzeugenden Teile verursacht, beim Gleitschirm durch die Kappe. Er wächst linear mit der Vergrößerung der in Strömungsrichtung projizierten Fläche, also mit der Erhöhung des Anstellwinkels.

Randwiderstand

Der Randwiderstand – auch als induzierter Widerstand bezeichnet – entsteht an den Flächenrändern. In ihrem Bestreben, die Druckunterschiede zwischen Ober- und Unterseite auszugleichen, entweicht die Unterluft über die seitlichen und hinteren Flügelränder und bildet widerstandsreiche Wirbelzöpfe. Infolge des Druckausgleichs gehen gleichzeitig die äußeren Flügelteile für die Auftriebserzeugung verloren. Eine große Streckung vergrößert das für die Auftriebserzeugung verbleibende Mittelteil der Segelfläche.

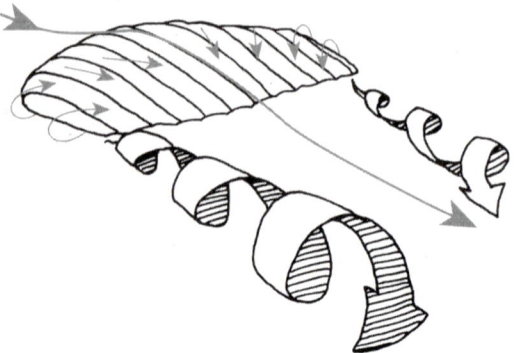

Restwiderstand

Der Restwiderstand wird durch die an der Auftriebserzeugung nicht mitwirkenden Teile verursacht. In erster Linie entsteht er am Piloten und am Leinensystem. Gegenüber der Sitzposition des Piloten ist die Liegeposition widerstandsärmer.

Widerstandsformel

$$\text{Widerstand } w = C_w \cdot \frac{\zeta}{2} \cdot v^2 \cdot F$$

c_w = Widerstandsbeiwert; abhängig von der Form der widerstanderzeugenden Teile und vom Anstellwinkel

ζ = Luftdichte

v = Eigengeschwindigkeit

F = projizierte Segelfläche

Die Widerstandsformel bedeutet:
- Je größer die Fläche, desto größer der Widerstand; Widerstandsvergrößerung linear zur Flächenvergrößerung.
- Je größer die Geschwindigkeit, desto größer der Widerstand; Widerstandsvergrößerung quadratisch zur Geschwindigkeitserhöhung.
- Je geringer die Luftdichte, desto geringer der Widerstand; Widerstandsverringerung linear zur Verringerung der Luftdichte.

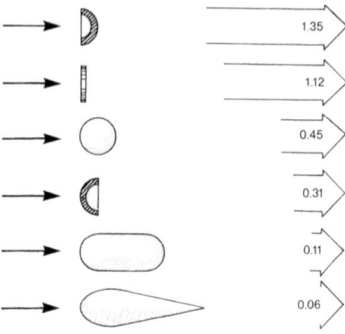

Die Steuerung der Geschwindigkeit

Durch Zug an beiden Steuerleinen wird die Hinterkante des Gleitschirmes an den äußeren Bereichen der Kappe heruntergezogen. Dadurch verändern sich der Anstellwinkel und die Profilform der Kappe.

Die totale Luftkraft, die vom Pilotengewicht bestimmt ist, bleibt bei allen stationären Geschwindigkeiten gleich, es ändert sich lediglich das Verhältnis von Auftrieb zu Widerstand.

Bei lockeren Steuerleinen fliegt der Gleitschirm mit seiner Höchstgeschwindigkeit, »volle Fahrt«. Der Anstellwinkel ist klein, der Auftrieb mäßig.

Bei leichtem Steuerleinenzug fliegt der Gleitschirm etwas langsamer. Profilform und Anstellwinkel erhöhen den Auftrieb. Auftrieb und Widerstand sind so aufeinander abgestimmt, dass der beste Gleitwinkel erreicht ist (Geschwindigkeit des besten Gleitens).

Zieht man die Bremsleinen tiefer herab, wird der Gleitschirm weiter verlangsamt. Die Strömung liegt noch weitgehend am Profil an. Der Gleitschirm fliegt mit geringstem Höhenverlust pro Sekunde (Geschwindigkeit des geringsten Sinkens).

Werden die Steuerleinen noch deutlich weiter herab gezogen, wird die Strömung sich großflächig von der Oberseite des Profils ablösen (Mindestgeschwindigkeit). Der Widerstand wächst zu Lasten des Auftriebs. Der Gleitwinkel verschlechtert sich und die Sinkgeschwindigkeit nimmt zu.

Der Strömungsabriss

Wenn sich die Strömung nicht mehr am Profil halten kann, reißt sie völlig ab. Ursachen sind – meist verkoppelt –
- zu geringe Eigengeschwindigkeit;
- zu großer Anstellwinkel (auch durch Böeneinwirkung);
- zu starke Profilwölbung (durch Steuerleinenzug).

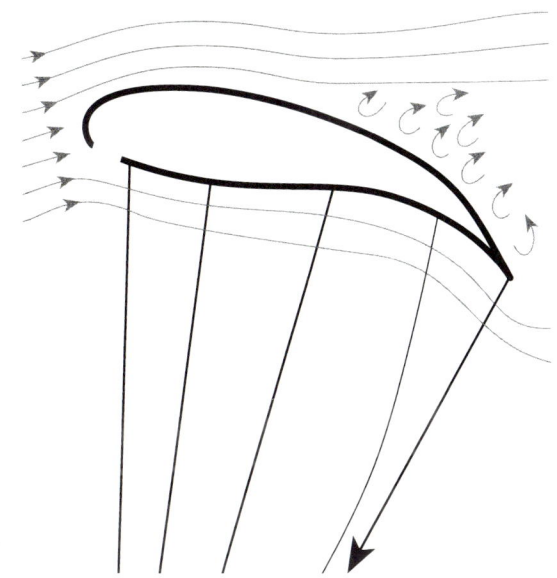

Beim vollständigen Strömungsabriss
- verliert der Gleitschirm den Auftrieb;
- wirkt nur der Widerstand;
- kann der Kappeninnendruck zusammenbrechen.

Der Strömungsabriss setzt je nach Gerätetyp und Flächenbelastung weicher oder härter ein. Jede Landung ist ein gewollter Strömungsabriss.

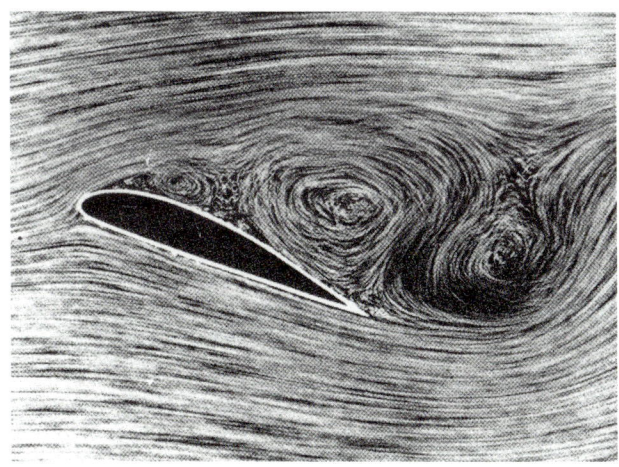

Einklappen

Wird der Anstellwinkel zu klein, so wird die Flügelnase von oben angeströmt. Die Steifigkeit des luftgefüllten Gleitschirmprofils ist zu gering, um den aerodynamischen Kräften standzuhalten: Der Schirm klappt nach unten ein.

Diese Anstellwinkelverringerung entsteht durch
● Böeneinwirkung in turbulenter Luft;
● Vorschießen der Kappe beim Start oder im Flug.

Pendelstabilität

Die Gleitschirmfläche ist infolge ihrer Profilwölbung eigentlich aerodynamisch instabil. Das heißt, jede Anstellwinkelstörung durch äußere Einwirkung oder Bremsen wird noch verstärkt. Doch die starke Pendelwirkung des tiefhängenden Piloten überlagert diese Instabilität, richtet den Gleitschirm aus der Schieflage wieder auf. Das Gewicht des Piloten und der Widerstand der Schirmkappe erzeugen das nötige Drehmoment. Es ist eine mechanische Drehung durch die Hebelwirkung des Piloten.

Die Pendelwirkung
● stabilisiert den Schirm um die Querachse, sorgt für die Einhaltung des normalen Anstellwinkels;
● stabilisiert den Schirm um die Längsachse, verhindert das seitliche Wegkippen des Flügels;
● lässt den Piloten nach der Kurve zurückschwingen.

▶ Abrupte Steuerbewegungen können gefährliche Pendelbewegungen auslösen.

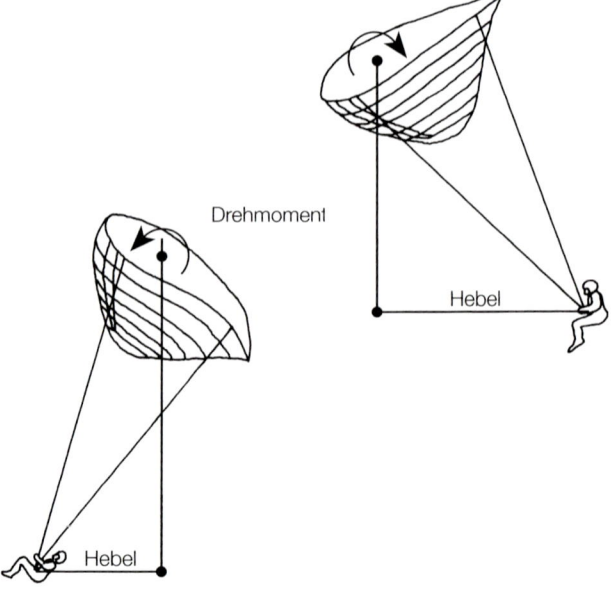

Die Drehachsen

Alle aerodynamischen Drehbewegungen vollführt der Gleitschirm um die drei aerodynamischen Drehachsen, die sich im Schwerpunkt des Gesamtsystems Schirm-Pilot schneiden.

- Der Schirm **nickt** um die **Querachse.** Der Pilot pendelt vor und zurück.
- Der Schirm **rollt** um die **Längsachse.** Der Pilot pendelt nach links und rechts.
- Der Schirm **giert** um die **Hochachse.** Der Pilot dreht sich.

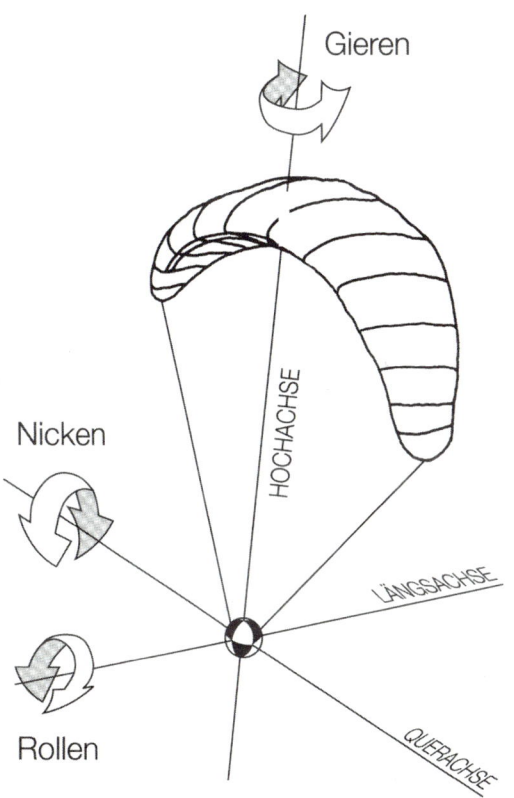

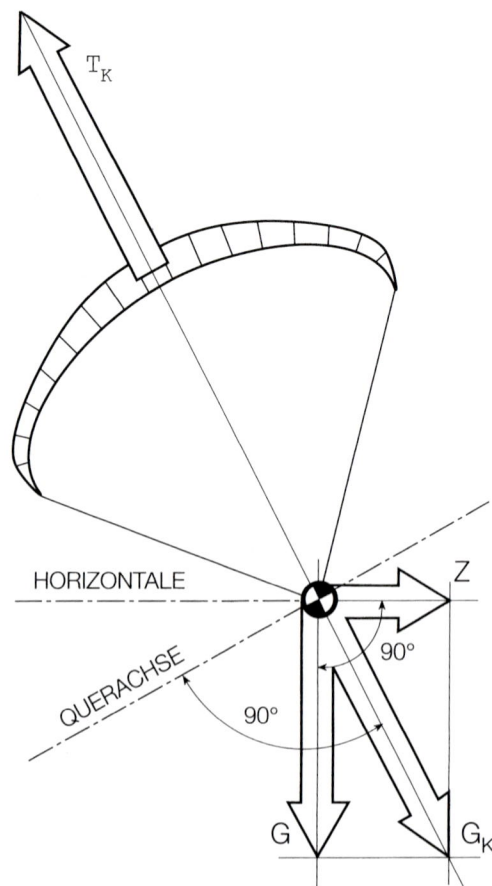

Kräfte beim Kurvenflug

Für eine stationäre Kurve, d. h. ohne Einleit- und Ausleitphase, müssen Kurvenradius, Schräglage, Geschwindigkeit und Gewicht aufeinander abgestimmt sein.

Geschwindigkeit, Kurvenradius und Gewicht (Startgewicht) ergeben die horizontal nach außen gerichtete Zentrifugalkraft Z.

Aus der Zentrifugalkraft Z und Gewicht G resultiert das senkrecht zur schräggestellten Querachse wirkende Kurvengewicht GK.

Das Kurvengewicht GK wird kompensiert durch die Totale Luftkraft TK.

Das beim Kurvenflug auftretende Kurvengewicht GK ist größer als das einfache Gewicht G. Dementsprechend ist die Totale Luftkraft als Gegenkraft beim Kurvenflug größer als beim Geradeausflug. Der Zuwachs der Totalen Luftkraft bedeutet gleichzeitig einen Zuwachs für Widerstand und Auftrieb, kostet weitere Energie, erhöht die Stallgeschwindigkeit und bringt Höhenverlust.

Um diesen Zuwachs zu erreichen, liegt die Geschwindigkeit in der Kurve entsprechend höher. Durch das höhere Kurvengewicht GK wird das Gerät je nach Kurvenlage stärker belastet, bei 60 Grad Schräglage doppelt so stark wie im stationären Geradeausflug.

Steuerung der Kurve

Das Einleiten der Kurve erfolgt durch Herabziehen der kurveninneren Segelhinterkante. Das vergrößert dort Anstellwinkel und Widerstand und verringert die Geschwindigkeit. Die kurvenäußere Seite behält ihre Geschwindigkeit bei. Es entsteht ein Drehmoment, das den Gleitschirm in die Kurve dreht.

Weil gleichzeitig der Auftrieb am gebremsten Flügel anwächst, kreist der Gleitschirm mit geringerer Querneigung als dem Idealbild des Kurvenflugs entspräche – er »schiebt«. *Vorteil* ist, dass das Kurvensinken gering bleibt und der Schirm langsamer kreist. Aber es besteht die Gefahr des einseitigen Strömungsabrisses bei unangepasstem Bremsleinenzug.

Mit Gurtzeugen, deren Diagonalen nicht zu stark ausgesteift sind, kann auch durch seitliches Verlagern des Pilotengewichts im Sitzbrett die Kurvensteuerung unterstützt werden. Durch die Gewichtsverlagerung wird

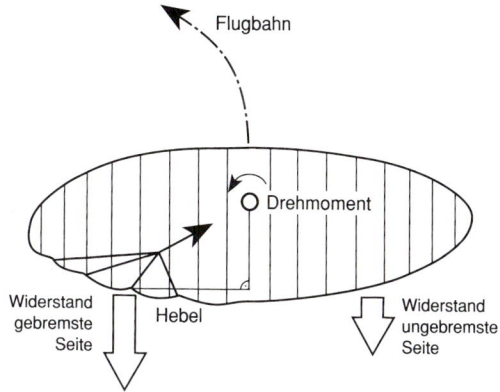

die kurveninnere Kappenhälfte etwas tiefer gezogen. Es entsteht ein Drehmoment in aerodynamisch günstiger Weise: Die leistungsmindernde Verformung des Segelprofils durch den Steuerleinenzug ist geringer.

Zum Ausleiten der Kurve wird die einseitige Vorwölbung beendet. Beide Flügelseiten erhalten wieder gleichen Anstellwinkel und Geschwindigkeit.

Die Polare

Die Geschwindigkeitspolare des Gleitschirmes gibt für jeden Geschwindigkeitsbereich den zugehörigen Sinkwert an. Sie ist abhängig vom Gerätetyp und vom jeweiligen Pilotengewicht.

Der höchste Punkt der Polarenkurve bezeichnet den geringsten Sinkwert und die zugehörige Geschwindigkeit. Geringstes Sinken drückt den minimalen Höhenverlust in Metern pro Sekunde aus.

Höher liegt die Geschwindigkeit des besten Gleitens. Sie ermittelt sich anhand der Polare durch Anlegen einer Geraden (Tangente) an die Polarenkurve, ausgehend vom Nullpunkt. Der Berührungspunkt der Tangente mit der Polarenkurve zeigt, bei welcher Geschwindigkeit sich die beste Gleitzahl ergibt und welches Sinken bei dieser Geschwindigkeit besteht.

Gleitzahl bezeichnet das Verhältnis von zurückgelegter Strecke zum Höhenverlust, wobei der Höhenverlust mit der Zahl 1 konstant bleibt. Ein Gerät mit der Gleitzahl von beispielsweise 6 legt bei der Geschwindigkeit des besten Gleitens bei einem Höhenverlust von 100 m eine Strecke von 600 m zurück. Die Gleitzahl entspricht dem

Verhältnis von Auftrieb zu Widerstand. Im Beispiel ist der Auftrieb 6 mal größer als der Widerstand.

$$\text{Gleitzahl} = \frac{\text{Strecke}}{\text{Höhe}} = \frac{\text{Auftrieb}}{\text{Widerstand}}$$

Statt »Gleitzahl« spricht man auch vom »Gleitwinkel«. Eine Gleitzahl von 6 entspricht einem Gleitwinkel von 1:6 oder ca. 10 Grad.

Gegen- und Rückenwind, Auf- und Abwind sowie unterschiedliches Startgewicht lassen sich im Polardiagramm berücksichtigen:

Bei **Gegenwind** ist die unveränderte Polarenkurve im Diagramm um den entsprechenden Geschwindigkeitswert nach links zu verschieben. Die Gleitzahl über Grund wird schlechter. Die beste Gleitzahl erreicht man laut Diagramm jetzt bei erhöhter Geschwindigkeit.

Bei **Rückenwind** verschiebt sich die Polare nach rechts. Die beste Gleitzahl verlangt reduzierte Geschwindigkeit.

Im **Abwind** wird die Gleitzahl schlechter, im **Aufwind** verbessert sie sich.

Beispiel: Bei Windstille fliegt ein Schirm mit maximaler Gleitzahl 6 aus 1000 m Höhe genau 6000 m weit.

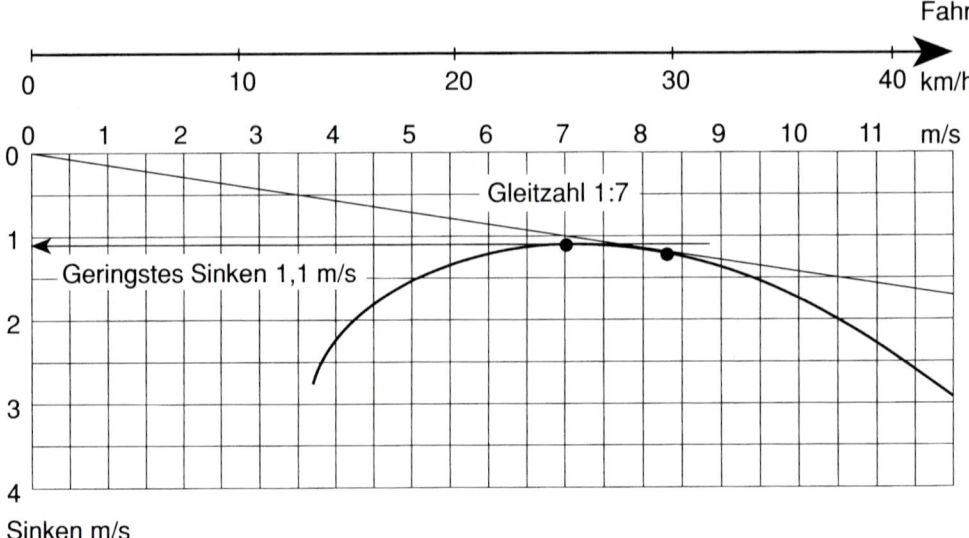

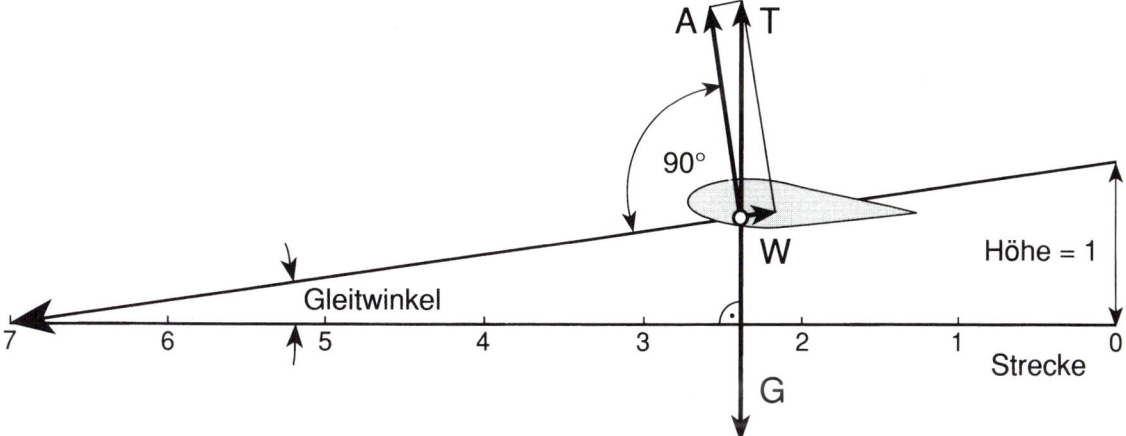

Seine beste Gleitgeschwindigkeit beträgt dabei 30 km/h.

Herrschen 15 km/h Gegenwind, kommt der Schirm über Grund nur halb so schnell vorwärts. Er fliegt deshalb halb so weit (3000 m), der Gleitwinkel ist steil, liegt nur noch bei 1:3. Bei 30 km/h Gegenwind würde der Schirm mangels Vorwärtsgeschwindigkeit über Grund senkrecht sinken.

Umgekehrt würden 15 km/h Rückenwind die Gleitstrecke auf 9000 m (Gleitzahl 9) verbessern.

Ändert sich das **Startgewicht,** so verschiebt sich die unveränderte Polarenkurve im Diagramm entlang der Tangente des besten Gleitens: Die Gleitzahl bleibt konstant, lediglich alle Geschwindigkeiten erhöhen sich bei größerem Startgewicht oder verringern sich bei geringerem Startgewicht.

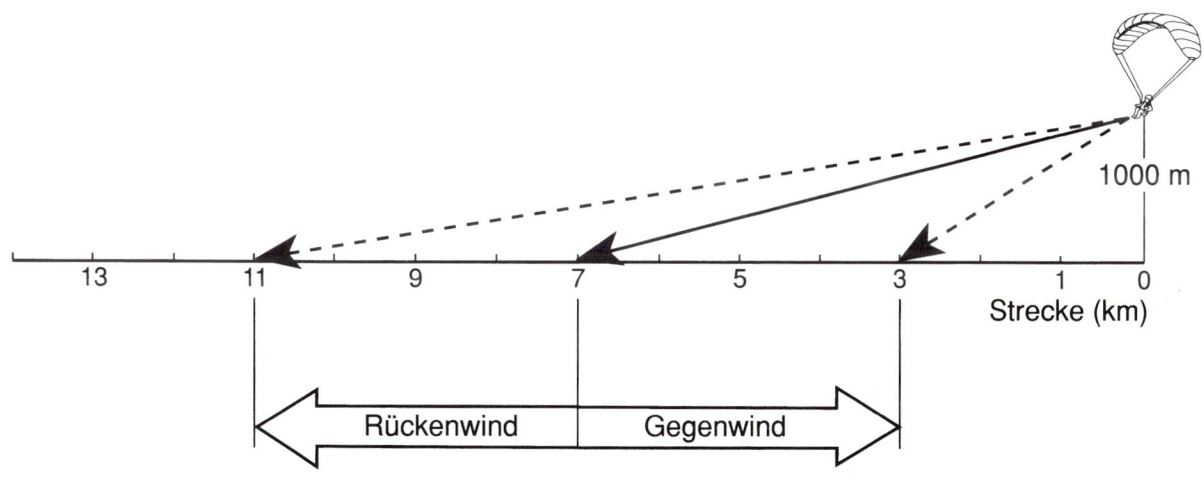

Flugpraxis

= CD-Rom

Der Begriff Flugpraxis ist hier weitgefasst. Er reicht vom korrekten Vorflug-Check bis hin zu speziellen Flugmanövern. Dieses Kapitel kann nicht den Unterricht in einer Flugschule ersetzen.

Vor dem Start

An vielen Startplätzen hat der Pilot die Wahl zwischen mehreren Startstrecken. Er sollte darauf achten, dass

- die Startstrecke ausreichende Länge hat,
- der Anlauf gegen den Wind gerichtet ist,
- der Boden ein trittsicheres Anlaufen ermöglicht,
- ein Startabbruch möglich ist,
- Senken oder Mulden nicht zu einer Entlastung der Leinen führen,
- keine Äste und Steine sich beim Auslegen in den Leinen des Gleitschirmes verhängen können,
- die Hangneigung größer ist als der Gleitwinkel,
- der Abflugweg einen sicheren Abstand von Hindernissen, Bäumen, Felsen oder Leitungen hat.

Einhängen

- Tragegurte in die Gurtzeugkarabiner einhängen und sichern. Darauf achten, dass die Tragegurte nicht verdreht sind.
- Fußbeschleuniger mit dem Beschleunigungssystem der Tragegurte unverdreht verbinden.
- Helm aufsetzen und schließen.

Vorflugcheck

- **Wetter:** Vergewissern, dass keine gefährliche Wetterentwicklung zu erwarten ist.
- **Gurtzeug und Rettungsgerät:** Sicheren Verschluss des Rettungsgerätes (Splinte) überprüfen. Gurtzeug anlegen, alle Gurte, zuerst die Beingurte, schließen.
- **Kappe:** Bogenförmig auslegen, alle Kammern müssen geöffnet sein.
- **Tragegurte und Leinen:** Tragegurte unverdreht strecken, Leinenschlösser, Beschleunigungssystem, Bremsleinen und Bremsleinenknoten kontrollieren. Leinenebenen voneinander trennen, beginnend mit den Bremsleinen bis zu den A-Leinen. Besondere Sorgfalt bei den vielgegabelten Stabilo-Leinen

Startcheck

Unmittelbar vor dem Start schließt der Pilot die Startvorbereitungen mit dem 5-Punkte-Startcheck ab. Für Anfänger und Routiniers gilt gleichermaßen: Kein Start ohne Startcheck!
1. **Pilot:** Bein-, Brust-, ggf. Kreuzgurte geschlossen, Karabiner geschlossen, Helm auf und geschlossen ?
2. **Leinen:** Leinen frei, Tragegurte unverdreht, Beschleuniger eingehängt und unverdreht ?
3. **Kappe:** Bogenförmig ausgelegt, alle Kammern offen?
4. **Luftraum:** Auf allen Seiten frei ?
5. **Wind:** Passend?
Der Start sollte unmittelbar nach dem Startcheck erfolgen, ansonsten ist der Startcheck zu wiederholen.

| Schirm ausgelegt | Grundhaltung | Aufziehen |

Die Phasen des Gleitschirmstarts

Grundhaltung

Der Pilot steht aufrecht vor der Hinterkante der mittleren Segelbahn. Die Arme zeigen locker gestreckt (Handflächen nach vorne /oben) nach hinten, unten.

Stärker Wind: A-Leinen auf leichte Spannung. Schirm steigt langsamer hoch, er schießt nicht nach vorne.

Nullwind/Schwacher Wind: A-Leinen entspannt, mit Durchhang. Schirm steigt schneller hoch, er bleibt nicht hinten hängen.

Aufziehen

Aus der Grundhaltung läuft der Pilot mit Vorlage die ersten Schritte. Die Leinen strecken sich, die Schirmkappe beginnt sich zu füllen und steigt hoch. Die Hände führen die A-Gurte locker nach oben. Die Arme sind dabei nur passive Verbindungsglieder zwischen Schultergelenken

und Schirm, das heißt, sie zeigen in Richtung der gestreckten vorderen Fangleinen und üben keinen aktiven Zug aus. Der Pilot blickt geradeaus in Laufrichtung.

Unter konstantem Druck führt der Pilot den Schirm nach oben. Wenn gewährleistet ist, dass die Kappe über dem Piloten steht, werden die Hände von den A-Gurten gelöst und der Schirm wird mit dosiertem Steuerleinenzug aktiv in dieser Position gehalten. Der Pilot ist wieder vollständig aufgerichtet.

Häufige Fehler

- Pilot steht nicht in der Mitte oder läuft schräg zum ausgelegten Schirm los. *Folge*: Der Schirm erhält asymmetrischen Zug, steigt schräg hoch oder kippt zur Seite weg.
- Pilot läuft hektisch los und beschleunigt zu rasch. *Folge*: Der Schirm schießt unkontrolliert hoch und ist störanfällig.
- Pilot versucht, die Arme als Hebel mit einzusetzen. *Folge*: Körperbewegungen übertragen sich auf den

Kontrollblick

Beschleunigen

Abheben

Schirm. Der Schirm steht unruhig und ist störanfällig.

- Pilot lässt die vorderen Tragegurte zu früh los. *Folge*: Schirm bleibt hinter dem Piloten besonders in flachem Startgelände.
- Pilot lässt die vorderen Tragegurte zu spät los. *Folge*: Schirm ist nicht steuerbar und einklappgefährdet, besonders in steilem Startgelände.
- Pilot verkürzt durch Anziehen der Arme die vorderen Tragegurte. *Folge*: Schirm klappt ein.

Kontrolle

Sobald der Schirm über dem Piloten steht, muss durch eine Blickkontrolle über die gesamte Kappe, besonders Bremsspinne, hintere Leinenebenen und Stabilo-Bereich, der flugfähige Zustand gecheckt werden.

In der Kontrollphase sollte der Pilot aber auch seine anderen Sinne einsetzen. Der Zug auf den Tragegurten und der Bremsdruck auf den Steuerleinen lassen Asymmetrien und Entlaster erspüren. Einklapper sind am raschelnden Geräusch des Tuches zu erkennen.

Häufige Fehler

- Kontrollblick kommt zu früh. *Folge*: Aufziehbewegung wird gestört, Schirm bleibt hinten hängen, Störungen an der Kappe können nicht erkannt werden.
- Kontrollblick wird unterlassen. *Folge*: Störungen an der Kappe bleiben unbemerkt.
- Pilot verringert bei der Blickkontrolle seine Laufgeschwindigkeit. *Folge*: Im steilen Startgelände kann der Schirm den Piloten überholen und einklappen, im flachen Startgelände wird die Kappe weich und verliert Staudruck und Flugfähigkeit.

▶ Lassen Gelände- und Windbedingungen voraussichtlich nur eine kurze Kontrollphase zu (z. B. steiles Startgelände), ist besondere Sorgfalt beim Auslegen des Schirmes und beim Sortieren der Leinen notwendig.

Korrekturen

Korrekturen sind notwendig, wenn Störungen auftreten wie z. B. Einklappen der Eintrittskante, seitliches Einklappen einzelner Zellen und besonders Abweichungen von der geplanten Startrichtung.

Korrekturen erfolgen nicht über die Gurte, sondern über die Steuerleinen. Sie sind frühestens wirksam, wenn der Schirm über dem Piloten steht.

- Schrägstehen der Kappe. *Korrektur*: Die Kappe unterlaufen und gleichzeitig durch Steuerleinenzug die Richtung korrigieren
- Seitliches Einklappen mit Abdrift. *Korrektur*: Zunächst nur Richtungskorrektur, dann Öffnen des Einklappers durch »Pumpen« mit der Bremse.
- Seitliche Abdrift. *Korrektur*: Ziehen der zum Startweg rückführenden Steuerleine.

Nach erfolgter Korrektur ist eine erneute Blickkontrolle erforderlich.

Häufige Fehler

- Unterlassen notwendiger Korrekturen. *Folge*: Unkontrollierter Start, Fehlstart.
- Übertriebene Korrekturen. *Folge*: Flugunfähige Kappe, Fehlstart.

Startabbruch

Waren die Korrekturen nicht erfolgreich, oder steht anschließend nicht mehr genügend Anlaufstrecke zur Verfügung, ist der Start sofort abzubrechen. Ein möglicher Startabbruch muss im jeweiligen Gelände schon vor dem Aufziehen einkalkuliert sein. Der Startabbruch muss deutlich vor der Entscheidung zur Beschleunigung erfolgen. Viele Startplätze lassen einen Abbruch nur nach einer Seite zu.

Im flachen Startgelände erfolgt der Startabbruch durch beidseitiges Überziehen und kontrolliertes Ablegen der Kappe nach hinten. Im steileren Startgelände muss der Startabbruch wegen der Gefahr des ungewollten Abhebens meist nach einer Seite erfolgen. Dazu steuert der Pilot den angebremsten Schirm durch Steuerleinenzug zu einer Seite und läuft aus.

Häufige Fehler

- Entscheidung zum Startabbruch erfolgt zu spät. *Folge*: Pilot und Gerät befinden sich bereits kurz vor dem Abheben und haben eine hohe Geschwindigkeit. Abbruch erfolgt unkontrolliert. Fehlstart!
- Pilot reißt zum Abbruch im steilen Gelände oder bei deutlichem Gegenwind beide Steuerleinen voll durch. *Folge*: Kurzzeitiges Abheben mit Pendeln und Crash.

Beschleunigen

Jetzt fällt die eigentliche Entscheidung für den Start. Erst nach dem letzten Kontrollblick, wenn alle Voraussetzungen für den weiteren Startlauf erfüllt sind, beschleunigt der Pilot den Schirm mit Körpervorlage bis zur Abhebegeschwindigkeit. Er beginnt mit ruhigen Schritten und steigert kontinuierlich die Schrittlänge. Die Bremsen sind dabei so weit gezogen, dass die Kappe den Piloten weder überholt noch hinter ihm hängt, die Bremsenstellung entspricht etwa dem »geringsten Sinken«. Der Pilot blickt geradeaus auf seinen Startweg. Die Abhebegeschwindigkeit ist dann erreicht, wenn der Schirm den Piloten vom Boden hebt. Der letzte Schritt erfolgt in der Luft.

Häufige Fehler

- Beschleunigung zu schwach. *Folge*: Schirm erreicht die Abhebegeschwindigkeit nicht oder erst nach langer Anlaufstrecke.
- Pilot setzt sich bei zu geringer Geschwindigkeit ins Gurtzeug. *Folge*: Durchsacken mit Bodenberührung und erheblicher Verletzungsgefahr.
- Zu geringes Anbremsen im Startlauf. *Folge*: Schirm kann den Piloten überholen und einklappen, besonders im steilen Startgelände.

- Zu starkes Anbremsen im Startlauf. *Folge*: Schirm geht hinter den Piloten zurück und erreicht keine Flugfähigkeit, besonders im flachen Startgelände.
- Die Bremsen werden zur Unterstützung des Abhebens stark angezogen und sofort wieder losgelassen. *Folge*: Starkes Durchsacken und Pendeln mit erheblicher Verletzungsgefahr bei Bodenberührung.
- Starkes Abknicken des Oberkörpers nach vorne während des Startlaufs. *Folge*: Eingeschränkte Sicht in Laufrichtung. Eingeschränkte Bewegungsfreiheit der Arme.
- Startlauf erfolgt in vollständig aufgerichteter Haltung. *Folge*: Tippelschritte, kraftvolle Beschleunigung nicht möglich.
- Starke Armbewegungen während des Startlaufes (Rudern). *Folge:* Unruhe überträgt sich auf die Schirmkappe und stört die Flugfähigkeit.

Abheben

Nach dem Abheben bleibt der Pilot in einer hängenden, laufbereiten Position. Durch leichte Schrittstellung der Beine wird das Sitzbrett in einer schrägen Stellung gehalten und ein Abkippen des Körpers ins Gurtzeug verhindert. Erst nach Erreichen der Sicherheitshöhe wird die Flugposition im Gurtzeug eingenommen. Im Abflug muss der Pilot besonders konzentriert sein, da mögliche Störungen, wegen der unmittelbaren Bodennähe, ein sofortiges Reagieren erfordern würden.

Häufige Fehler
- Pilot kippt gleich nach dem Abheben ins Gurtzeug zurück. *Folge*: Bei einem möglichen Durchsacken zum Boden kann der Pilot nicht mitlaufen. Hohe Verletzungsgefahr.
- Steuerleinen werden in der Abflugphase losgelassen, z. B. um sich bequem ins Gurtzeug zu setzen. *Folge*: Bei Störungen wie z. B. Einklappen des Schirmes, hat der Pilot keine Eingriffsmöglichkeit. Absturzgefahr.
- Beide Bremsen werden in eine Hand übergeben, um

mit der anderen das Einnehmen der Flugposition zu erleichtern, oder durch ruckartige Körperbewegungen und Einhalten an den Tragegurten »windet« der Pilot sich ins Gurtzeug. *Folge*: Unruhe, kurzzeitiger Kontrollverlust des Piloten über seinen Schirm.

Anmerkung: Wenn der Pilot nicht durch bloßes Anziehen der Beine in eine bequeme Gurtzeugposition gelangt, ist das Gurtzeug falsch eingestellt!

▶ Ein sicherer Start ist vor allem ruhig und kontrolliert. Hektik sollte keinen Platz haben, weder bei den Startvorbereitungen noch in den Bewegungen des startenden Piloten.

Fluggeschwindigkeit

Die Fluggeschwindigkeit reguliert der Pilot durch beidseitiges Herabziehen der Steuerleinen. Die Hände werden beim Herabziehen seitlich am Körper entlanggeführt. Grundsätzlich müssen die Bremsen beim Fliegen immer in den Händen bleiben und leicht auf Spannung gehalten werden, damit der Pilot Störungen schon im Ansatz erkennen kann.

Geschwindigkeit des besten Gleitens
Bei lockeren Steuerleinen, Hände ganz oben, fliegt der Schirm Trimmgeschwindigkeit. Dies ist bei den meisten Schirmen auch die Geschwindigkeit des besten Gleitens. Bei Windstille wird damit der beste Gleitwinkel erflogen.

Maximalgeschwindigkeit
Betätigung des Fußbeschleunigers erhöht die Fluggeschwindigkeit bis zur Maximalgeschwindigkeit des Schirmes. Die Sinkgeschwindigkeit nimmt mit steigender Beschleunigung zu. Die Einklapptendenz steigt, der Schirm ist generell anfälliger für Turbulenzen. Diese Geschwindigkeit wird gewählt, wenn gegen einen starken Gegenwind angeflogen werden muss.

Geschwindigkeit des geringsten Sinkens
Ab dem Punkt, an dem die Bremswirkung einsetzt, werden die Bremsen, je nach Schirmtyp, noch ca. 10 bis 30 cm weiter heruntergezogen. Der Schirm hat seine Geschwindigkeit deutlich verlangsamt und fliegt mit minimaler Sinkgeschwindigkeit. Die Einklappgefahr nimmt ab. Bei Flügen in schwacher Thermik sowie beim Hangaufwindfliegen, ist dies der richtige Geschwindigkeitsbereich.

Minimalgeschwindigkeit
Der Schirm fliegt mit minimaler Fahrt, dicht am Sackflug mit wieder erhöhtem Sinken. Das Windgeräusch ist kaum noch zu hören. Die Bremsen sind, je nach Schirmtyp, nun 50 bis 100 cm gezogen. Der nahe Strömungsabriss deutet sich meist durch hohen Steuerdruck an. Diese Geschwindigkeit ist gefährlich niedrig. Jede Turbulenz könnte die Strömung abreißen lassen.

Strömungsabriss/Stall
Zieht der Pilot die Steuerleinen noch weiter, über den Stallpunkt, kommt es zum Strömungsabriss. Der Schirm stoppt ab und geht in den Sackflug oder kippt nach hinten in den Fullstall.

Häufige Fehler
- Der Pilot achtet nicht bewusst auf die Stellung seiner Hände. *Folge*: Er kann die Fluggeschwindigkeit nicht bewusst kontrollieren.
- Die Geschwindigkeit ist nicht situationsangepasst, z. B. bei starkem Gegenwind Geschwindigkeit des geringsten Sinkens. *Folge*: Das Flugziel wird nicht erreicht.
- Der Pilot wickelt die Bremsen um seine Hände. *Folge*: Die definierten Geschwindigkeiten können nicht mehr aus der Stellung der Hände abgeleitet werden.
- Zu geringe Geschwindigkeit. *Folge*: Stallgefahr!

Landung 💿

Durch vorsichtige Richtungskorrekturen wird das Segel exakt gegen den Wind ausgerichtet. Die Bremsleinenstellung entspricht etwa der des besten Sinkens. In spätestens 5 m Höhe richtet der Pilot sich im Gurtzeug voll auf und ist auf das Aufsetzen vorbereitet. Er kann in dieser Haltung auch bei plötzlich starkem Sinken das Aufsetzen mit den Beinen abfedern. In ca. 1 bis 2 m Resthöhe bremst der Pilot den Gleitschirm mit dosiertem Steuerleinenzug (seitlich am Körper entlang) bis zum Stillstand ab. Im Idealfall fällt der Stillstand genau mit der ersten Bodenberührung zusammen.

Nach der Landung das Landefeld sofort räumen.

Häufige Fehler

- Anflug zu schnell. Folge: Einklappgefahr, Absturz.
- Geschwindigkeit zu langsam. *Folge:* Sackflug mit hartem Aufsetzen, Sturz auf den Rücken.
- Starke Richtungskorrekturen. *Folge:* Hartes Aufsetzen in Kurvenhaltung oder aus der Pendelbewegung.
- Kein Aufrichten im Gurtzeug. *Folge:* Bei allen Kappenstörungen hohes Verletzungsrisiko für die Wirbelsäule. Landefalltechnik kann aus der Sitzposition nicht angewandt werden.
- Abschließende Vollbremsung zu früh. *Folge:* Stall, Pendelbewegung, Absturz in unkontrollierter Körperlage.
- Abschließende Vollbremsung zu abrupt. *Folge:* Schirm kippt nach hinten, Pilot fällt auf den Rücken.
- Arme beim Abbremsen hinten. *Folge:* Verletzungsgefahr der Arme bei Sturz.

Kurvenflug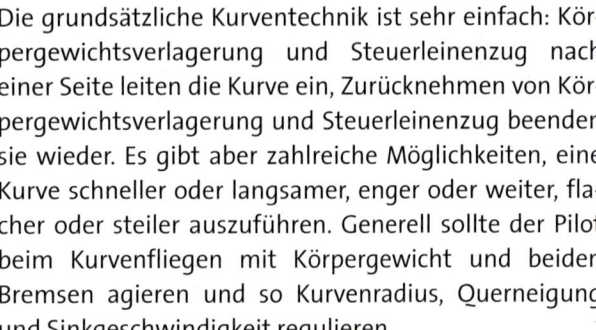

Die grundsätzliche Kurventechnik ist sehr einfach: Körpergewichtsverlagerung und Steuerleinenzug nach einer Seite leiten die Kurve ein, Zurücknehmen von Körpergewichtsverlagerung und Steuerleinenzug beenden sie wieder. Es gibt aber zahlreiche Möglichkeiten, eine Kurve schneller oder langsamer, enger oder weiter, flacher oder steiler auszuführen. Generell sollte der Pilot beim Kurvenfliegen mit Körpergewicht und beiden Bremsen agieren und so Kurvenradius, Querneigung und Sinkgeschwindigkeit regulieren.

Häufige Fehler

- Der Pilot zieht zu zaghaft an der Steuerleine. Folge: Er erreicht nicht die gewünschte Kursänderung.
- Die Bremse wird zu schnell weit durchgezogen. Folge: Gefahr des einseitigen Strömungsabrisses.

Kurven aus voller Fahrt

Einseitiger Steuerleinenzug aus Trimmgeschwindigkeit leitet eine enge, steile Kurve ein. Schräglage und Kurvensinken sind hoch und nehmen bei weiterem Steuerleinenzug noch zu.

Diese Art des Kurvenfluges findet z. B. beim steilen Drehen in starker Thermik oder zur Einleitung der Steilspirale Verwendung.

Angebremste Kurven

Mit niedrigerer Geschwindigkeit, beidseitig angebremst, hat eine eingeleitete Kurve geringere Querneigung und niedrigeres Kurvensinken. Kurvenflug mit leicht bis mäßig angebremstem Schirm ist beim Fliegen in schwächerer Thermik und beim Hangaufwindfliegen, wegen des geringen Kurvensinkens, vorteilhaft.

Stärker angebremste Kurven, aus einer Geschwindigkeit unterhalb des minimalen Sinkens, bringen keine Vorteile. Wegen der niedrigen Fluggeschwindigkeit ist die Gefahr eines einseitigen Strömungsabrisses groß. Beim Herunterziehen der kurveninneren Bremse aus langsamen Fluggeschwindigkeiten muss immer gleichzeitig die kurvenäußere Bremse deutlich nachgelassen werden.

Vermeidung von Trudeln

Generell führen alle Kurveneinleitungen, die zu rasch und ohne Gefühl für die Reaktion des Schirmes erfolgen, zu einer Gefahr des Trudelns mit Strömungsabriss an der Kurveninnenseite, plötzlicher Drehung um die Hochachse und sehr raschem Höhenverlust. Das Trudeln muss schon im Ansatz durch Nachlassen der Bremse verhindert werden.

Körpergewichtseinsatz beim Kurvenflug

Durch Hineinlehnen des Körpers lässt sich der Kurvenflug sehr wirksam unterstützen.

Ein homogener und eleganter Kurvenflugstil, beim engen wie beim flachen Drehen, ist nur mit Körpergewichtseinsatz richtig möglich.

- Bei weiten, flachen Kurven, wie z. B. beim Kreisen in schwacher großflächiger Thermik, lässt sich mit deutlichem Körpergewichtseinsatz, nur gering gezogener Innenbremse und leicht gespannter Außenbremse das Kurvensinken optimieren.
- Schnelles, enges Kurven gelingt durch Gewichtsverlagerung schneller, leichter, mit weniger Steuerleinzug und geringer Trudelgefahr.

Effektives Fliegen mit Körpergewichtseinsatz ist nur möglich, wenn das Gewicht des Piloten deutlich zur Kurvenseite verlagert wird. Dazu muss, mit Gesäß und Oberschenkel, aktiv Druck auf die Kurvenseite des Sitzbrettes ausgeübt und die andere Seite entlastet werden.

Enge Kreuzverstrebungen am Gurtzeug oder eine hohe Gurtzeugaufhängung verhindern aktive Gewichtsverlagerung.

Landeeinteilung

Die Vorbereitung zur Landung beginnt bereits beim Anflug zum Landeplatz. Aus sicherer Höhe stellt der Pilot Windrichtung und Windstärke am Landeplatz fest. Ein Windsack, aber auch Fahnen, Rauchsäulen oder die eigene Bewegung über Grund, helfen ihm dabei.

Die Landevolte beginnt an der Position und setzt sich nacheinander zusammen aus Gegenanflug, Queranflug und Endanflug. Die Länge der Anflugschenkel richtet sich nach der räumlichen Ausdehnung des Landeplatzes und nach den Windverhältnissen. Wenn die Wind- oder Geländeverhältnisse keine andere Richtung vorgeben, ist die Drehrichtung links.

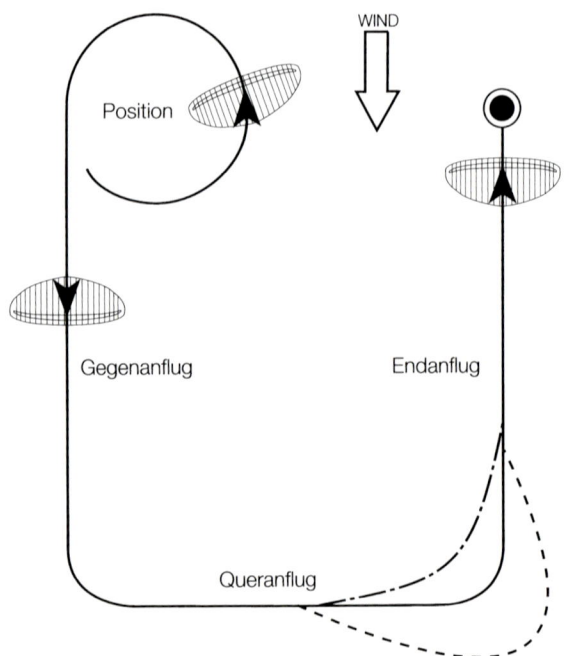

Aus Sicherheitsgründen und um eine bessere Korrekturmöglichkeit des Gleitwinkels zu haben, wird während der gesamten Landevolte der Gleitschirm angebremst. Eine Bremsenstellung zwischen der des besten Gleitens und des besten Sinkens empfiehlt sich.

Position

Die Position liegt – in Windrichtung gesehen – 70 bis 100 m querab zum Landepunkt.

An der Position baut der Pilot, falls erforderlich, überschüssige Höhe ab, checkt nochmal die Windverhältnisse und die Hindernisfreiheit und plant in groben Zügen die Anflugschenkel.

Der Höhenabbau erfolgt durch Vollkreise in gleicher Drehrichtung wie der weitere Landeanflug. Windbedingte Abdrift wird korrigiert.

Nach jedem Kreis schätzt der Pilot durch Peilen zum Landepunkt erneut seine Höhe ab und entscheidet, ob er einen weiteren Kreis fliegt oder den Gegenanflug beginnt. Zum Gegenanflug wird mit etwa 3-fachem Gleitwinkel in der Peilung zum Landepunkt abgeflogen. Die Höhe liegt dann bei ca. 40 bis 70 m.

Häufige Fehler
- Position zu nahe am Zielpunkt. *Folge:* Queranflug verkümmert zu einer 180-Grad-Kurve.
- Position zu weit ab. *Folge:* Bei überraschender Windänderung droht Außenlandung.

Gegenanflug

Die Richtung liegt parallel zum beabsichtigten Endanflug. In regelmäßigem Blickkontakt zum Landepunkt peilt der Pilot den Winkel. Hat der sich auf etwa 2fachen Gleitwinkel verringert, so lenkt er seinen Schirm in den Queranflug.

Häufige Fehler
- Fehlender Sichtkontakt zum Landepunkt. *Folge:* Die Kalkulationsgrundlage für den folgenden Landevorgang fehlt.
- 180-Grad-Kurve zum Endanflug. *Folge:* Weitere Höhenkorrekturen fallen in den Endanflug.

Queranflug

Im Queranflug erfolgt die letzte Höhenkorrektur vor dem Aufsetzen. Entspricht der Peilwinkel dem Gleitwinkel zum Landepunkt, dreht der Pilot in den Endanflug. Auch hier: Erhöhtes Kurvensinken und Windeinfluss berücksichtigen.

Bei großer Höhe kann der Pilot den Queranflug verlängern oder er lässt sich vom Wind versetzen, bevor er in den Endanflug biegt; zu geringe Höhe korrigiert er durch Verkürzen. Der Queranflug liegt ideal zum Anpeilen des Zielpunktes und zur Gleitwinkelkalkulation.

Häufige Fehler
- Zu frühes Eindrehen zum Endanflug. *Folge:* Flug über den Landepunkt hinaus oder gefährliche Höhenkorrekturen im Endanflug.
- Zu spätes Eindrehen. *Folge:* Landeplatz wird verfehlt.
- Steilkurve zum Endanflug. *Folge:* Pendelbewegung, Einklappgefahr, Höhenverlust, Unruhe im Endanflug, hartes Aufsetzen.

Endanflug

Der dosierte Einsatz der Bremsen ermöglicht eine letzte Gleitwinkelkorrektur. Besonders bei Gegenwind hilft Nachgeben der Bremsen, den Gleitpfad zu strecken, während etwas stärkeres Anbremsen den Endanflug verkürzt.

Der Endanflug muss das Aufsetzen optimal vorbereiten. Er erfolgt geradlinig zum Landepunkt. Der Pilot muss sich spätestens in 5 m Höhe vollständig aufrichten zur Landung.

Häufige Fehler
- Der Pilot baut überschüssige Höhe im Endanflug durch S-Kurven ab. *Folge:* Gefährliche Pendelbewegungen in Bodennähe, schlecht vorbereitetes Aufsetzen.
- Die überschüssige Höhe wird durch gefährlich starkes Bremsen abgebaut. *Folge:* Stallgefahr, der Pilot fällt beim Strömungsabriss in Bodennähe hart auf den Rücken.

Starten bei Wind

Bei starkem Wind wird bereits das Aufziehen des Gleit-schirmes erschwert. Jede Asymmetrie ist viel deutlicher zu spüren, der Schirm kommt schief hoch oder er bricht aus.

Wird mit gleichem Impuls wie ohne Wind aufgezo-gen, so kann die Kappe sehr rasch hochsteigen und über den Piloten schießen; er muss sie deshalb anbremsen und darauf achten, dabei nicht ausgehebelt zu werden. Um nicht nach hinten umgeworfen zu werden, muss der Pilot die Körpervorlage verstärken und dem Schirm wäh-rend des Aufziehens eventuell ein paar Schritte ent-gegengehen.

Eine bessere Kontrolle und Korrekturmöglichkeit beim Aufziehen im Wind bietet jedoch das Rückwärts-aufziehen.

Bremsen parallel

Rückwärtsaufziehtechnik

Der Wind hilft dem Piloten, alle Phasen des Starts in Ruhe ausführen zu können. Insbesondere die Kontroll-phase kann bestens ausgedehnt werden. Der Schirm verbleibt im Stand über dem Piloten.

Es gibt eine Reihe verschiedener Techniken zum Rück-wärtsaufziehen des Schirmes. Alle haben ihre Vor- und Nachteile, nicht alle sind gleich gut für alle Wind- und Geländesituationen geeignet.

Der Pilot sollte sich, am besten unter Anleitung eines Fluglehrers, mit einer Technik gründlich vertraut ma-chen. Zum Training reicht eine frei angeströmte flache Wiese. Neben einer sicheren Starkwind-Starttechnik werden dabei auch viele andere Pilotenreaktionen und ein allgemein besseres »Schirmgefühl« trainiert.

Nachfolgend werden die zwei gebräuchlichsten Tech-niken beschrieben.

Technik mit Bremsen parallel

- Vorteil: Leicht zu erlernen, gute Kontrolle über den Schirm beim Aufziehen, Stabilisieren und Korrigieren
- Nachteil: Die Bremsen müssen vor oder nach dem Umdrehen in die Startrichtung in die jeweils andere Hand übergeben werden. Dabei ist der Schirm kurz-zeitig nicht vollständig unter Kontrolle.

Ablauf

1. Der Pilot hängt sich wie zum normalen Start in die Tra-gegurte ein, diese werden nicht aufgenommen, die Bremsleinen bleiben an ihren Befestigungen.
2. Er dreht sich, einen Tragegurt dabei über den Kopf füh-rend um 180° zum Schirm. Die Tragegurte sind nun gekreuzt, der obenliegende führt zu der Seite am Gurt-zeug, zu der das Zurückdrehen erfolgen muss.
3. Die Bremsen werden parallel aufgenommen. Die linke Hand hält die Bremse des zur linken Seite (Blickrich-tung) der Kappe führenden Tragegurtes und umge-kehrt.

4. Das Aufziehen erfolgt an den A-Gurten. Beide A-Gurte können dazu in eine Hand genommen werden. Es kann aber auch beidhändig, ein A-Gurt in jeder Hand, aufgezogen werden.
5. Stabilisierung und Korrekturen des aufgezogenen Schirmes erfolgen wegen der parallelen Bremshaltung wie gewohnt.
6. Zum Übergeben der Bremsen in die, nach dem Zurückdrehen, richtige Hand können zwei Techniken angewandt werden:

Übergeben der Bremsen vor dem Zurückdrehen
Beide Steuerschlaufen werden in die der Drehrichtung entgegengesetzte Hand genommen, z. B. beim Zurückdrehen nach rechts beide Steuerschlaufen in die linke Hand.
Der freie Arm wird überkreuz, analog der Kreuzung der Tragegurte, vor den Arm gebracht, der beide Steu-

erschlaufen hält. Die Bremsen werden übergeben. Die Hand der Seite, nach der das Zurückdrehen erfolgt, nimmt die Steuerschlaufe des oben liegenden Tragegurtes und umgekehrt. Anschließend dreht sich der Pilot in Startrichtung zurück.
Die Kontrolle über den Schirm kann sofort erfolgen, da die Bremsen bereits in den richtigen Händen sind.

Übergeben der Bremsen nach dem Zurückdrehen
Beide Steuerschlaufen werden in die der Drehrichtung entgegengesetzte Hand genommen, z. B. beim Zurückdrehen nach rechts beide Leinen in die linke Hand. Anschließend dreht sich der Pilot in die Startrichtung zurück und übergibt die Steuerschlaufen in die richtige Hand.

Technik mit Bremsen über Kreuz

- Vorteil: Die Bremsen sind von Anfang an in der richtigen Hand, kein Kontrollverlust durch Übergeben oder Umgreifen.
- Nachteil: Schwierig zu erlernen, Reaktionsschnelligkeit wegen der notwendigen gegensinnigen Steuerkommandos eingeschränkt.

Ablauf

1. Der Pilot hängt sich wie beim normalen Start in die Tragegurte ein, nimmt diese und die Bremsen wie gewohnt auf.
2. Er dreht sich, einen Tragegurt dabei über den Kopf führend um 180° zum Schirm. Tragegurte und Arme sind nun gekreuzt. Obenliegender Arm und Tragegurt führen zu der Seite, zu der das Zurückdrehen erfolgen muss. Die Steuerleinen laufen über Kreuz, von der linken Hand, an die in Blickrichtung rechte Seite des Schirmes und umgekehrt.
3. Das Aufziehen erfolgt mit den A-Gurten. Dabei kann mit überkreuzten Armen aufgezogen werden oder mit paralleler Armhaltung.
4. Die Stabilisierung und Korrekturen werden durch das notwendige überkreuzte Betätigen der Bremsen erschwert. Alle Steuerkommandos müssen gegensinnig erfolgen.
5. Der Pilot dreht sich nun in Startrichtung zurück. Schon während des Zurückdrehens kann die Kontrolle über den Schirm sofort erfolgen, da die Bremsen bereits in den richtigen Händen sind.

▶ Das Zurückdrehen muss in die richtige Richtung erfolgen. Ein falsches Zurückdrehen hat das Eindrehen des Piloten in die Tragegurte sowie ein Blockieren der Bremsen und damit den Verlust der Kontrolle über den Schirm zur Folge.

Rechts:
Bremsen über
Kreuz

Falsches Ausdrehen verhindert der Pilot
- durch Angewöhnung ausschließlich einer Drehrichtung,
- durch Kontrolle des Verlaufes der Tragegurte vor dem Zurückdrehen.

Seiten- und Rückenwind

Bei Seitenwind sollte grundsätzlich nur gestartet werden, wenn das Gelände breit ist und nur geringe Neigung hat. Das Aufziehen erfolgt gegen den Wind, mit zunehmender Anlaufgeschwindigkeit wird der Schirm vom Piloten in die Abheberichtung gesteuert.

▶ Bei Rückenwind ist jeder Start gefährlich.

Boden-
training

Fliegen bei Wind

Seitenwind

Während des Fluges wird der Gleitschirm vom Seitenwind in die vom Wind entgegengesetzte Richtung versetzt; diesen Vorgang nennt man Abdrift. Um sie auszugleichen, stellt der Pilot die Längsachse seines Gleitschirms so, als ob er einen gegenüber dem tatsächlichen Zielpunkt in Windrichtung versetzten Zielpunkt ansteuern würde (Vorhalten). Der Winkel zwischen Hilfszielpunkt, Gleitschirmposition und Zielpunkt heißt Vorhaltewinkel. Er resultiert aus Eigengeschwindigkeit, Windgeschwindigkeit und Windrichtung.

Da der Schirm eine größere Strecke gegenüber der Luft zurücklegen muss, verschlechtert sich der Gleitwinkel in Richtung Ziel.

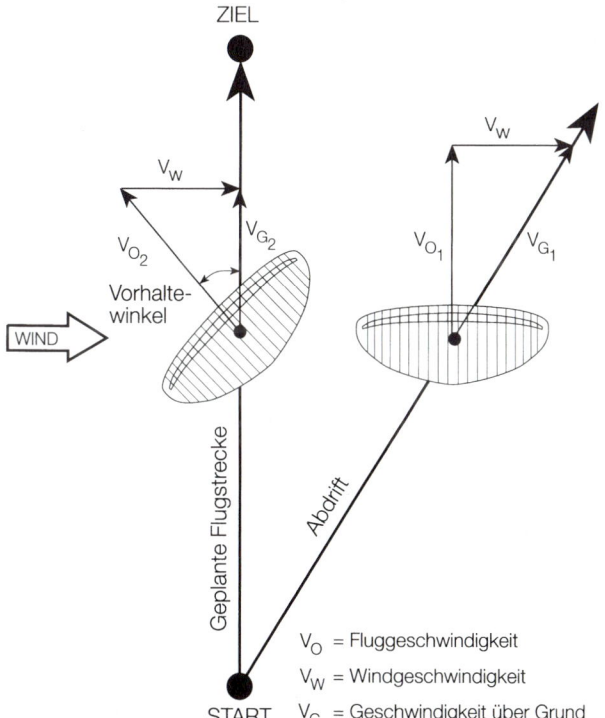

ZIEL

V_W

V_{O_2} V_{G_2}

Vorhalte-winkel

WIND

V_{O_1} V_{G_1}

V_W

Geplante Flugstrecke

Abdrift

START

V_O = Fluggeschwindigkeit
V_W = Windgeschwindigkeit
V_G = Geschwindigkeit über Grund

Gegenwind

Beim Fliegen gegen den Wind verringert sich die Geschwindigkeit über Grund, der Gleitwinkel verschlechtert sich, die Flugbahn wird steiler. Um die Einbuße möglichst gering zu halten, beschleunigt der Pilot sein Fluggerät. Dabei muß einkalkuliert werden, dass Wind oft mit Turbulenzen einhergeht und jeder Schnellflug die Einklappgefahr erhöht.

Die Verkürzung der Flugstrecke ist in die Flugplanung und Landeeinteilung einzubeziehen.

Rückenwind

Rückenwind erhöht die Geschwindigkeit über Grund. Beispiel: 30 km/h Eigengeschwindigkeit plus 20 km/h Rückenwind ergeben 50 km/h Geschwindigkeit über Grund. Der Gleitwinkel verbessert sich beträchtlich.

Starkwindlandung siehe Kapitel Gefahreneinweisung.

Aktives Fliegen in Turbulenzen

In turbulenter Luft wird die Fluglage des Gleitschirmes von den Auf- und Abwinden beeinflusst. Seitliches Rollen und Nickbewegungen nach vorne und hinten sind die Folge. Bis zu einem gewissen Maß werden diese Bewegungen durch die Pendelstabilität des Systems Schirm-Pilot ausgeglichen. Stärkere Turbulenzen verlangen aber stabilisierende Maßnahmen des Piloten.

Informationen über die jeweilige Fluglage seines Schirmes erhält der Pilot
● über den Steuerdruck auf den Bremsen. Lässt der Steuerdruck bei gleichbleibender Bremsstellung beidseitig nach, nickt oder schießt der Schirm nach vorne. Kommt es zum einseitigen Nachlassen des Bremsdruckes, bedeutet dies ein seitliches Vorkommen oder Entlasten der Kappe. Umgekehrt zeigt

wachsender Steuerdruck dem Piloten ein Zurückgehen der Kappe an,

- über die optische Kontrolle seiner Fluglage. Der Blick des Piloten sollte vorwiegend in Flugrichtung gehen, um Abweichung wie Aufbäumen, Beschleunigen oder seitliches Abkippen zu erkennen,
- durch die Bewegungen die vom Schirm auf sein Gurtzeug übertragen werden. Besonders seitliches Abkippen, aber auch Vorwärts- und Rückwärtsbewegungen werden unmittelbar angezeigt.

Beim »Aktiven Fliegen« hält der Pilot die Kappe immer möglichst senkrecht über sich und gleicht ihre Bewegungen aus.

- Vorwärtsbewegungen des Schirmes, z. B. beim »Herausfallen« aus starker Thermik, werden durch beidseitiges Anbremsen kompensiert. Beide Bremsen werden bis zum Erreichen des bekannten Steuerdruckes heruntergezogen, die Vorwärtsbewegung wird abgefangen. Dazu kann wegen der geänderten Anströmung ein sehr deutliches Anbremsen notwendig sein.
- Beim einseitigen Entlasten, häufig die Vorankündigung eines drohenden Einklappers, verhält sich der Pilot ähnlich. Nachbremsen der entlasteten Seite bis zum bekannten Steuerdruck.
- Geht die Kappe nach hinten, z. B. beim Einfliegen in einen starken Aufwind, wird umgekehrt reagiert. Nachlassen der Bremsen um den erhöhten Anstellwinkel zu kompensieren.

»Aktives Fliegen« ist kein statischer Prozess, sondern ein ständiges Anpassen der Pilotenaktionen auf die bewusst wahrgenommenen Schirmbewegungen.

▶ In turbulenten Flugbedingungen nicht fortwährend in die Schirmkappe blicken. Dies verhindert die Kontrolle der Fluglage, erschwert das Wahrnehmen anderer Signale macht die Kontrolle des Luftraumes und Flugweges unmöglich.

Fliegen im Hangaufwind

Voraussetzungen sind die genauen Kenntnisse der Ausweichregeln und der Hangflugregeln und das umfassende Beherrschen des Gleitschirms.

Das wichtigste Flugmanöver am Hang ist die Kehre (Kurve mit 180°), die je nach Aufwindsituation weiter oder enger, jedenfalls ohne überflüssigen Höhenverlust, durchgeführt wird.

Ablauf:
1. Vor dem Einleiten vergewissert sich der Pilot, dass der Luftraum hinter ihm frei ist.
2. Die Kurve führt stets vom Hang weg.
3. Während der Kurve die Eigengeschwindigkeit konstant halten, nicht von der Geschwindigkeit über Grund täuschen lassen!
4. Beim Ausleiten allmählich an den Hang zurückdriften, dabei die Vorderkante des Gleitschirms nie gegen den Hang richten.

▶ Nie zum Hang kurven.

Allgemein ist zu beachten:

- Die Kurve am Hang erfolgt optimal dort, wo starker Aufwind herrscht.
- Der Hangabstand muss so groß sein, dass auch bei überraschenden Turbulenzen (seitliches Versetzen und Höhenverlust) und bei Einklappen des Segels (tiefes Durchsacken) nicht die Gefahr der Hindernisberührung und des Aufschlags am Boden entsteht.
- In unmittelbarer Hangnähe ist stets mit Bodenturbulenzen zu rechnen.
- Die Abbremsung der Windgeschwindigkeit durch Bodenreibung lässt das Fluggerät in Hangnähe zum Hang kurven.
- Bei Übersteigen der Hanghöhe vor der Hangkante fliegen und nicht ins Lee treiben lassen (Düsenwirkung über der Hangkante).
- Die Geschwindigkeit kontrollieren, nicht unbewusst zu langsam werden (Stall-Gefahr).
- Sind mehrere Piloten im gleichen Aufwindbereich, hat jeder jeden im Blick zu behalten.

▶ Vorsicht – Rücksicht – Im Zweifel weg vom Hang.

Fliegen in der Thermik

Das Thermikfliegen stellt dieselben Voraussetzungen an den Piloten wie das Fliegen am Hang. Allerdings sollte der Pilot über ein noch größeres Maß an Flugerfahrung verfügen.

Um die Thermik herum und in der Thermik herrscht Turbulenz. Der Pilot muss daher seinen Schirm durch »Aktives Fliegen« stabilisieren können.

Die **Zentriertechnik** ermöglicht das Auffinden und Verbleiben im Steigen. Aneinandergehängte Kreise in gleichbleibender Drehrichtung sind dem thermischen Aufwind am besten angepasst.

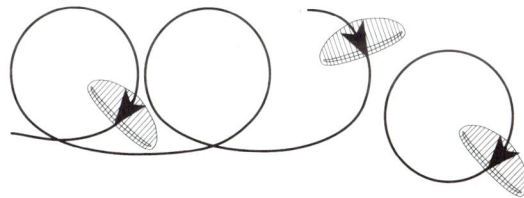

Eine Faustregel hilft dabei, den Kern des besten Steigens zu finden:

- Das Steigen nimmt zu – weiterer Kurvenradius
- Das Steigen nimmt ab – engerer Kurvenradius
- Das Steigen bleibt gleich – gleichbleibender Kurvenradius

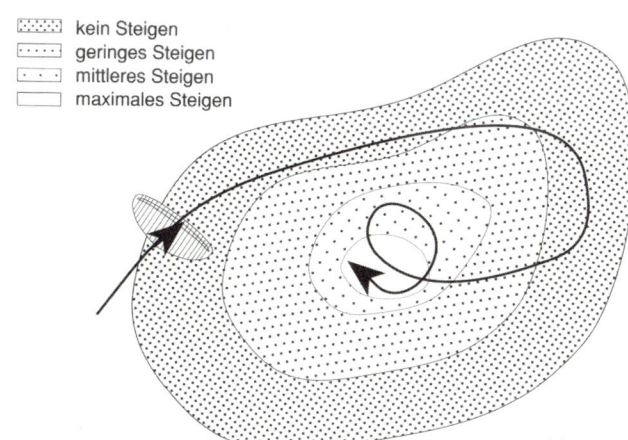

kein Steigen
geringes Steigen
mittleres Steigen
maximales Steigen

Vorsicht – Umsicht!

▶ Das Auf und Ab im Thermikgebiet verändert die Abstände. Kollisionsgefahr!

▶ Beim Aufstieg in der Thermik Abstand zur Wolkenbasis wahren; notfalls auf kürzestem Weg die Thermik verlassen.

▶ Im Zweifel raus aus der Thermik. Nie in die Wolken ziehen lassen.

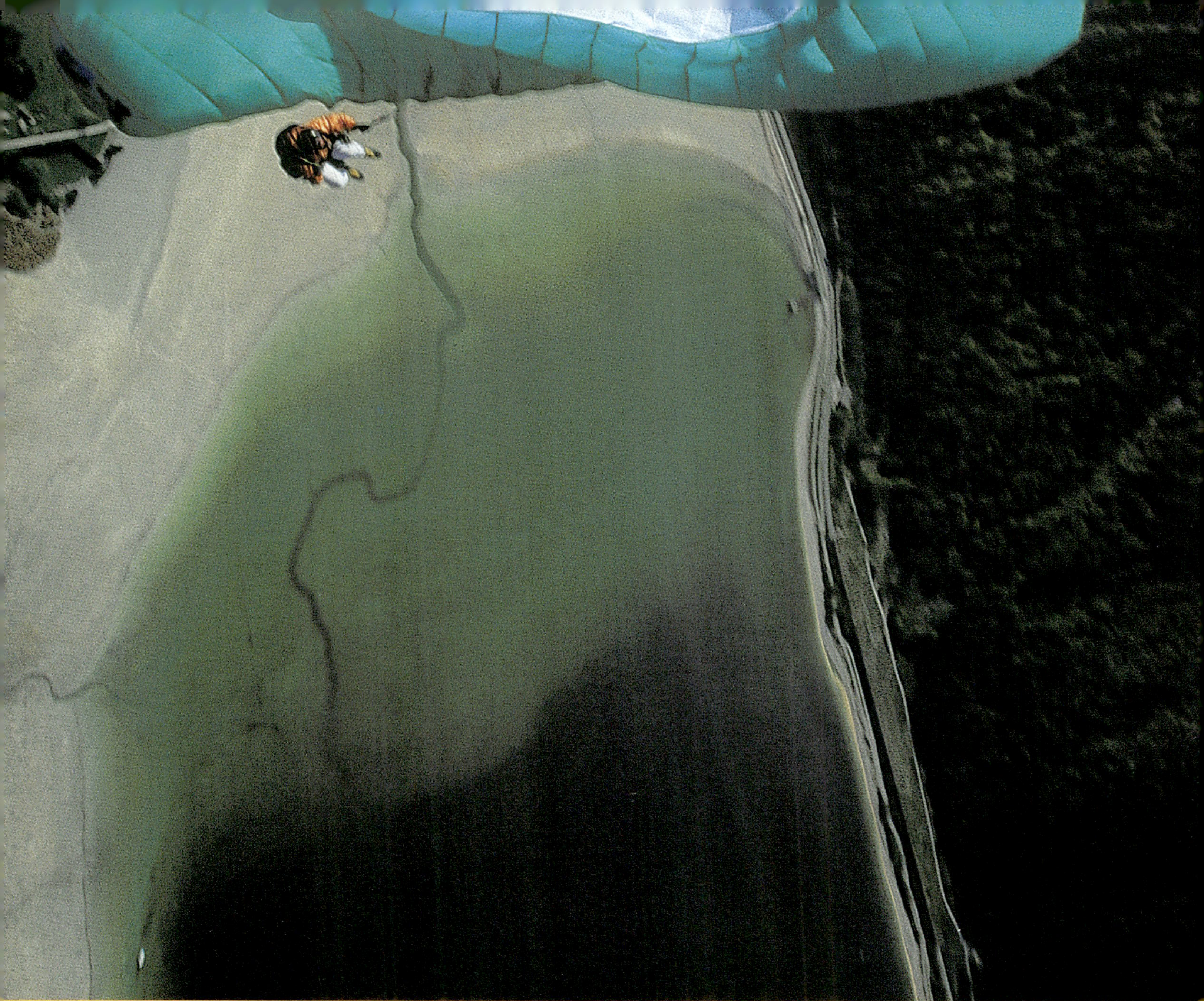

Gefahreneinweisung

Unter normalen Flugbedingungen ist der Gleitschirm ein sehr einfach zu handhabendes und sicheres Fluggerät. Kappenstörungen und Extremflugzustände können durch Turbulenzeinfluss oder Fehlbedienung des Gleitschirmes verursacht werden. Abstiegshilfen setzt der Pilot gezielt zur Gefahrenverhinderung ein. Besondere Flug- und Landegefahren können durch umsichtige Flugplanung vermieden, bzw. durch richtiges Pilotenverhalten entschärft werden.

Einklapper verhindern: Siehe Kapitel Flugpraxis, Seite 65

Kappenstörungen und Extremflugzustände

Einklappen

In starken Turbulenzen kann der Gleitschirm seitlich oder frontal einklappen. Der erfahrene Pilot verhindert die meisten Einklapper bereits vor ihrem Entstehen durch einen aktiven Flugstil. Wegen des Höhenverlustes nach einem Einklapper muss bei turbulenten Flugbedingungen ein deutlich größerer Sicherheitsabstand zum Hang eingehalten werden.

Dies gilt auch für Strömungsabrisse, die ebenfalls durch starke Turbulenzen, aber auch durch Pilotenfehler ausgelöst werden können.

Die Reaktionen des Gleitschirmes auf all diese Störungen sind stark abhängig von dessen Bauweise. Sehr sichere Schirme für Einsteiger und Hobbypiloten kehren rasch wieder in den Normalflugzustand zurück. Anspruchsvolle Intermediates und besonders Hochleister verlangen eine schnelle und gezielte Pilotenreaktion zur Behebung solcher Störungen.

Seitliches Einklappen

Das seitliche Einklappen ist die häufigste Störung beim Gleitschirmflug in unruhiger Luft. In der Regel sind die Einklapper klein und öffnen sich rasch und selbstständig, ohne die Flugrichtung des Gleitschirmes zu beeinflussen.

Größere seitliche Einklapper bringen den Schirm in eine mehr oder weniger schnelle Drehbewegung mit teils hoher Sinkgeschwindigkeit. DHV-geprüfte Gleitschirme beenden diese Rotation selbstständig zwischen 90° und 360° Wegdrehen, je nach Schirmtyp und -klasse. Trotzdem muss der Schirm, besonders in Bodennähe, vom Piloten rasch unter Kontrolle gebracht und der Einklapper geöffnet werden.

Korrektur durch den Piloten

Schrittweise vorgehen:

1. Der Pilot steuert auf der offenen Seite dosiert gegen die Drehbewegung, um diese zunächst zu dämpfen und dann zu stoppen. Bei sehr großen Einklappern erhöht kurzzeitiges kontrolliertes Drehenlassen des Schirmes (ca. 45°) die geringe Fluggeschwindigkeit und lässt zumeist Teile des eingeklappten Flügels selbstständig öffnen. Durch anschließendes Nachbremsen an der offenen Seite wird der Flügel schließlich in den Geradeausflug gebracht.

2. Wenn der Schirm wieder vollständig unter Kontrolle und die Drehung gestoppt ist, erfolgt die Wiederöffnung eventuell noch eingeklappter Flügelteile durch kräftige, tiefe Pumpbewegungen mit der Bremse der eingeklappten Seite.

Pilotenfehler und Gefahren

- Zu starkes Gegensteuern nach großen seitlichen Einklappern (über 50% der Fläche) kann zum Strömungsabriss an der offenen Flügelseite und zum Trudeln führen.
- Der Pilot konzentriert sich ausschließlich auf die Wiederöffnung des Einklappers, ohne die Drehung durch Gegenbremsen zu stabilisieren. Dies kann zu gefährlicher Hangannäherung führen.

▶ Priorität hat zunächst immer die Richtungskorrektur des Schirmes und dann erst die Wiederöffnung des Einklappers.
▶ Wenn die Korrektur nicht gelingt oder der Schirm außer Kontrolle gerät, den Rettungsschirm auslösen.

Seitliches Verhängen

Die gefährlichste Form des seitlichen Einklappers ist der »Verhänger«. Teile des Außenflügels verhängen sich dabei in den Leinen und können den Schirm in einen sehr plötzlichen und schnellen Spiralsturz bringen. Verhänger nach turbulenzbedingten Einklappern sind sehr selten und betreffen meist Hochleister, vor allem im beschleunigten Flug. In der Regel entsteht dieser gefährliche Flugzustand aber durch das starke seitliche Vorschießen der Kappe nach einem vorhergegangenen Strömungsabriss.

Ohne konsequente Korrektur durch den Piloten lässt sich der gefährliche Spiralsturz meistens nicht stoppen. Sink- und Rotationsgeschwindigkeit können so hoch werden, dass der Pilot, durch die extreme körperliche Belastung, reaktionsunfähig wird. Bodenannäherung ist lebensgefährlich.

Korrektur durch den Piloten

Schrittweise vorgehen

Siehe Seite 73

1. Wie beim einfachen seitlichen Einklapper ist die Stabilisierung des Fluggerätes durch Gegenbremse und Gewichtsverlagerung zur offenen Seite die erste und wichtigste Pilotenmaßnahme.

2. Öffnen des Verhängers
   - im Normalfall durch Herunterziehen der Stabilisator-Leine an der verhängten Seite. Zur leichteren Auffindbarkeit dieser Leine ist sie bei fast allen Schirmen von anderer Farbe als der Rest der Beleinung.
   - Pumpen mit der Bremse der verhängten Seite kann einen Verhänger in den hinteren Leinenebenen lösen.
   - Befindet sich der Verhänger in den vorderen Leinebenen, führt Einklappen der betreffenden Seite mittels der äußersten A-Leinen oft zu einer Entlastung und Wiederöffnung.
   - Ein Fullstall zum Lösen des Verhängers kann nur sehr routinierten und mit diesem Flugmanöver vertrauten Piloten empfohlen werden.

3. Gelingt die Öffnung des Verhängers nicht, der Schirm bleibt aber mit Gegenbremse und Gewichtsverlagerung gut steuerbar, muss die nächste sichere Landemöglichkeit angeflogen werden.

Pilotenfehler und Gefahren

- Zu starkes Gegensteuern nach großen Verhängern kann zum Strömungsabriss an der offenen Flügelseite und zum Trudeln führen.

▶ Gerät der Gleitschirm nach einer extremen Flugsituation ohne aktives Zutun des Piloten in eine schnelle Rotation, liegt wahrscheinlich ein Verhänger vor.

▶ Lässt sich der Spiralsturz nicht unverzüglich stoppen, sofort das Rettungsgerät auslösen.

Frontales Einklappen

Erfasst eine starke Turbulenz den Gleitschirm von oben, kann dieser frontal einklappen. In den Rotoren eines Lees oder beim »Herausfallen« des Gleitschirmes aus einer sehr starken Thermik besteht besondere Frontklappergefahr. Je nach Stärke der Turbulenz und auch abhängig von der Konstruktion des Gleitschirmes variiert die Einklappfläche. Kurzzeitiges Schließen der Eintrittskante bei geringer Einklapptiefe ist harmlos, die Wiederöffnung erfolgt schnell und selbstständig. Harte Frontklapper können größere Teile der Fläche deformieren und stoppen abrupt die Vorwärtsfahrt. Starkes Pendeln und großer Höhenverlust können die Folge sein. Abhängig vom Öffnungs- und Ausleitverhalten des Schirmes ist eine differenzierte Pilotenreaktion erforderlich.

Korrektur durch den Piloten

- Grundsätzlich nicht anbremsen, wenn der Schirm unmittelbar nach dem frontalen Einklappen hinter dem Piloten ist.
- Bei selbstständiger Wiederöffnung und Ausleitung des Frontklappers ein Vorschießen der Kappe über beide Bremsen abfangen.
- Bei verzögerter Wiederöffnung das Ausleiten durch dosiertes beidseitiges Anbremsen unterstützen. Strömungsabrissgefahr bei zu starkem Anbremsen!
- Öffnet sich der Frontklapper nicht selbstständig (stabiler Frontklapper), werden die Eintrittsöffnungen durch die Anströmung von unten gegen das Untersegel gepressßt. In diesem Fall beidseitig und symmetrisch bis zur beginnenden Wiederöffnung anbremsen.
- Bei asymmetrischer Wiederöffnung Korrektur wie beim seitlichen Einklappen.

Pilotenfehler und Gefahren

- Bei zu frühem Eingreifen über die Bremsen, wenn sich der Schirm mit hohem Anstellwinkel hinter dem Piloten befindet, besteht akute Strömungsabrissgefahr.
- Bei verzögerter Wiederöffnung nicht zu stark anbremsen, sonst kann die Strömung abreißen.

▶ Wenn die Korrektur nicht gelingt oder der Schirm außer Kontrolle gerät, den Rettungsschirm auslösen.

Einklappen im beschleunigten Flug

Seitliche oder frontale Einklapper im beschleunigten Flug provozieren in der Regel heftigere Reaktionen des Gleitschirms.

Korrektur durch den Piloten

- Bevor der Pilot die oben beschriebenen Gegenmaßnahmen ergreift, zunächst den Beschleuniger vollständig freigeben.

Pilotenfehler und Gefahren

- Ein versehentliches »Stehenbleiben« im Fußbeschleuniger kann ein deutlich kritischeres Verhalten des Schirmes, wie anhaltendes Wegdrehen oder stark verzögertes Wiederöffnen, zur Folge haben.

▶ In Turbulenzen sowie in Hang- oder Bodennähe nicht mit beschleunigtem Schirm fliegen.

Beginnender Strömungsabriss (Stall)

Die Mindestgeschwindigkeit liegt beim Gleitschirm, je nach Gerätetyp und Flächenbelastung bei etwa 18 bis 22 km/h. Nach Unterschreiten der Minimalgeschwindigkeit gerät der Gleitschirm in den Strömungsabriss (Stall).

Fliegen mit sehr stark angebremstem Gleitschirm, nahe der Minimalgeschwindigkeit, ist sehr kritisch, weil durch Böeneinwirkung jederzeit ein Strömungsabriss eintreten kann.

Den beginnenden Strömungsabriss erkennt der Pilot am fast völligen Nachlassen der Fahrtgeräusche und dem zunehmenden »Weichwerden« des Steuerdruckes.

Korrektur durch den Piloten

- Beide Bremsen zügig ganz freigeben, dann geht der Gleitschirm in der Regel mit einer mäßigen Nickbewegung in den Normalflug über.

Pilotenfehler und Gefahren

- Zu langsames oder unvollständiges Freigeben der Bremsen nach dem beginnenden Strömungsabriss kann den Schirm in den Sackflug bringen.
- Verspätetes Freigeben der Bremsen, wenn der Schirm bereits nach hinten in den Fullstall kippt, kann extremes Vorschießen der Kappe zur Folge haben.

▶ Nicht zu nahe am Strömungsabriss fliegen.

Fullstall

Werden beide Bremsen nach dem beginnenden Strömungsabriss weiter unten gehalten, entleert sich die Kappe und geht, mit einer starken Abkippbewegung nach hinten, in den Fullstall (totaler Strömungsabriss) über. Die Anströmung erfolgt jetzt von hinten. Mit einem Sinken von 6 bis 8 m/sek beginnt der Gleitschirm, heftig mit den Flügelenden schlagend, einen steilen Rückwärtsflug. Starker Zug auf den Steuerleinen erschwert dem Piloten das Untenhalten der Bremsen und macht eine Kontrolle dieses Flugmanövers sehr schwierig.

Korrektur durch den Piloten
- Nach dem Abkippen in den Fullstall beide Bremsen konsequent unten halten, bis die Kappe wieder über dem Piloten steht.
- Zur Ausleitung beide Bremsen etwa 2 Sekunden symmetrisch und vollständig freigeben. Auch bei korrekter Ausleitung kann es zum sehr starken Vorschießen und Einklappen der Kappe kommen.

Pilotenfehler und Gefahren
- Gibt der Pilot in der Einleitphase beim Abkippen des Schirmes nach hinten die Bremsen frei, kann der Schirm extrem nach vorne schießen und bis unter den Piloten kommen.
- Ungleichmäßiges Untenhalten der Bremsen oder Hochreißenlassen eines Armes kann zu Drehbewegungen mit Vertwisten oder Verhängen führen.
- Zu langsames Ausleiten des Fullstall kann extremes Vorschießen zur Folge haben, asymmetrisches Ausleiten provoziert seitliche Verhänger.

▶ Der Fullstall ist ein radikales Flugmanöver und keinesfalls als Schnellabstiegshilfe geeignet.
▶ Wenn die Korrektur nicht gelingt oder der Schirm außer Kontrolle gerät, sofort den Rettungsschirm auslösen.

Einseitiger Strömungsabriss (Trudeln)

Wird nur eine Bremse bis über den Stallpunkt heruntergezogen, kommt es zum einseitigen Strömungsabriss. Die gestallte Seite wird nun von hinten angeströmt und bewegt sich rückwärts, während die offene Seite weiter vorwärts fliegt; der Schirm gerät in eine schnelle Drehung um die Hochachse, begleitet von einer Pendelbewegung der Kappe vor und hinter den Piloten. Geprüfte Gleitschirme leiten Trudelbewegungen nach dem Freigeben der Bremsen selbstständig aus. Das sehr seltene stabile Trudeln ist fast immer auf zu kurze Bremsleineneinstellung (Einstellungsfehler oder »Wickeln« der Bremsen) oder gravierende Trimmungsmängel zurückzuführen.

Trudelgefährliche Situationen sind
- zu rasches Herunterziehen der Bremse beim Versuch eine Steilspirale einzuleiten,
- schnelle Ausweichmanöver,
- stark angebremster Kurvenflug, z. B. beim Thermikfliegen,
- zu starkes Gegensteuern nach einem seitlichen Einklapper.

Erkennbar ist der Ansatz des Strömungsabrisses am markanten Wegschmieren des Schirmes und am Nachlassen des Steuerdruckes.

Korrektur durch den Piloten
- Im Ansatz des Strömungsabrisses (bis ca. 90° Drehung) die Bremse unverzüglich freigeben, dann geht der Schirm in der Regel mit mäßigem seitlichem Vorschießen in den Normalflug über.
- Befindet sich der Schirm dagegen schon im vollen Trudeln, die Bremsen in der Vorwärts-Pendelbewegung des Schirms zügig freigeben. Das Vorwärts-Pendeln ist daran erkennbar, dass der Pilot nach vorne gezogen wird und schräg unten den Boden sieht.

- Stabiles Trudeln mit einem Fullstall beenden, bei sicherer Beherrschung dieses Manövers, sonst sofort den Rettungsschirm auslösen.

Pilotenfehler und Gefahren

- Freigeben der Bremse in der Rückwärts-Pendelbewegung des Schirmes verursacht weites seitliches Vorschießen mit akuter Gefahr des Verhängens. Das Rückwärts-Pendel ist daran erkennbar, dass der Pilot nach hinten gezogen wird und den Himmel sieht.
- Unvollständiges Freigeben der Bremse kann anhaltendes Trudeln verursachen.

▶ Wenn die Korrektur nicht gelingt oder der Schirm außer Kontrolle gerät, sofort den Rettungsschirm auslösen.

Sackflug

Bei diesem Flugzustand ist die Strömung am Obersegel des Gleitschirms vollständig abgerissen, die Anströmung erfolgt nur noch von unten, der Schirm sinkt senkrecht oder mit leichter Drehung abwärts. Sackflüge sind bei modernen Schirmen sehr selten und werden meist durch Pilotenfehler bei vorangegangenen Flugmanövern provoziert, z. B. durch

- zu langsames Ausleiten des B-Leinen-Stalls,
- zu starkes beidseitiges Anbremsen beim Wiederöffnen der »angelegten Ohren«.

Daneben können aber auch Mängel am Gerät (veränderte Leinenlängen, starke Luftdurchlässigkeit) in Verbindung mit einer großen Anstellwinkelerhöhung (starkes Anbremsen, Turbulenzeinfluss) zu einem Sackflug führen.

Der Pilot erkennt den Sackflug durch

- vollständiges Nachlassen der Fahrtgeräusche,
- starkes Sinken ohne Vorwärtsfahrt (4–6 m/sek),
- faltiges, schwammiges Aussehen des Untersegels der Gleitschirmkappe. Häufig ist der Bereich der Hinterkante des Gleitschirmes zwischen den innersten Bremsleinenanlenkungen nach oben gebogen.

Korrektur durch den Piloten

- Sofort, symmetrisch und vollständig die Bremsen freigeben.
- Bei längerem Sackflug (Dauersackflug) beide A-Gurte vordrücken oder herabziehen, sehr wirksam auch das symmetrische Betätigen des Fußbeschleunigers.

Pilotenfehler und Gefahren

- Bereits geringes ein- oder beidseitiges Anbremsen des bereits im Sackflug befindlichen Schirmes kann zum vollständigen Strömungsabriss führen.
- Werden bei einer Landung im Sackflug die Bremsen betätigt, kippt der Schirm abrupt nach hinten und der Pilot kann in der Pendelbewegung aufschlagen.

▶ In Bodennähe den Sackflug nicht mehr ausleiten.

Abstiegshilfen

Die Flugleistungen heutiger Gleitschirme machen das »Obenbleiben« im Aufwind sehr einfach. Manchmal möchte man aber einfach nur wieder runter, z. B. um nicht in eine Gewitterwolke gezogen zu werden. Um schnell und sicher Höhe abzubauen, stehen dem geübten Piloten mehrere Abstiegshilfen zur Verfügung, die je nach Situation eingesetzt werden können.

Ohrenanlegen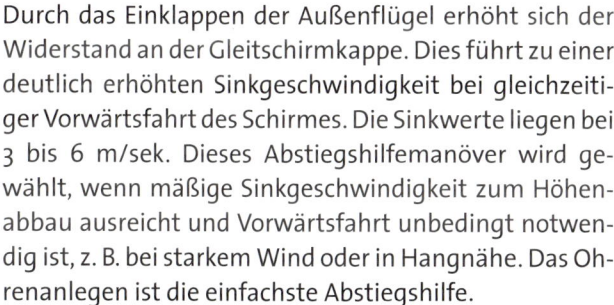

Durch das Einklappen der Außenflügel erhöht sich der Widerstand an der Gleitschirmkappe. Dies führt zu einer deutlich erhöhten Sinkgeschwindigkeit bei gleichzeitiger Vorwärtsfahrt des Schirmes. Die Sinkwerte liegen bei 3 bis 6 m/sek. Dieses Abstiegshilfemanöver wird gewählt, wenn mäßige Sinkgeschwindigkeit zum Höhenabbau ausreicht und Vorwärtsfahrt unbedingt notwendig ist, z. B. bei starkem Wind oder in Hangnähe. Das Ohrenanlegen ist die einfachste Abstiegshilfe.

Ausführung des Manövers
- Zum »Ohrenanlegen« beide Außenflügel durch Herunterziehen der äußersten A-Leinen symmetrisch einklappen. Die Bremsen bleiben dabei in den Händen. Nach dem Einklappen die A-Leinen festhalten.
- Den Schirm durch Gewichtsverlagerung steuern. Die Vorwärtsfahrt reduziert sich gegenüber dem Normalflug. Durch Betätigung des Beschleunigers lassen sich Flug- und Sinkgeschwindigkeit weiter erhöhen.
- Zur Ausleitung die gehaltenen A-Leinen symmetrisch freigeben. Wenn nötig, zur vollständigen Wiederöffnung leicht anbremsen.

Pilotenfehler und Gefahren:
- Das Herunterziehen falscher Leinen oder die Ausleitung des Manövers durch sehr kräftiges Anbremsen können zum Strömungsabriss führen.

- Abruptes Herunterreißen der äußeren A-Leinen kann zum Entlasten der vorderen Tragegurte und damit zu einem Frontklapper führen.
- Großflächiges Einklappen führt zu einer deutlichen Erhöhung von Anstellwinkel und Stallgeschwindigkeit und bringt den Schirm nahe an die Sackfluggrenze. Dies kann nur mit Beschleuniger kompensiert werden.

▶ Keine Steilspirale mit angelegten Ohren, Gefahr von Leinenrissen durch ungünstige Lastverteilung.

B-Leinen-Stall

Der B-Leinen-Stall ist ein wirksames Schnellabstiegsmanöver mit senkrechtem Höhenabbau und Sinkwerten von 7 bis 10 m/sek. Durch einen kontrollierten Strömungsabriss stoppt der Gleitschirm seine Vorwärtsfahrt, mit stark reduzierter Flügeltiefe sinkt die Kappe senkrecht nach unten. Der B-Leinen-Stall eignet sich als Notabstiegsmanöver, wenn rasch Höhe »vernichtet« werden muss. Wegen der fehlenden Vorwärtsgeschwindigkeit und der Abdrift mit dem Wind ist dieses Manöver nur im hindernisfreien Luftraum einsetzbar und nicht nahe am Relief. Im Vergleich zur Steilspirale treten auch für einen längeren Höhenabbau nur geringe körperliche Belastungen auf.

Die sichere Durchführung dieses Manövers ist stark vom verwendeten Gleitschirmmuster abhängig. Unbedingt die Betriebsanweisung beachten! Bei Geräten mit überdurchschnittlich großem Kraftaufwand zum Einleiten, hoher Deformationstendenz im B-Stall oder Sackflugneigung nach der Ausleitung ist dieses Manöver anspruchsvoll.

Ausführung des Manövers
- Mit den Bremsen in den Händen beidseitig mit gespreizten Fingern in die Leinenspinne oberhalb der Leinenschlösser der B-Tragegurte greifen. Symmetrisch, kräftig, aber langsam beide B-Gurte herunter-

ziehen, wobei der erste Teil des Zugweges einen hohen Widerstand aufweist. Die Kappe kippt weich nach hinten, die Strömung reißt ab.
- Nach der Einleitung und Stabilisierung kann vorsichtiges Nachziehen der B-Gurte die Sinkgeschwindigkeit weiter erhöhen. Während des Manövers nach unten blicken, um die Bodenannäherung abzuschätzen und den Luftraum zu beobachten.
- Zur Ausleitung beide Hände mit den B-Gurten und den Bremsen zügig und ohne Verzögerung nach oben führen. Die Kappe nickt nach vorne und nimmt wieder Fahrt auf. Unmittelbar nach der Ausleitphase darf der Schirm nicht angebremst werden, um den Strömungsaufbau nicht zu stören und keinen Sackflug zu provozieren. Die Ausleitung sollte spätestens 200 Meter über Grund erfolgen.

Pilotenfehler und Gefahren:
- Das Herunterziehen der falschen Gurte kann zu kritischen Flugzuständen führen. Vor der Einleitung muss sich der Pilot vergewissern, dass er die richtigen Gurte gegriffen hat.
- Wenn der Pilot beim Einleiten die B-Gurte freigibt, während die Kappe hinter ihm ist, kann der Schirm vorschießen und einklappen.
- Zu weites Herunterziehen der Gurte während des Manövers macht den Schirm labil und lässt ihn anschließend in Flügelmitte abknicken. Dies kann zum Verhängen der Flügelenden oder zum Eintwisten des Piloten in die Tragegurte führen.
- Werden die B-Gurte zur Ausleitung zu langsam freigegeben oder erfolgt in der Ausleitphase ein Anbremsen des Schirmes, kann es zum Sackflug oder zum Trudeln kommen.

▶ Sofort ausleiten, wenn der Schirm unruhig wird oder schnell zu drehen beginnt.

Steilspirale 🔵

Die Steilspirale ist das effektivste, aber auch anspruchs-vollste Manöver zum schnellen Höhenabbau. Die Sink-geschwindigkeit liegt zwischen 8 und 14 m/sek, im Ex-tremfall noch höher. Wegen der komplexen Flugtechnik und der hohen körperlichen Belastung ist ein intensives Training notwendig. Der Höhenabbau erfolgt senkrecht nach unten durch einen steilen spiralförmigen Kreisflug. Der Luftraum muss hindernisfrei sein, Windabdrift be-achten.

Ausführung des Manövers

● Zur Einleitung wird der Schirm aus dem ungebrems-ten Geradeausflug durch ausgeprägte Gewichtsver-lagerung zur Kurvenseite und dosierten, aber konse-quenten, einseitigen Bremsleinenzug in eine steile Kurve gebracht. Fliehkraft und Sinkgeschwindigkeit steigen rasch an.

● Nach 1 bis 2 Umdrehungen erfolgt der Übergang aus der Einleitphase in den Spiralflug, mit nochmals sehr deutlicher Beschleunigung des Schirms. Durch Zu-rücknehmen der Gewichtsverlagerung und Betäti-gung der Außenbremse hält der Pilot nun den Gleit-schirm in einem kontrollierten Sinkgeschwindigkeits-bereich. Der Pilot blickt während des Manövers zur Kurveninnenseite. Nicht in den Schirm oder senkrecht nach unten ins Zentrum der Drehung schauen, Schwindelgefahr!

● Zur Ausleitung wird die Sinkgeschwindigkeit durch langsames Freigeben der Innenbremse über mindes-tens 2 Umdrehungen reduziert. Zeigt der Schirm dann die Tendenz zum Aufrichten, wird die kurveninnere Bremse noch einmal dosiert angezogen und die rest-liche Energie in einem letzten Kreis abgebaut. Damit ist ein weitgehend pendelfreier Übergang in den Nor-malflug gewährleistet. Spätestens 200 Meter über Grund muss die Steilspirale beendet sein. Die Auslei-tung muss entsprechend früh noch in großer Höhe beginnen.

Pilotenfehler und Gefahren

● Zu schnelles und zu weites Herunterziehen der Brem-se in der Einleitphase, oft mit ungenügender Ge-wichtsverlagerung, kann zum einseitigen Strömungs-abriss führen. Beim beginnenden Strömungsabriss (Wegschmieren des Innenflügels, Nachlassen des Bremsdruckes) sofort die Bremse vollständig lösen.

● Zu starkes Beschleunigen nach der Einleitung, das vom Piloten nicht durch Betätigung der Außenbrem-se reduziert wird, kann zum stabilen Spiralsturz füh-ren. Die Sinkgeschwindigkeit in der Steilspirale sollte in jedem Fall unter dem Wert von 14 m/sek gehalten werden.

- Längere Steilspiralen mit hohen Sinkgeschwindigkeiten können zu Schwindelgefühlen, Blackout und Bewusstlosigkeit führen. Beim ersten Anzeichen körperlicher Beeinträchtigung muss die Steilspirale sofort ausgeleitet werden.
- Zu schnelles Freigeben der Innenbremse bei der Ausleitung führt zum Hochsteigen der Kappe mit anschließend starkem Pendeln und möglichem Einklappen.

Gefahr Stabile Steilspirale

Moderate Steilspiralen mit Sinkwerten unter 14 m/sek bereiten normalerweise keine Probleme bei der Ausleitung. Bei höherem Sinken muss sich der Pilot auf ein Nachdrehen des Schirmes über mehrere Umdrehungen oder gar auf einen stabil bleibenden Spiralflug einstellen.

Korrektur durch den Piloten

- Zur aktiven Ausleitung dieses Flugzustandes muss der Gleitschirm einen deutlichen Impuls zum Aufrichten erhalten. Dies geschieht durch Gewichtsverlagerung gegen die Drehrichtung und konsequentes Anbremsen der Flügelaußenseite. Verlangsamt der Schirm den Spiralflug durch diese Maßnahmen, wird normal ausgeleitet.

▶ Wenn die Korrektur nicht gelingt oder der Schirm außer Kontrolle gerät, sofort den Rettungsschirm auslösen.

▶ Beim Training und im Ernstfall sollte der Sinkgeschwindigkeitsbereich von 10 bis 12 m/sek nicht überschritten werden.

Besondere Flugsituationen

Kollision

Schon die bloße Berührung zweier Fluggeräte kann zum Verhängen und zum Absturz führen. Auch bei gewissenhafter Anwendung der Ausweichregeln kann es durch Turbulenzen und Einklapper zu einer Kollision kommen. Neben der Beachtung der Ausweichregeln sind ständige Aufmerksamkeit, Beobachtung der anderen Fluggeräte und defensives Fliegen unumgänglich.

▶ Wenn nach einer Kollision das Gerät nicht sogleich wieder flugfähig ist, sofort das Rettungsgerät auslösen.

Rettungsgerät

Zur Rettung aus unkontrollierbaren Flugsituationen muss jeder Pilot ein geprüftes Rettungsgerät mit sich führen. Moderne Rettungsgeräte zeichnen sich durch eine schnelle Öffnung, geringe Pendelneigung und geringe Sinkgeschwindigkeiten aus.

Verhalten des Piloten

- Durch kräftigen Zug den Auslösegriff aus seiner Befestigung lösen und den Verschluss des Außencontainers öffnen. Anschließend den Rettungsschirm im Innencontainer kraftvoll und gezielt in den freien Luftraum schleudern. Den Griff dabei loslassen.
- Nach dem Öffnen des Rettungsschirmes kann es zu Pendelbewegungen beider Schirme oder zu deren Schrägstellung (Scherenstellung) mit erhöhtem Sinken kommen. Bei ausreichender Höhe versuchen, den Gleitschirm durch Einholen von Fangleinen und Ziehen an Tragegurten flugunfähig zu machen.
- Erfolgt die Auslösung in geringer Höhe, vordringlich auf eine aufrechte, abrollbereite Landung vorbereiten. Zum Aufrichten des Körpers die Tragegurte des Gleitschirms benutzen.

Fotos Seite 28

Pilotenfehler und Gefahren

- Viele Piloten warten in unkontrollierbaren Flugzuständen zu lange mit der Auslösung, weil sie hoffen, ihren Schirm auch in aussichtslosen Situationen wieder zum Fliegen zu bringen.
- Das Rettungsgerät darf nicht in die Gleitschirmkappe geraten. Dies gilt besonders, wenn der Gleitschirm in die Richtung rotiert, in die das Rettungsgerät ausgelöst werden muss.
- Kommt es dennoch zum Verhängen des Rettungsschirmes in Tuch oder Leinen des Gleitschirmes, durch kräftiges Ziehen an der Verbindungsleine den Rettungsschirm befreien.

▶ Wenn ein Gleitschirm nicht mehr kontrolliert werden kann, sofort den Rettungsschirm auslösen.
▶ Das Rettungsgerät kraftvoll und gezielt in den freien Luftraum schleudern.
▶ Die Handbewegungen zum Auffinden des Auslösegriffes immer wieder trainieren.
▶ Rettungsgeräte-Training in der Turnhalle.

Fliegen bei Regen

Grundsätzlich sollte man nicht bei Regen fliegen. Tröpfchenbildung am Obersegel und Durchfeuchtung des Tuches können die Strömung nachhaltig stören, die Gefahr des Strömungsabrisses erhöhen und die Wiederöffnung nach Einklappern verzögern.

Verhalten des Piloten

- Ist der Pilot während des Fluges von einem Schauer überrascht worden, sollte er so schnell wie möglich das Niederschlagsgebiet verlassen.
- Während des weiteren Fluges muss er sich bewusst sein, dass sein Schirm anders als gewohnt reagieren kann. Turbulente Bereiche unbedingt meiden, keine stark angebremsten Flugmanöver fliegen, möglichst keinen B-Stall, kein Ohrenanlegen.

Ausfall von Steuerleinen

Kommt es zum Ausfall einer oder beider Steuerleinen (Bruch, Verwickeln), bleibt der Schirm über die hinteren Tragegurte steuerbar.

Verhalten des Piloten

- Wegen der deutlich kürzeren Steuerwege über die Gurte die Steuerausschläge vorsichtig dosieren und den Kurvenflug durch Gewichtsverlagerung unterstützen. Sonst besteht die Gefahr des Strömungsabrisses und des Aufschaukelns.

- Der Landestall mit den hinteren Gurten muss wegen des plotzlichen Strömungsabrisses später als gewohnt erfolgen.

Überfliegen von Hindernissen

Beim Einschätzen, ob ein Hindernis sicher überflogen werden kann oder nicht, hilft die Methode der Hintergrund-Peilung:

- Wandert das Hindernis beim Anpeilen optisch nach oben und verkleinert sich der Hintergrund, ist man auf Kollisionskurs, das Hindernis kann nicht überflogen werden.
- Bewegt sich das Hindernis dagegen optisch nach unten und wird mehr vom Hintergrund sichtbar, ist ein sicherer Überflug möglich.

Seilbahnkabel

Besonders tückisch sind die schlecht erkennbaren Kabel von Materialseilbahnen im Alpenraum. In unbekanntem Gelände muss davon ausgegangen werden, dass an den Berghängen bei Hütten, Almen oder Holzeinschlägen auch Materialseilbahnen sein können.

Verhalten des Piloten

- Bei sicherem Verhängen des Schirmes mit dem Kabel möglichst bewegungslos auf das Eintreffen der Rettung warten.
- Den Rettungsschirm auslösen, wenn sich der Schirm vom Kabel zu lösen beginnt oder am Kabel nach unten rutscht, was zum Durchschmelzen der Kappe und Fangleinen führen würde.

Besondere Landesituationen

Toplandung

Das Landen am Startplatz oder auf freien Bergkuppen verlangt viel Erfahrung und gute Schirmbeherrschung. Manchmal schwer zu erkennende Gefahrenpunkte wie Abwindzonen, Düsenbereiche und Gebiete mit starker Thermik machen eine Einweisung durch einen erfahrenen Gebietskenner erforderlich. Die Hauptgefahr beim Toplanden besteht durch Aufwind- oder Leeturbulenzen im oder hinter dem Landebereich.

Hanglandung

Eine Landung am Hang erfolgt immer quer zur Hangneigung, unabhängig von der Windrichtung.

▶ Niemals bergauf landen, hohe Verletzungsgefahr.

Landung bei starkem Wind

Hat der Wind im Landebereich so aufgefrischt, dass der Schirm Vorwärtsfahrt hat oder sogar rückwärts fliegt, sind spezielle Landeverfahren notwendig.

Landung
quer
zur Hang-
neigung

Verhalten des Piloten

- Bei starkem Wind mit wenig Vorwärtsfahrt die Land-einteilung aus der Position, luvseitig des Landeplat-zes, nur mit einem kurzen Quer- und Endteil fliegen. Der Gegenanflug entfällt, da dieser Anflugteil den Gleitschirm weit vom Landeplatz versetzen würde.
- Bei sehr starkem Wind, wenn der Gleitschirm rück-wärts fliegt, über die Schulter ein Landefeld suchen.
- Nach dem Aufsetzen sofort zum Schirm umdrehen und diesen mit kräftigem Zug an den hinteren Trage-gurten zu Boden bringen.

Pilotenfehler und Gefahren

- Auf der windabgewandten Seite von Hindernissen ist mit sehr starken Lee-Turbulenzen zu rechnen. Diese Bereiche unbedingt meiden.
- Beim Aufsetzen auf den Boden nicht bremsen. Der Schirm würde nach hinten kippen und den Piloten mit sich schleifen.

▶ Starker Wind verursacht starke Turbulenzen. Aktiv fliegen! In Bodennähe nicht beschleunigt fliegen!

Landung mit hohem Sinken

Beim Landen mit hoher Sinkgeschwindigkeit, z. B. am Rettungsschirm, im Sackflug oder mit eingeklapptem Schirm, muss der Pilot versuchen, die Aufprallenergie zu dämpfen.

Verhalten des Piloten
- Beine zusammen, Oberkörper beugen, Muskeln anspannen, Arme an den Oberkörper.
- Nach dem Aufprall seitlich über Hüfte, Gesäß und Protektor abrollen.

Verhängen in Stromleitung

Eine Stromleitung ist der schlechteste Landeort, deshalb muss versucht werden, eine Berührung damit unbedingt zu vermeiden, auch vor dem Risiko einer Baumlandung oder anderweitigen Hindernisberührungen. Kommt es dennoch zu einer Kollision, bleibt der Schirm oft in der Stromleitung hängen.

Verhalten des Piloten
- Keinerlei eigene Befreiungsversuche unternehmen, sondern möglichst bewegungslos auf das Eintreffen der Rettung warten.
- Herbeieilende Helfer anweisen, sich nicht zu nähern, da ein Spannungsüberschlag mit tödlichen Stromverletzungen möglich ist.
- Helfer anweisen, das E-Werk zu verständigen.

Baumlandung

Fehlerhaftes Einschätzen des Gleitwinkels, starker Gegenwind oder großflächige Sinkgebiete über Wald können den Piloten zu einer Baumlandung zwingen.

Verhalten des Piloten

- Möglichst dichtstehende, niedrige Bäume für die Landung aussuchen.
- Gezielt auf den Baum zufliegen.
- Unmittelbar vor der Baumberührung Arme an den Oberkörper, Beine zusammen, Hände vors Gesicht.
- Nach der Baumlandung sofort stabile Äste zum Festhalten suchen.
- Von hohen Bäumen wegen der Absturzgefahr möglichst keine eigenen Rettungsversuche unternehmen. Im Gurtzeug hängen bleiben, sich an stabilen Ästen sichern (mitgeführtes Reepschnur-Stück, Tragegurte, Leinen) und auf das Eintreffen von Helfern warten.

▶ Seitliche Baumberührungen unbedingt vermeiden. Größte Absturzgefahr.

Wasserlandung

Wasserungen mit dem Gleitschirm sind lebensgefährlich und müssen unbedingt vermieden werden. Besteht das Risiko einer Wasserlandung (Sicherheitstraining über Wasser, Küstensoaring) sollte eine Schwimmweste getragen werden.

Verhalten des Piloten

- Frühzeitig vor der Wasserung muss der Pilot die Bremsen auslassen und alle schwierig zu öffnenden Verschlüsse wie Kreuzgurte, Frontcontainer-Befestigungen etc. öffnen und kurz vor der Wasserberührung noch Brustgurt und Beingurte.
- Im Wasser sofort vom Gurtzeug lösen und vom Schirm wegschwimmen, in Fließgewässern gegen die Strömungsrichtung.

Pilotenfehler und Gefahren

- Nach der Wasserlandung ist der Pilot durch Verheddern in den Leinen rasch in seiner Bewegungsfähigkeit behindert.
- Die Rückenschutz-Systeme in den Gurtzeugen entwickeln im Wasser viel Auftrieb und drücken Oberkörper und Kopf des Piloten unter Wasser.
- Die Höhenabschätzung über Wasser ist sehr schwierig, deshalb nicht vor der Landung aus dem Gurtzeug ins Wasser springen.
- Beim Versuch, schwimmend den Schirm zu bergen, kann man sich in den Leinen verfangen.

Verhalten nach Notlandungen

Nach einer verletzungsfreien Notlandung nicht unnötig lange bewegungslos bleiben. Beobachter würden von einem Unfall ausgehen und eine aufwändige Rettungsaktion auslösen. Baldmöglichst den Gleitschirm zusammenpacken, durch Aktivität die eigene Unverletztheit signalisieren und Polizei oder Rettungsleitstelle wegen eventuell eingeleiteter Rettungsmaßnahmen informieren.

Yes
Ich brauche Hilfe

No
Keine Hilfe nötig

Wetterkunde

Um günstige Bedingungen gezielt zu finden und zu nutzen, muss der Pilot die Grundzüge der Meteorologie (Wetterkunde) kennen. Vom Wetter drohen dem Piloten auch Gefahren. Die Wetterkunde macht diese Gefahren vorhersehbar und damit vermeidbar.

Die Lufthülle

Die Erde ist von einer Lufthülle umgeben, genannt die Atmosphäre. Die unterste Schicht der Atmosphäre heißt Troposphäre. Sie reicht von der Erdoberfläche bis zu einer Höhe von ungefähr 11 000 Metern.

Die **Lufttemperatur** in Bodennähe ist normalerweise am höchsten, weil die Sonne zunächst die Erdoberfläche

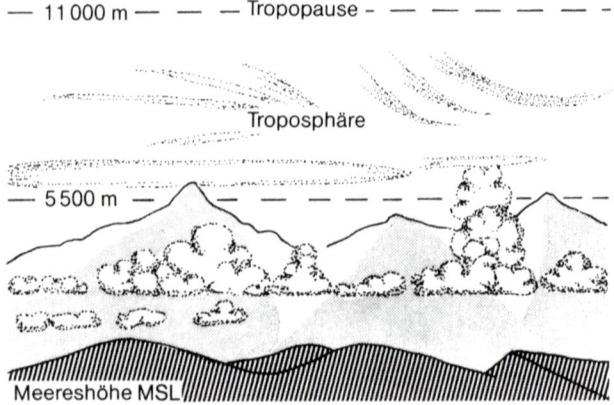

erwärmt und die Wärme dann von der Erdoberfläche an die darüber liegende Luftschicht abgegeben wird, eine direkte Erwärmung der Luft erfolgt fast nicht. Im statistischen Mittelwert ist die Luft in der Troposphäre pro 100 Meter Höhe um 0,65 Grad Celsius kälter. Der tatsächliche Temperaturunterschied hängt freilich vom täglichen Wettergeschehen ab.

Auf Grund von Durchmischungsvorgängen in der Troposphäre können auch in höheren Lagen Warmluftschichten eingelagert sein. Dann nimmt die Temperatur in steigender Höhe vorübergehend zu, genannt Inversion, oder die Temperatur bleibt gleich, Isothermie. Isothermie und besonders Inversion wirken als Sperrschicht für thermisch aufsteigende Luft.

Der **Luftdruck** kann zwar von Ort zu Ort verschieden sein, die Abnahme mit der Höhe ist jedoch stets gesetzmäßig. In etwa 5500 Meter Höhe halbieren sich Luftdruck und Luftdichte. Vorsicht! In großen Höhen ist höhere Startgeschwindigkeit erforderlich. Je nach körperlicher Verfassung des Piloten kann der geringe Luftdruck bereits in Höhen über 4000 Metern wegen Sauerstoffmangels zum Höhenrausch führen.

Der dynamische Wind

Wind ist Luftbewegung. Luftbewegung kann großräumig und überregional sein, dann spricht man von dynamischem Wind, oder sie entsteht durch lokale thermische Vorgänge, man spricht vom thermischen Wind.

Der Einstrahlungswinkel der Sonne auf die Erdoberfläche ist unterschiedlich: im Bereich des Äquators ist der Winkel am steilsten und an den Polen am flachsten. Beim flachen Winkel verteilt sich die eingestrahlte Wärmemenge über eine große Fläche, beim steilen Winkel konzentriert sich dieselbe Menge auf eine kleine Fläche.

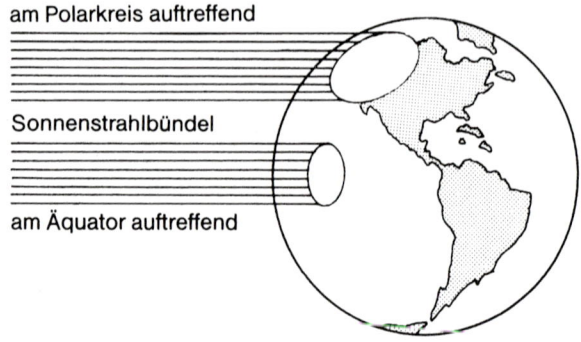

Andere Wärmeunterschiede entstehen durch verschiedene Oberflächenerwärmung der Weltmeere und der Kontinente. Die ungleichmäßige Erwärmung der Erdoberfläche bewirkt eine unterschiedliche Erwärmung der Luft. Dadurch entstehen Gebiete mit hohem Luftdruck (Hochdruckgebiete) und Gebiete mit tiefem Luftdruck (Tiefdruckgebiete). Um das Druckgefälle zwischen diesen Gebieten auszugleichen, strömt die Luft aus den Hochdruckgebieten in die Tiefdruckgebiete.

Windrichtung

Der Wind wird nach der Himmelsrichtung benannt, aus der er weht. In der Fliegerei wird die Windrichtung in Grad angegeben.

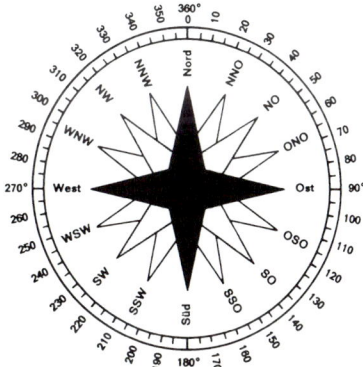

Durch die Drehung der Erdkugel um sich selbst bewegt sich die Erdoberfläche am Äquator mit 1670 km/h und beispielsweise am 60. Längengrad mit 830 km/h. Die Erddrehung bewirkt eine Kraft, die den Wind auf der nördlichen Halbkugel nach rechts ablenkt, auf der südlichen nach links. Die Kraft heißt **Corioliskraft**. Vereinfachte Erklärung für die Nordhalbkugel: Luft am Boden hat die Drehgeschwindigkeit der Erdoberfläche unter ihr (im Zeichnungsbeispiel 1450 km/h bei Punkt Ⓐ auf dem 30. Längengrad). Gelangt sie nach Norden, so ist die dortige Drehgeschwindigkeit der Erdoberfläche unter ihr geringer und die Luft eilt ihr voraus. Gelangt sie nach Süden, so ist die dortige Drehgeschwindigkeit der Erd-

oberfläche höher und die Luft bleibt ihr gegenüber zurück. Auf der Südhalbkugel (Beispiel Ⓑ) führt dieser Effekt zur Ablenkung nach links.
Je langsamer die Luft strömt, desto geringer ist die Ab-

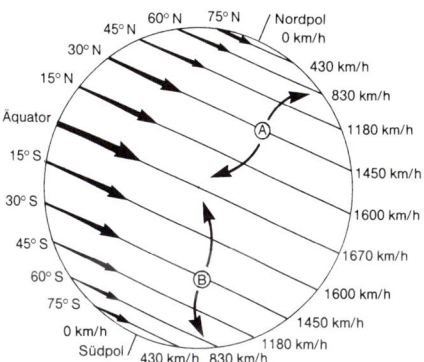

lenkung durch die Corioliskraft. Bodennaher Wind wird durch Bodenreibung abgebremst und verlangsamt. Daher: Je näher der Wind dem Boden ist, umso weniger wird er nach rechts abgelenkt; je höher der Wind ist, desto stärker ist die Ablenkung.

> Die Windrichtung am Boden dreht in 1000 m Höhe um ca. 30 Grad nach rechts.

Wegen der Corioliskraft kann sich der Druckausgleich nicht auf dem kürzesten Weg durch geradlinig strömende Luft aus dem Hochdruckgebiet in das Tiefdruckgebiet vollziehen.

Die Luftteilchen, die nach allen Seiten aus einem Hochdruckgebiet herausströmen wollen, werden dabei nach rechts abgelenkt. Besonders in der Höhe, wo die

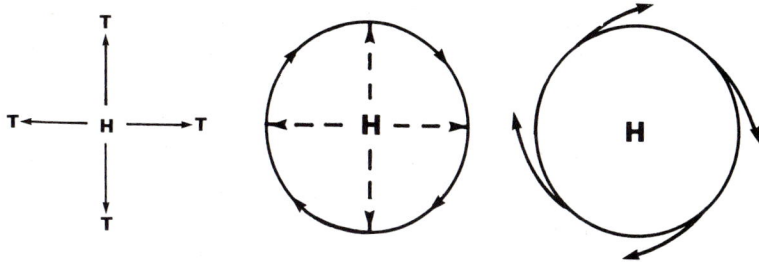

Rechtsablenkung stark wirkt, kommt es statt zum Ausströmen zum Umströmen des Hochdruckzentrums im Uhrzeigersinn. Am Boden, wo die Luft weniger stark nach rechts abgelenkt wird, strömt sie aus dem Hochdruckgebiet heraus.

Beim Tiefdruckgebiet werden die Luftteilchen, die von allen Seiten hineinströmen wollen, ebenso nach rechts abgelenkt. Besonders in der Höhe, wo die Rechtsablenkung stark wirkt, kommt es statt zum Hineinströmen zum Umströmen des Tiefdruckzentrums, diesmal gegen den Uhrzeigersinn. Am Boden, wo die Luft weniger stark nach rechts abgelenkt wird, strömt sie in das Tiefdruckgebiet hinein.

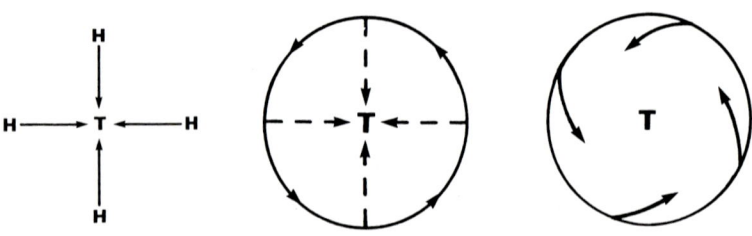

Der Druckausgleich zwischen einem Hochdruckgebiet und einem Tiefdruckgebiet vollzieht sich folglich in Bodennähe. Die Luftteilchen im Hochdruckgebiet drehen zunächst im Uhrzeigersinn, verlassen dann das Hochdruckgebiet, werden von einem benachbarten Tiefdruckgebiet angezogen, wechseln die Kurvenrichtung, strömen in Bodennähe in das Tiefdruckgebiet hinein und drehen dort gegen den Uhrzeigersinn.

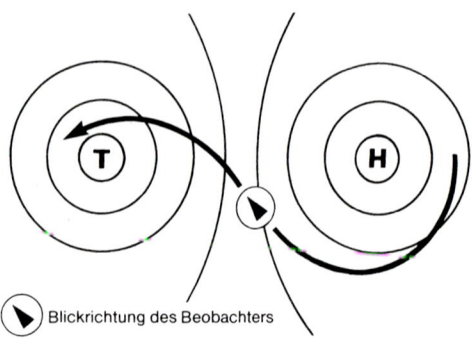

Blickrichtung des Beobachters

Die Windrichtung ist also bestimmt durch die Lage der Hoch- und der Tiefdruckgebiete. Als Faustformel gilt für die Nordhalbkugel:

> Rücken zum Wind: vorn links das Tief, hinten rechts das Hoch.

Die Oberflächengestalt der Erde kann den Wind zwingen, von seinem Weg abzuweichen und den Weg auf Umwegen fortzusetzen. Talverläufe und Bergbarrieren lenken den Wind um.

Windgeschwindigkeit

Die Windgeschwindigkeit ist die Schnelligkeit der Luftteilchen gegenüber dem Boden. Sie wird ausgedrückt in km/h, Knoten (knts) und m/sek.

Faustformel für die Umrechnung		
(knts x 2) – 10%	=	km/h
(m/sek x 4) – 10%	=	km/h
m/sek x 2	=	knts

Die Windgeschwindigkeit lässt sich aus der Wetterkarte entnehmen, anhand des Isobarenabstandes. Isobaren sind die um ein Hoch oder ein Tief verlaufenden Linien, die jeweils die Orte gleichen Luftdrucks miteinander verbinden. Je größer der Abstand zwischen diesen Linien ist, desto geringer ist das Luftdruckgefälle und damit auch die Windgeschwindigkeit. Umgekehrt weist ein enger Abstand der Isobaren auf ein hohes Luftdruckgefälle hin und damit auf eine hohe Windgeschwindigkeit. Exaktes Messgerät für die Windgeschwindigkeit ist der Schalenwindmesser. Zum Abschätzen der Windgeschwindigkeit eignet sich die **Beaufort-Skala**.

Zeichen (knts)	Stärke	Bezeichnung	Geschwindigkeit			Anhaltspunkte
			m/s	km/h	knts	
	0	Windstille	0	0	0	Rauch steigt senkrecht auf
——	1	Leiser Zug	0,3	1	1–3	Als Windhauch fühlbar
└—	2	Leiser Wind	1,6	6	4–6	Blättersäuseln
└——	3	Schwacher Wind	3,4	12	7–10	Blätter und dünne Zweige fächeln
└——	4	Mäßiger Wind	5,5	20	11–15	Zweige und schlanke Äste wiegen sich
└——	5	Frischer Wind	8,0	29	16–21	Kräftige Zweige und schwache Bäumchen schwanken
└└——	6	Starker Wind	10,8	39	22–27	Es bläst. Starke Äste schwanken, Wipfel biegen sich, Wind pfeift um Häuser und in Drähten
└└└—	7	Steifer Wind	13,9	50	28–33	Bäume schwanken. Gehen gehemmt
└└└—	8	Stürmischer Wind	17,2	62	34–40	Zweige werden geknickt. Gegenstemmen beim Gehen

Stellung des Windpfeiles bezeichnet die Windrichtung in Grad, Beispiel: ✓ Wind aus 225° = Südwest.

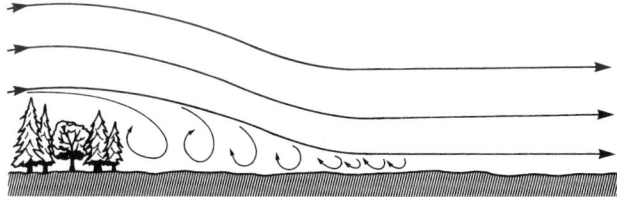

Die Bodenreibung bremst den Wind in Bodennähe.

Faustformel:
500 m über Grund – doppelte Windgeschwindigkeit.

Allerdings kann in Ausnahmefällen die Windgeschwindigkeit am Boden größer sein als in hohen Luftschichten. Dies bewirkt besonders der Düseneffekt von Tälern.

Düsenwirkung

Wird der Luftstrom eingeengt, so erhöht sich an der Eng-stelle – der »Düse« – die Windgeschwindigkeit, wie in einem verengtem Wasserlauf. Berge verengen die groß-räumige Anströmung zunehmend bis zum Berggrat. Die Windgeschwindigkeit dicht über einem Grat kann er-heblich höher sein als unterhalb oder vor dem Grat.

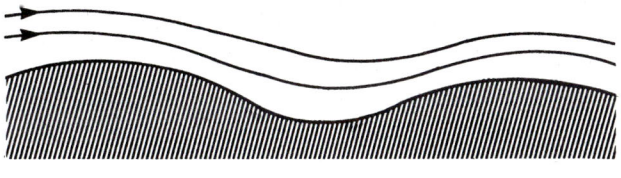

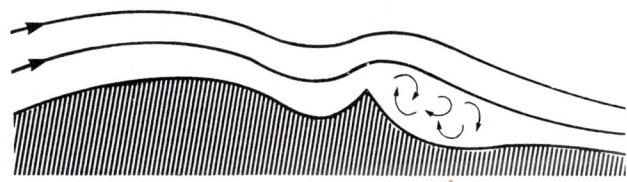

Strömung passt sich an

Verwirbelung durch Störung

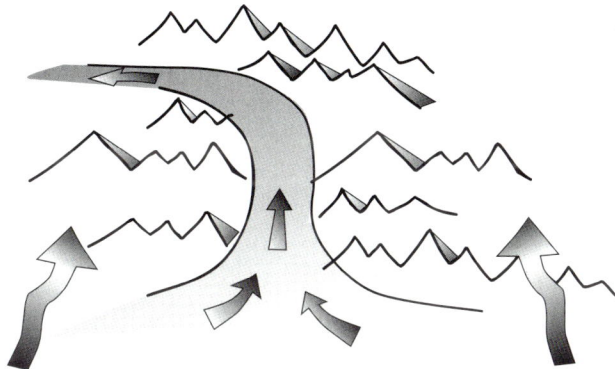

Täler wirken wie Düsen, die nicht nur die Windge-schwindigkeit erhöhen, sondern auch die Windrichtung ändern können.

Turbulenzen

Trifft die Luft auf ein Hindernis, muss sie beim Umströ-men ihre Richtung der Hindernisform anpassen. An einem sanft geformten Hindernis kann sie ungestört entlang gleiten. Erfordert dagegen die Form des Hinder-nisses eine starke Richtungsänderung der umströmen-den Luft, dann wird sie in ihrem gleichförmigen Strö-mungsfluss gestört. Im Störungsbereich geraten die Luftteilchen in uneinheitliche Wirbelbewegungen, wie sie auch bei einem Wasserlauf auftreten.

Die räumliche Ausdehnung des verwirbelten Bereichs vergrößert sich mit zunehmender Windgeschwindig-keit. Ebenso wächst die Heftigkeit des Wirbels. Diese Wirbel heißen Turbulenzen. Die Turbulenzen wirken von unterschiedlichen und nicht vorhersehbaren Richtun-gen auf das Fluggerät ein, sie verändern seine Fluglage, verursachen Pendelbewegungen und behindern die Kor-rekturen des Piloten.

In Bodennähe tritt Bodenturbulenz auf, hervorgeru-fen von Bodenbewuchs, Geländeunebenheiten, Bäumen und Bebauung. Bei größeren Hindernissen kommt es im Lee, das ist die windabgewandte Seite, zu besonders kräftiger Verwirbelung, genannt Leeturbulenz. Diese Turbulenz kann bereits von Bäumen und Häusern aus-gelöst werden. Bei scharfen Geländeabbrüchen, beson-ders an Graten und an Klippen, können sich **Leewalzen** bilden. In solchen Walzen rotiert die Luft großräumig und von Turbulenzen durchsetzt.

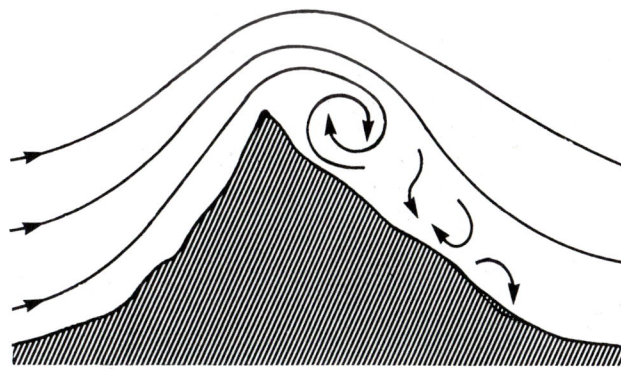

Leewalze

Leewalzen können auch an seitlich umströmten Hindernissen auftreten, z. B. an kantigen Bergflanken. Die Drehachse der Turbulenz richtet sich dann nach dem Neigungswinkel der Flanke und man spricht von Seitenwalze.

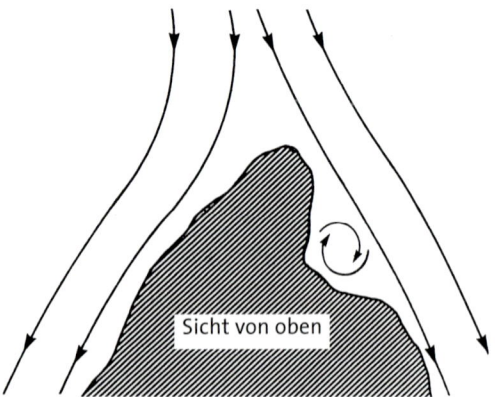

Nicht vom Boden verursacht ist die Windscherung. Sie entsteht, wenn benachbarte Luftmassen verschiedene Bewegungsrichtungen haben. An der Scherfläche der beiden Luftmassen entstehen Luftwirbel, deren Heftigkeit von der Richtungs- und Geschwindigkeitsdifferenz der beiden Luftmassen abhängt.

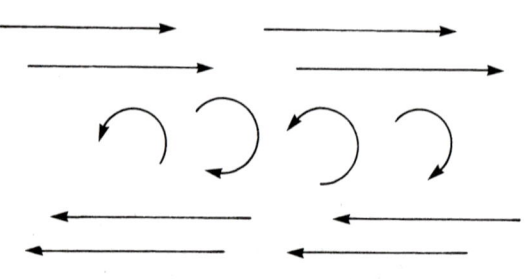

Der dynamische Hangaufwind

Wenn der Wind einen Berg überströmt, entsteht Aufwind im Luv, das ist die windzugewandte Seite; im Lee entsteht Abwind. Hangsegeln, englisch Soaring, ist ohne Höhenverlust möglich, wenn die senkrechte Komponente der Aufwindgeschwindigkeit gleich oder größer der Sinkgeschwindigkeit des Gleitschirms ist.

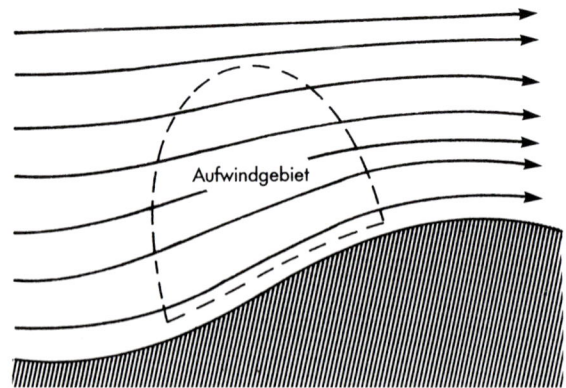

▶ Über dem Berggrat herrscht erhöhte Windgeschwindigkeit, die das Fluggerät ins Lee abtreiben lassen kann.

Der beste Hangaufwind entsteht, wenn der Wind senkrecht auf einen Hang weht.

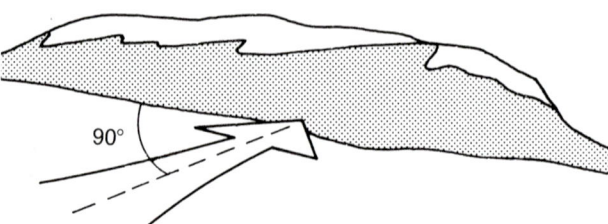

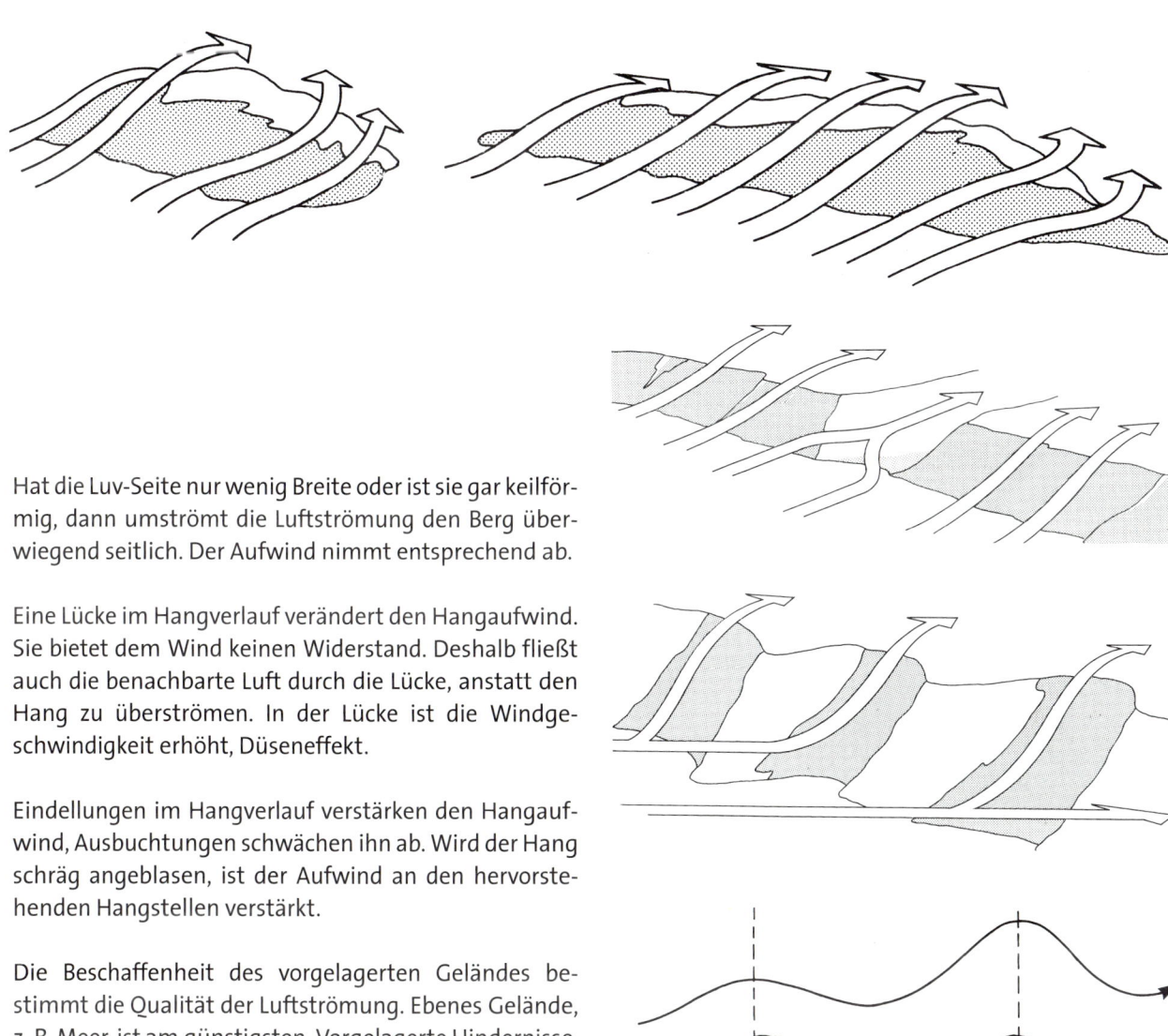

Hat die Luv-Seite nur wenig Breite oder ist sie gar keilförmig, dann umströmt die Luftströmung den Berg überwiegend seitlich. Der Aufwind nimmt entsprechend ab.

Eine Lücke im Hangverlauf verändert den Hangaufwind. Sie bietet dem Wind keinen Widerstand. Deshalb fließt auch die benachbarte Luft durch die Lücke, anstatt den Hang zu überströmen. In der Lücke ist die Windgeschwindigkeit erhöht, Düseneffekt.

Eindellungen im Hangverlauf verstärken den Hangaufwind, Ausbuchtungen schwächen ihn ab. Wird der Hang schräg angeblasen, ist der Aufwind an den hervorstehenden Hangstellen verstärkt.

Die Beschaffenheit des vorgelagerten Geländes bestimmt die Qualität der Luftströmung. Ebenes Gelände, z. B. Meer, ist am günstigsten. Vorgelagerte Hindernisse, besonders Berge, bewirken turbulente Anströmung. Entspricht der Abstand eines vorgelagerten Bergrückens dem einer Wellenamplitude, kann er den Hangaufwind verstärken.

Ist die Luftmasse labil geschichtet, kann dies schon vor dem Kamm zu Ablösungen führen und der Aufwind wird turbulenter.

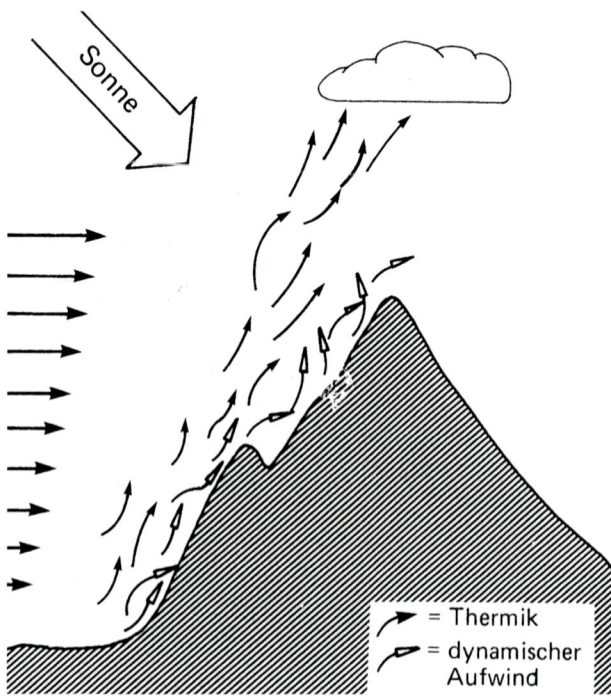

= Thermik
= dynamischer Aufwind

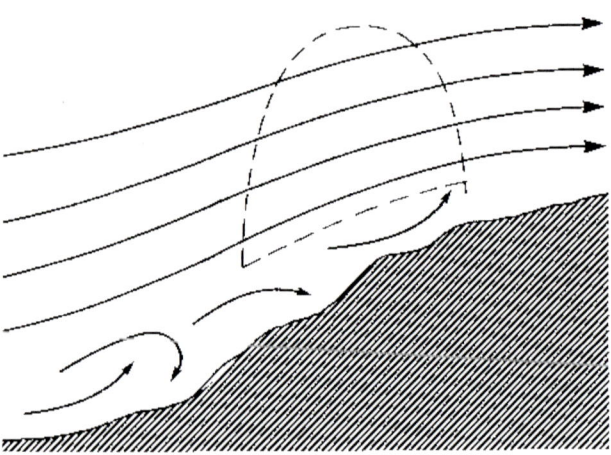

Je steiler der Hang ist, desto höher ist die Aufwindgeschwindigkeit. Der Aufwind an einer senkrechten Wand ist am stärksten. Befindet sich ein Knick am Fuß der Wand, verwirbelt er dort die Luft.

Steigt feuchte Luft am Hang auf, kann sich der Hang in Wolken hüllen. Dies dauert, solange der Wind mit gleichbleibender Feuchte und Temperatur auf den Hang bläst. Erwärmt sich der Wind im Tagesgang oder lässt seine Feuchte nach, steigt die Wolkenbasis.

Bei glatter Hangoberfläche ist der stärkste Aufwind dichter am Hang als bei rauer Oberfläche. Unebene Hangoberfläche lässt aufwindmindernde Turbulenzen entstehen. Auch der Geländebewuchs kann sich störend auswirken. Der Wechsel von Waldflächen und Lichtungen erhöht die Turbulenzbildung und schwächt den Aufwind.

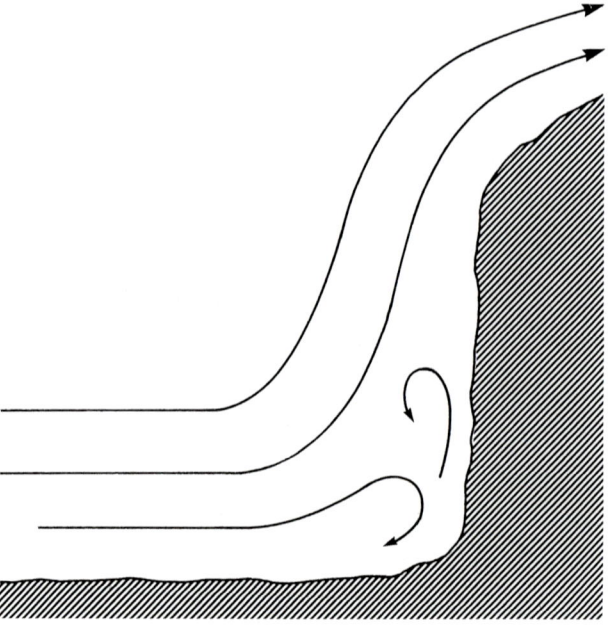

Sinken im Lee

Hat die Luft das Hindernis überströmt, sucht sie zu ihrer ursprünglichen Ausgangshöhe zurückzukehren, vor allem wenn die Luftmasse stabil geschichtet ist. Fällt die Leeseite des Hanges ab, sinkt die Luft am Abhang entlang. Je nachdem wie stark der Wind weht und wie strömungsgünstig der Hang geformt ist, entstehen hinter dem Berggrat Turbulenzen mit Wirbeln und Rotoren. Eine Leewalze hinter dem Berggrat kann dort Aufwind vortäuschen.

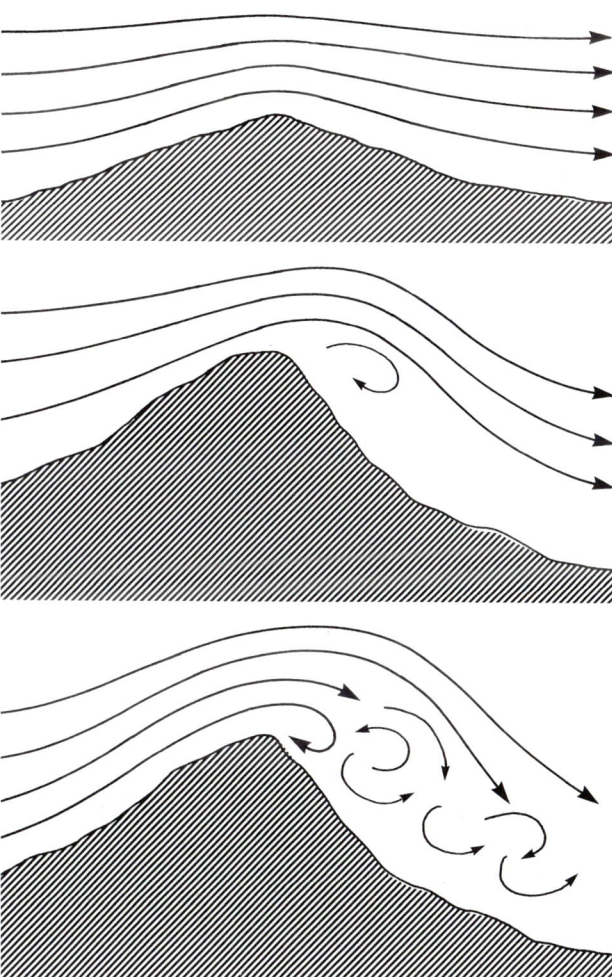

Überhänge verursachen gefährliche Turbulenzen vor und über der Hangkante.

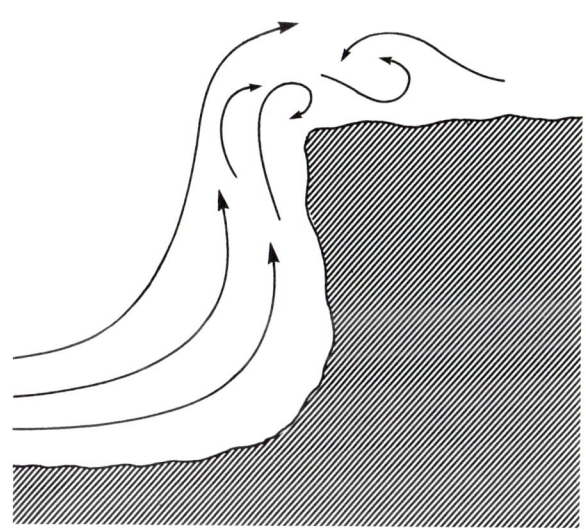

Fällt die Leeseite des Hanges nicht ab, bestimmen die Stärke des Windes und die Form des Hanges, wie nahe an der Kante Turbulenz vorkommt. An Steilabbrüchen tritt Rückströmung direkt hinter der Hangkante auf.

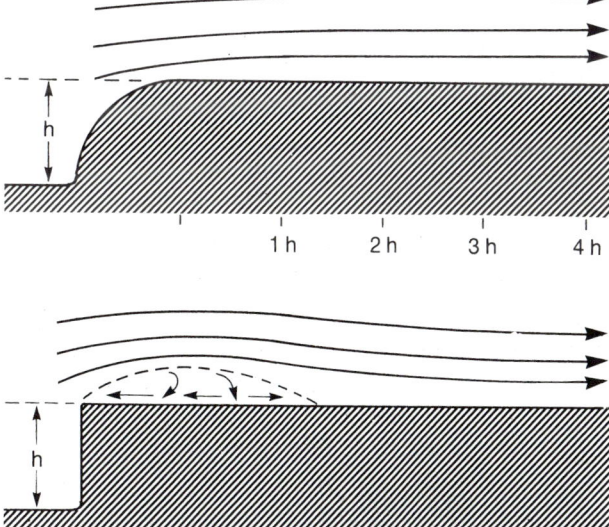

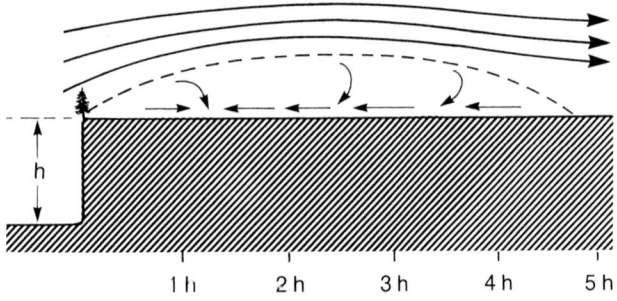

Befinden sich Hindernisse (Baumbewuchs) an der Hangkante, vergrößert sich das Leegebiet. Auch die Rückströmung ist stärker.

Der thermische Wind

Außer den globalen Wärmeunterschieden, die zur Entstehung des überregionalen dynamischen Windes führen, gibt es auch regionale Unterschiede bei der Bodenaufheizung, die ein kleinräumiges Windsystem entstehen lassen, den thermischen Wind. Beide Windsysteme überlagern sich. Das System mit mehr Energie setzt sich gegen das schwächere durch. So kann der überregionale Wind die Ausbildung des örtlichen Windsystems ganz verhindern.

See- und Landwind

Der größte Unterschied in der Beschaffenheit der Erdoberfläche besteht zwischen Wasser und Land. Wasser und Boden unterscheiden sich in ihrer Wärmeleitfähigkeit. Der Boden speichert die von der Sonne eingestrahlte Wärme an der Oberfläche und leitet nur einen geringen Teil in die tieferen Bodenschichten weiter. Beim Wasser dagegen sammelt sich die Wärme nicht nur an der Oberfläche, sondern sie dringt auch in tiefere Schichten vor.

Strahlt die Sonne auf Wasser und Land gleichmäßig ein, heizt sich die Landoberfläche schneller auf als die Wasseroberfläche. Die Landoberfläche erwärmt die aufliegende Luftschicht stärker als die Wasseroberfläche. Da warme Luft leichter ist als kalte Luft, steigt die Luft über dem Land auf. Die Luft auf dem Wasser wird als »Ersatz« angezogen, es entsteht der Seewind. Die aufgestiegene Landluft fließt in der Höhe infolge des Luftdruckgefälles zum benachbarten Luftraum über dem Wasser. Dort sinkt die Luft – der Kreislauf ist geschlossen.

> Warme Luft ist leicht – kalte Luft ist schwer.

Die Zirkulation reicht tagsüber etwa 50 km landeinwärts mit einer Höhe von etwa 500 m. Die Bodenströmung kann 25 bis 40 km/h erreichen. Die Luft zirkuliert mehrere Male pro Tag. Nach Sonnenuntergang kühlt die Land-

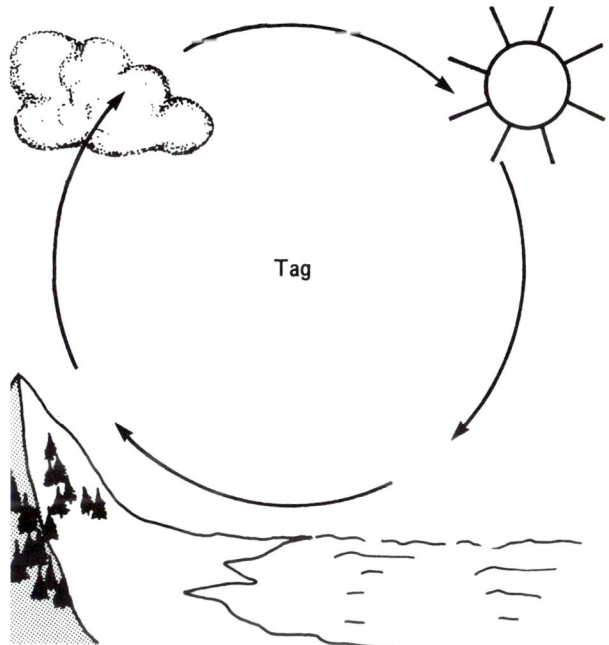

Tag

Nacht

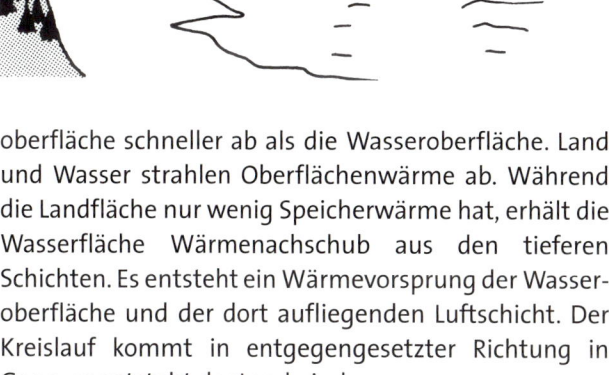

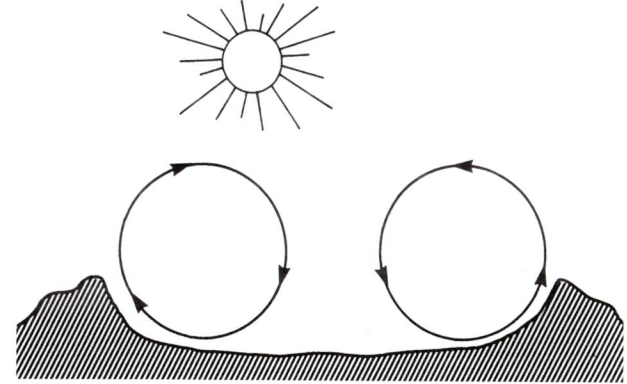

oberfläche schneller ab als die Wasseroberfläche. Land und Wasser strahlen Oberflächenwärme ab. Während die Landfläche nur wenig Speicherwärme hat, erhält die Wasserfläche Wärmenachschub aus den tieferen Schichten. Es entsteht ein Wärmevorsprung der Wasseroberfläche und der dort aufliegenden Luftschicht. Der Kreislauf kommt in entgegengesetzter Richtung in Gang, es entsteht der Landwind.

Thermischer Hangaufwind

Auch Berg und Tal unterscheiden sich in ihrer Bodenoberfläche. Berghänge sind trockener als Talgründe, denn am Berg fließt das Wasser sofort ab, die Talgründe bleiben feucht. Zwar ist der Unterschied zwischen trocken und nass nicht so ausgeprägt wie zwischen Land und Wasser, dennoch gilt dasselbe Prinzip: Die Hangflächen erwärmen sich schneller als der Talgrund. Zudem wird die Luft am Hang stärker erwärmt als die benachbarte hangferne Luft. Die Hangluft steigt am Hang ent-

lang auf. Beim Aufstieg erhält sie vom Hang weitere Wärmezufuhr, der Aufwind verstärkt sich. Gleichzeitig zieht die aufsteigende Luft bodennahe Talluft nach.

Die am Hang aufsteigende Luft löst sich am Gipfel ab und fließt in der Höhe infolge des Luftdruckgefälles über den Talgrund. Dort sinkt die Luft – der Kreislauf ist geschlossen.

Mit Sonnenuntergang dreht sich der Kreislauf um. Die trockeneren Hangflanken kühlen schneller aus als der Talgrund und kühlen die Luft am Hang. Die Luft wird schwerer und sinkt ab, es entsteht Bergwind. Der feuchtere und dadurch wärmespeichernde Talgrund kühlt langsamer ab. Die Talluft wird im Vergleich zur Hangluft leichter und steigt großflächig, aber schwach auf.

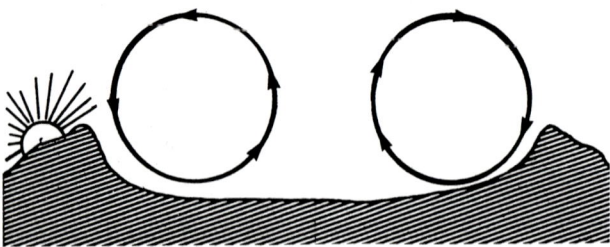

In der Wechselphase von Talwind zum Bergwind setzt das Absinken der Hangluft nicht gleichzeitig an allen Stellen ein. Rasch auskühlende Hangbereiche wie beispielsweise Fels erzeugen bereits Bergwind, während die Luft über wärmespeichernden Hanggebieten, besonders Wald, noch aufsteigen kann.

Die Hangneigung hat beim thermischen Hangaufwind zusätzliche Bedeutung. Je steiler der Einfallswinkel der Sonneneinstrahlung ist, desto schneller und stärker erwärmt sich der Boden. So sind vormittags Südosthänge mit steiler Hangneigung begünstigt. Mittags haben flache Südhänge und nachmittags steile Südwesthänge die beste Einstrahlung.

Talwind

Sind die Bergflanken am späten Vormittag soweit erwärmt, dass die Luft über dem gesamten Bergland großräumig aufsteigt, strömt die Luft aus dem Flachland die Täler hinauf. Besonders stark weht der Talwind zwischen Talgrund und ca. 400 m Höhe. Er kann die Eigengeschwindigkeit des Gleitschirms übersteigen. Der stetige Luftstrom durch das Tal stört die Thermikbildung über dem Talgrund und den Hangaufwind im talnahen Bereich. Im unmittelbaren Alpenvorland kann sich schwer Thermik bilden, weil die Luft vor ausreichender Erwärmung ins Gebirge abgesaugt wird.

Sinkt nach Sonnenuntergang die Luft über dem Bergland ab, strömt sie wieder die Täler hinab ins Flachland. Dieser Talabwind hält an, bis er am nächsten Vormittag durch die neue Hangerwärmung wieder umgedreht wird.

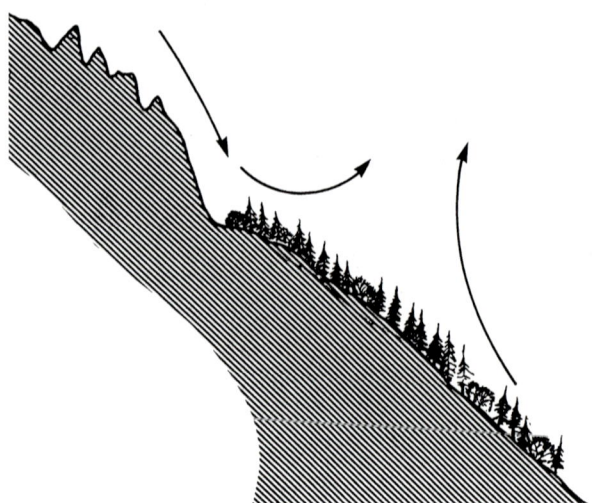

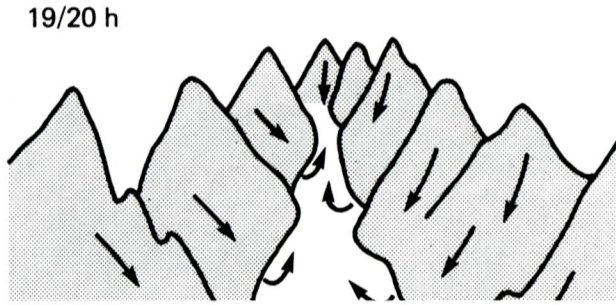

19/20 h

Talwind, thermischer Hangaufwind und überregionaler Wind können sich überlagern. Dies kann zu komplizierten Windverhältnissen und Turbulenz führen.

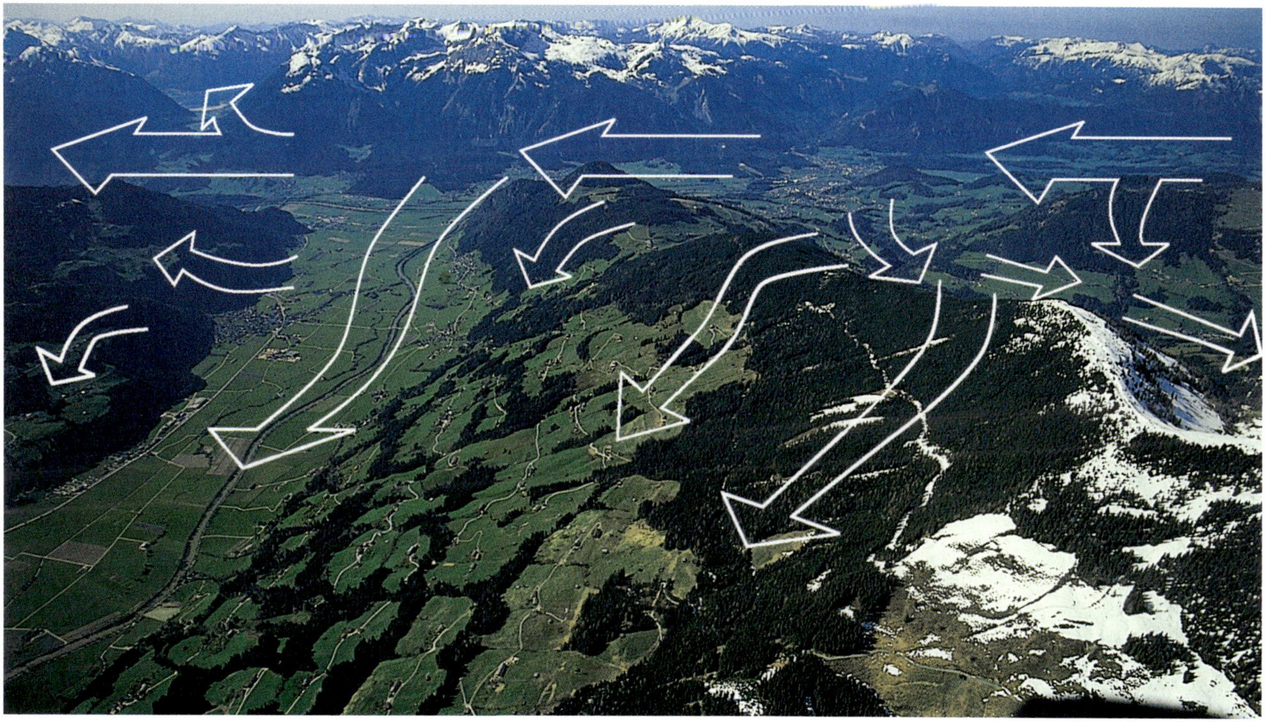

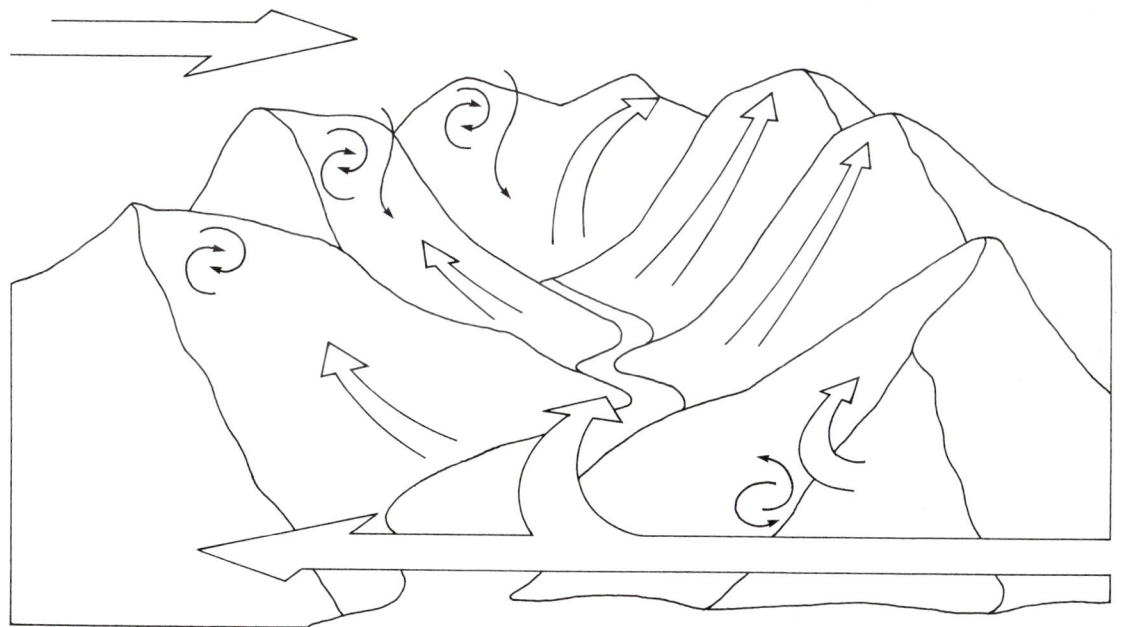

Beispiel für
den Talwind-
verlauf
im Gebiet Inn-
tal/Zillertal

Überlagerung
von Talwind,
thermischem
Hangaufwind
und über-
regionalem
Wind

Bodenthermik

Verschiedenartiger Bewuchs und unterschiedliche Bodenbeschaffenheit bewirken Erwärmungsunterschiede, die zur Ausbildung von Thermik führen. Grundlagen:

- Windgeschützte Flächen heizen sich besser auf als Flächen, die permanent vom Wind gekühlt werden.
- Je besser der Boden durchlüftet ist, desto schneller heizt er auf. Die Wärme wird dann nicht in die Tiefe abgeleitet, denn Luft hat eine geringe Wärmeleitfähigkeit.
- Nasse Oberflächen oder feuchte Vegetation verbrauchen einen großen Teil der Wärmestrahlung für die Verdunstung. Außerdem haben sie eine hohe Wärmeleitfähigkeit.
- Flächen ohne Vegetation oder mit niedrigem Bewuchs heizen grundsätzlich schneller und besser auf als Flächen mit höherem Bewuchs. Dunkle trockene Flächen heizen sich stärker auf als helle trockene Flächen, da dunkle Farben die Wärme besser absorbieren.

Beispiele:

- Trockener Sand heizt schnell und gut auf, weil er gut durchlüftet ist und gut Wärme absorbiert. Ebenso trockener Moorboden, der zusätzlich wegen seiner schwarzen Farbe gut Wärme absorbiert.

- Gepflügte Äcker heizen schnell und gut auf, wegen der dunklen Farbe und weil Luft im Boden eingepflügt ist.
- Hoher Getreidebestand heizt gut auf im Reifestadium, weil die Luft lange zwischen den trockenen Pflanzen klebt. Sie ist dabei vom Wind abgeschirmt.
- Kalkfels heizt schnell und gut auf, weil das Gestein trocken ist und Luft enthält. Granitfels heizt gut, weil er trocken ist.
- Nadelwald heizt wegen seiner Feuchtigkeit langsam auf. Er heizt gut auf, wenn er licht genug ist, um Sonne einstrahlen zu lassen. Laubwald heizt schlecht auf, weil die Baumkronen abschatten und wegen der starken Verdunstung der Blätter. Im Winter können laubfreie Wälder Thermik liefern.

Die aufgeheizte Bodenoberfläche erwärmt die aufliegende Luft. Erhält die so aufgewärmte bodennahe Luft einen Wärmevorsprung gegenüber der darüber liegenden Luftschicht, will sie aufsteigen. Sie bleibt dennoch zunächst am Boden haften, bis sie durch einen weiteren Vorgang vom Boden ablöst, durch

- Überhitzung der Warmluftschicht durch weitere Aufheizung,
- Mitnahmeeffekt durch bereits abgelöste Thermik, die vorbei treibt,
- Wind, der die Warmluftschicht an eine Abreißkante drückt.

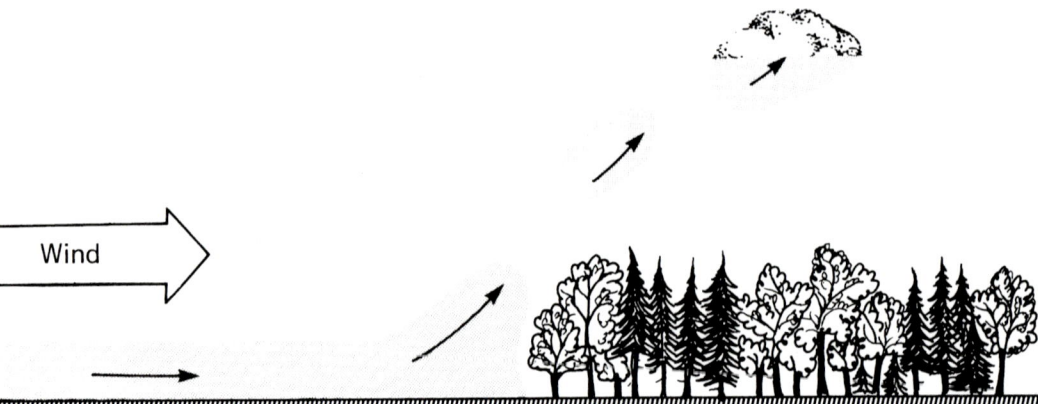

Wind

Als Abreißkanten wirken Geländekanten oder Grenzlinien zwischen stark unterschiedlichen temperierten Bodenoberflächen, z. B. Schneegrenze.

Nach dem Abreißen steigt die Warmluft auf und die Nachbarluft strömt am Boden nach.

Ist auch die Nachbarluft wärmer als die darüberliegende Luftschicht, folgt sie dem Aufstiegsweg der Thermikblase. Man spricht von Thermikschlauch oder »Bart«, der solange anhält, bis die bodennahe Warmluft nach oben weggeströmt ist.

Der Aufstiegsweg der Thermik wird durch die Windrichtung und die Windgeschwindigkeit bestimmt. Die Geschwindigkeit des Aufstiegs und die Aufstiegshöhe hängen von der Temperatur der Umgebungsluft ab. Je größer der Temperaturunterschied ist, desto schneller steigt die Thermik. Der Aufstieg endet in der Höhe, wo die Thermik auf die Temperatur der Umgebungsluft abgekühlt ist. Die Abkühlung erfolgt nicht durch Mischung mit der Umgebungsluft, sondern durch die Ausdehnung beim Aufsteigen und den damit verbundenen Energieverbrauch, pro 100 m um 1 Grad Celsius. Der **Thermikschlauch** bildet sich in seiner Gestalt unterschiedlich aus und seine räumliche Ausdehnung hängt ab von der Größe der Bodenheizfläche. Bei mehreren Thermikquellen am Boden vereinigen sich die Aufwinde. Daher ist die Thermik in größerer Höhe meist großflächiger als in Bodennähe.

Am Rand des Thermikschlauchs läßt die Aufwindgeschwindigkeit auf Grund der Reibung mit der Umgebungsluft nach. Die Reibung erzeugt in diesem Bereich die Randturbulenzen. Rund um den Thermikschlauch herrscht Abwind, der zum Ausgleich des Druckgefälles die am Boden abziehende Warmluft ersetzt.

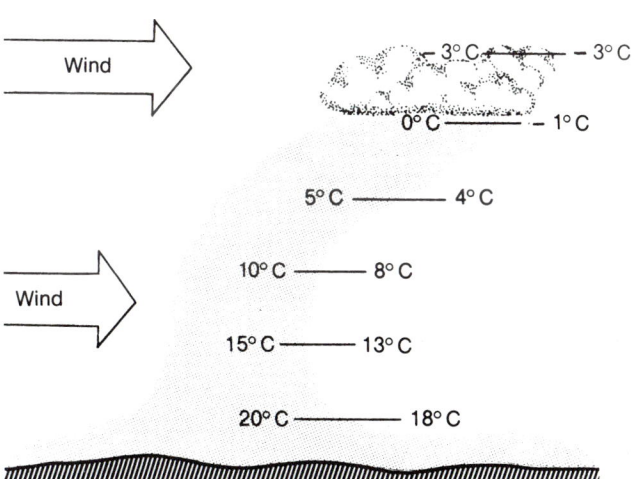

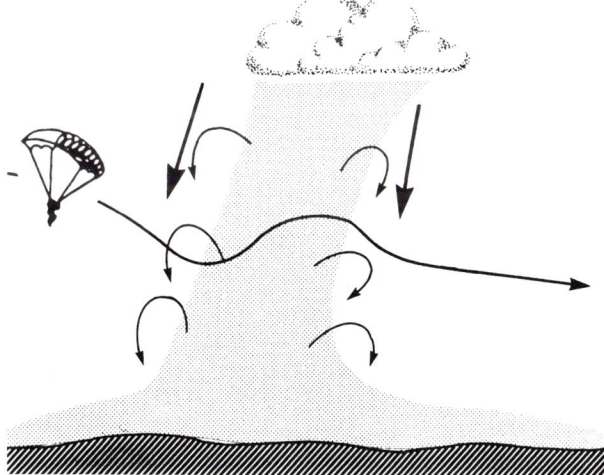

Wolken und Nebel

Wenn der Feuchtigkeitsgehalt der Luft sichtbar wird, spricht man von Wolken oder von Nebel. Die Wolke unterscheidet sich durch größere Wassertröpfchen vom Nebel. Grundsätzlich zu unterscheiden von Wolken und Nebel ist der unsichtbare Wasserdampf, das ist Wasser in Gasform.

Taupunkt

Rechts:
Aufstieg
durch
Thermik

Das Wasser gelangt in die Luft durch Verdunstung. Bei der Verdunstung verwandelt sich Wasser durch Wärmezufuhr vom flüssigen Zustand in gasförmigen Zustand.

Warme Luft kann mehr gasförmiges Wasser in sich aufnehmen als kalte Luft. Hat die Luft die Menge an unsichtbarem Wasserdampf aufgenommen, die sie entsprechend ihrer Temperatur gerade noch halten kann, ist die Luft gesättigt.

Die Sättigung kann auf zweierlei Weise eintreten, durch Zufuhr von Feuchtigkeit bei gleichbleibender Temperatur und durch Abkühlung der Luft bei gleichbleibendem Feuchtigkeitsgehalt. Die Temperatur, bei der Sättigung eintritt, heißt Taupunkt. Die Differenz zwischen der tatsächlichen Lufttemperatur und der Taupunkttemperatur heißt Taupunktdifferenz. Je geringer die Taupunktdifferenz ist, desto eher ist mit Nebel- und Wolkenbildung zu rechnen. Abkühlung der Luft kann durch kalte Unterlage, durch Mischung mit kalter Luft oder durch Aufstieg der Luft entstehen. Aufstieg ist möglich durch Thermik, durch Anstieg am Berg oder durch Aufgleiten auf andere Luftmassen.

Rechts:
Anstieg
zum Berg

Kondensation

Rechts:
Aufgleiten
auf Luft-
massen

Bei Erreichen des Taupunktes, also bei Sättigung der Luft, wird der überschüssige Wassergehalt, den die Luft nicht in Gasform halten kann, in Form von sichtbaren Wassertröpfchen (Kondensation) oder Eiskristallen (Sublimation) ausgeschieden. Die Tröpfchen brauchen Kondensa-

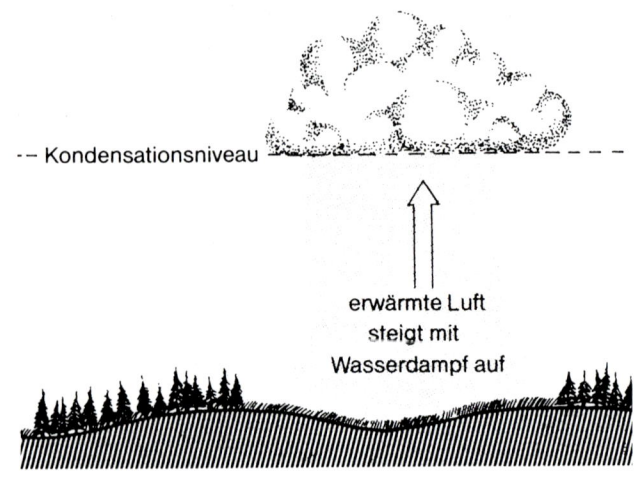

-- Kondensationsniveau

erwärmte Luft
steigt mit
Wasserdampf auf

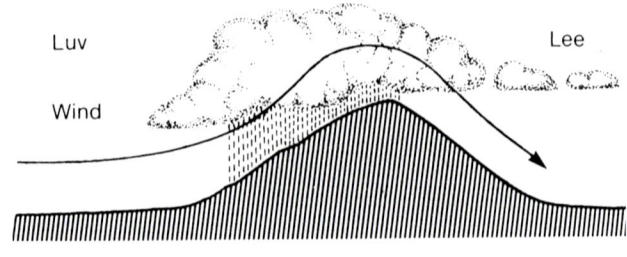

Luv

Lee

Wind

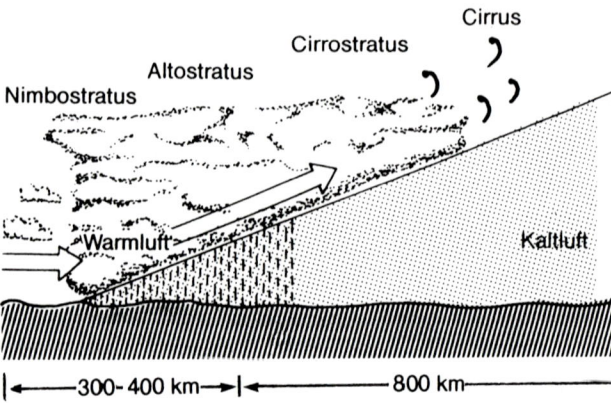

Cirrus

Cirrostratus

Altostratus

Nimbostratus

Warmluft

Kaltluft

|← 300-400 km →|← 800 km →|

tionskerne, die Eiskristalle Sublimationskerne. Die Kerne sind feinste Staubpartikel in der Luft. **Wolken** oder **Nebel** sind entstanden.

Bei der Kondensation wird Wärme frei, die beim Verdunstungsvorgang aufgenommen worden war. Dies bedeutet, dass die innerhalb von Wolken weiter aufsteigende Luft sich nur etwa halb so stark abkühlt, wie zuvor beim Aufstieg bis zur Wolkenbasis. Der Wärmeverlust bis zur Wolkenbasis beträgt 1 Grad Celsius pro 100 m, in der Wolke nur noch ca. 0,5 Grad pro 100 m.

Niederschlag

Beim Aufstieg der Luft in der Wolke setzt sich die Kondensation fort, die Wassertröpfchen wachsen und gewinnen an Gewicht. Wenn Größe und Gewicht der Tropfen so zugenommen haben, dass der Aufwind in der Wolke die Tropfen nicht mehr transportieren kann, fallen sie aus in Richtung Erdboden. Den Erdboden erreichen die Tropfen nur, wenn sie nicht unterwegs verdunsten. Dies ist abhängig von der Größe der Tropfen, vom Feuchtigkeitsgehalt und der Temperatur der Luftschichten unterwegs und von der Kälte der Tropfen beim Verlassen der Wolke. Faustregel: Bei einer Cumuluswolke muss der Aufstiegsweg soweit reichen, dass der Temperaturverlust beim Aufstieg die Tropfen auf minus 10 Grad unterkühlt.

Gewitter

Zu unterscheiden sind örtliche Wärmegewitter und langgestreckte Frontgewitter. Wärmegewitter entstehen durch Überentwicklung von Thermik, Frontgewitter durch großräumiges Aufeinandertreffen von Kaltluftmassen auf Warmluft.

Entscheidend ist ein großer Temperaturunterschied zwischen Kaltluft und aufsteigender Warmluft. Beim Wärmegewitter muss die nach oben gestaffelte Luftschichtung durchgängig an Temperatur abnehmen. Die Abnahme muss stärker sein als die Temperaturabnahme der aufsteigenden Thermikluft, genannt Labilität. Der Temperaturvorsprung der aufsteigenden Luft gegenüber der Umgebungsluft vergrößert sich, mit der Folge, dass der Aufstieg sich beschleunigt. Innerhalb der Wolke kommt es zu einer weiteren Vergrößerung des Temperaturvorsprungs durch die Kondensationswärme. In der Gewitterwolke erreicht die aufsteigende Luft eine Geschwindigkeit bis 150 km/h, wobei die Geschwindigkeit des Abwindes sich entsprechend erhöht.

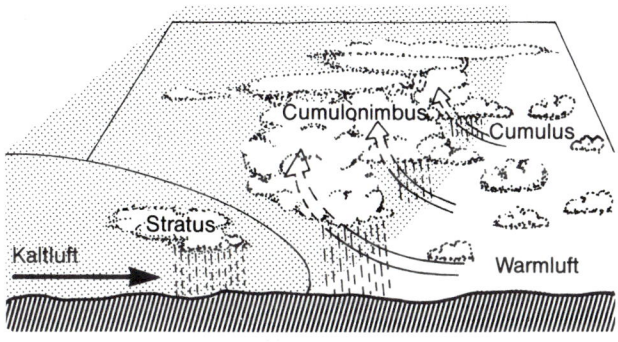

Dieses schnelle Steigen und Absinken auf engem Raum führt zu extremer Turbulenzbildung. Die Reibung der Luftteilchen aneinander erzeugt elektrische Aufladungen, die sich durch Blitzschlag von Luftmasse zu Luftmasse oder zwischen Luft und Boden entladen. Die Erhitzung durch den Blitz bewirkt ein schlagartiges Ausdehnen und Zusammenziehen der Luft, den Donner. Wegen der langsameren Ausbreitung der akustischen Wellen ist der Donner vom Beobachter später wahrzunehmen als der Blitz.

Die Ausdehnung der Gewitterwolken kann bis zur Tropopause hochreichen, die eine unüberwindliche Sperrschicht bildet. Die große Höhe führt dazu, dass die mitgeführten Wassertröpfchen gefrieren. Infolge des extremen Auf und Ab in der Gewitterwolke werden die Eiskristalle mehrere Male hinauf- und heruntergerissen. Dabei wachsen ihnen weitere Eisschichten an. Es entstehen in der Gewitterwolke kiloschwere Eiskörper, die erst beim Herabfallen zum Erdboden abtauen. Tauen sie völlig ab, entsteht der großtröpfige Gewitterregen, reicht der Tauvorgang nicht aus, spricht man von Hagel.

Die aus dem Gewitter herabstürzende Kaltluft fließt am Boden auseinander und kann vor allem in Talverläufen dem Gewitter weit vorauseilen. Diese extrem starken und turbulenten Bodenwinde bilden gefährliche Böenkragen.

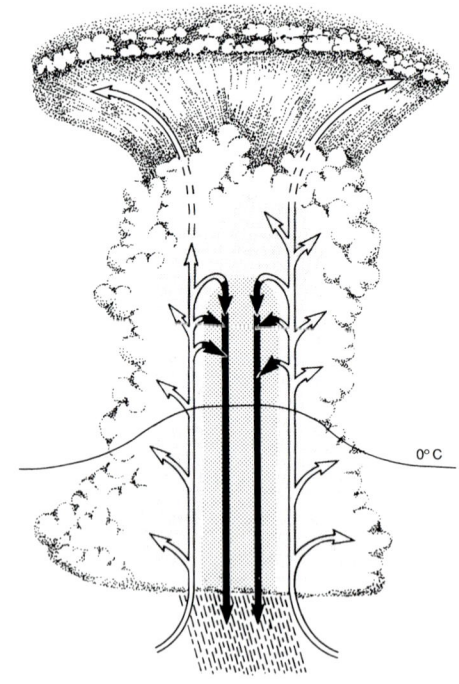

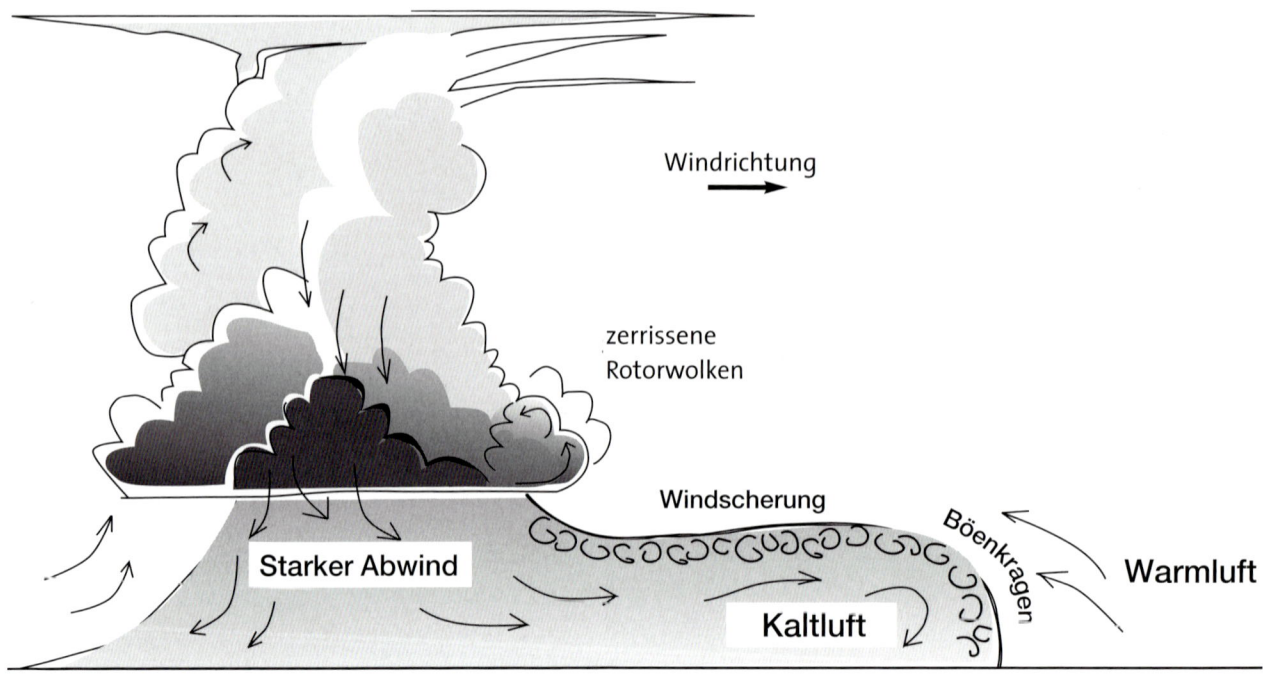

Wolkenformen

Zu unterscheiden sind drei Wolkengrundformen.

- Die Haufenwolke, Cumulus, entsteht durch aufsteigende Luft.
- Die Schichtwolke, Stratus, kommt durch großräumige Hebungsvorgänge der Luft zustande.
- Die Wellenwolke, Lenticularis, bildet sich am Wellenberg einer in Schwingung geratenen Luftströmung, siehe Kapitel Föhn.

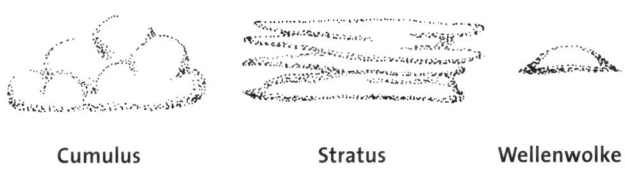

Cumulus   Stratus   Wellenwolke

Fällt Niederschlag aus einer Wolke, erhält sie die Zusatzbezeichnung Nimbus oder Nimbo (lateinisch: nimbus, der Regen). Die Gewitterwolke heißt Cumulonimbus und die breitgeschichtete Regenwolke Nimbostratos.

Wolkenstockwerke

Eine weitere Unterscheidung der Wolken erfolgt nach der Höhe der Wolkenbasis, d. h. Wolkenuntergrenze.

- Wolken über 6000 m bestehen aus Eiskristallen und sie erhalten die Vorsilbe Cirrus bzw. Cirro, z. B. Cirrostratos für Schichtwolke in über 6000 m Höhe.
- Mittelhohe Wolken zwischen 2500 und 6000 m erhalten die Vorsilbe Alto, z. B. Altocumulus für Haufenwolke im mittelhohen Bereich.
- Unterhalb 2500m bis zum Boden erhalten die Wolken keine Zusatzsilbe, z. B. Stratos für Schichtwolke unterhalb 2500 m Höhe.

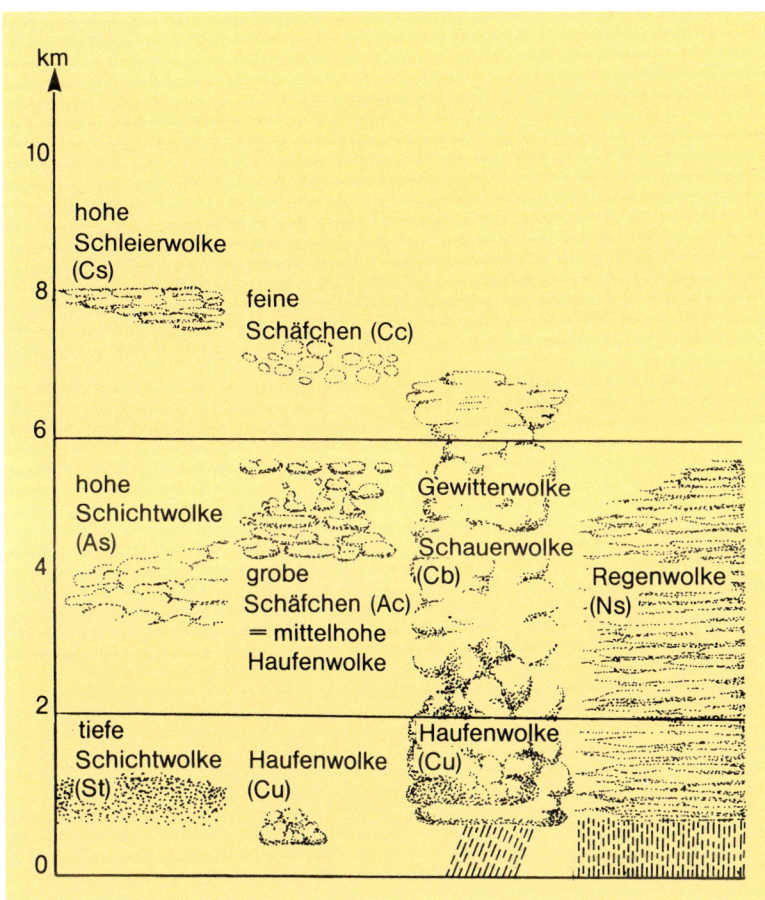

Es gibt Wolken, die sich über mehrere Stockwerke erstrecken, z. B. die Gewitterwolke Cumulonimbus. Da die Basis dieser Wolke unterhalb 2500 m liegt, erhält sie keine weitere Zusatzbezeichnung.

Gewittervorboten: Wolkentürmchen aus einer gemeinsamen Wolkenbank

Thermikwolken über Gebirgskämmen

Zerrissene Wolken zeigen Turbulenz an

Vordringendes Kaltfrontgewitter

Wetterlagen

Großräumige Druckgebilde mit kontinentalen Ausmaßen bestimmen die Rahmenbedingungen für unser tägliches Wettergeschehen. Das Wetter in Mitteleuropa ist geprägt vom Wechselspiel der Hochdruck- und Tiefdruckgebiete, die meist von Westen her über den europäischen Kontinent wandern.

Das Tief

In den europäischen Breiten strömen feuchte Warmluftmassen äquatorialen Ursprungs an polarer Kaltluft entlang. An der Scherfläche kommt es zu großräumigen Wirbeln, genannt Tief oder Zyklone mit Anhebung der feuchten Warmluft. Die Hebungsvorgänge führen zu großflächiger Schichtbewölkung mit Niederschlag.

Vom Zentrum des Tiefdruckgebiets aus erstrecken sich als Tiefdruckausläufer die **Warmfront** und die **Kaltfront**. Die Warmfront ist gekennzeichnet durch zunächst hohe und dann absinkende Schichtbewölkung mit auffrischendem Wind und dann ausgiebigem Niederschlag. Die Kaltfront hat eine scharfgezeichnete Vorderkante, an der es zu Frontgewittern kommen kann. Begleitet von starken Aufwinden und gefährlichen Turbulenzen sinkt die Wolkenbasis rasch ab und es setzt Niederschlag ein, heftiger, aber kürzer als bei der Warmfront.

Holt die schnellere Kaltfront die langsamere Warmfront ein, **Okklusion**, treten die Wettererscheinungen beider Fronten gleichzeitig auf.

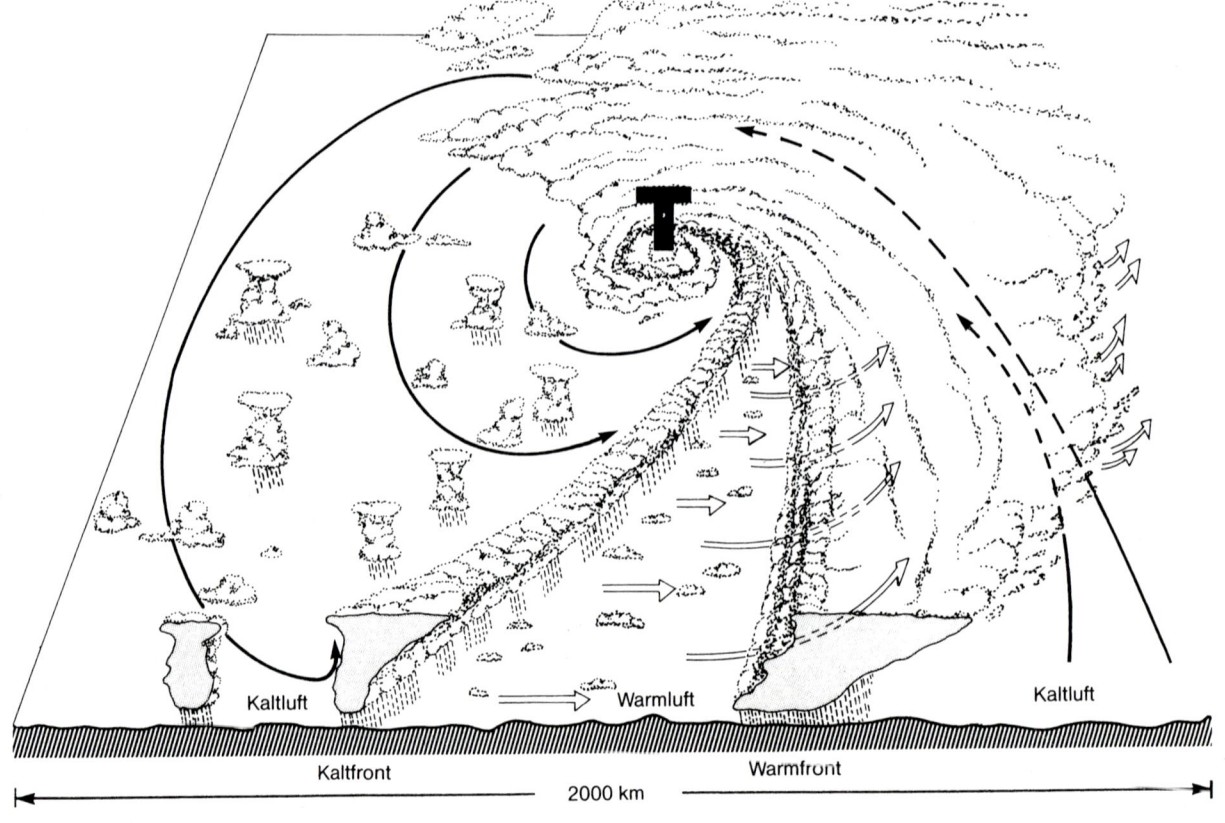

Kaltluft

Warmluft

Kaltluft

Kaltfront

Warmfront

2000 km

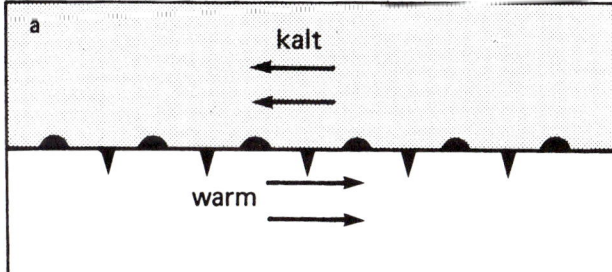

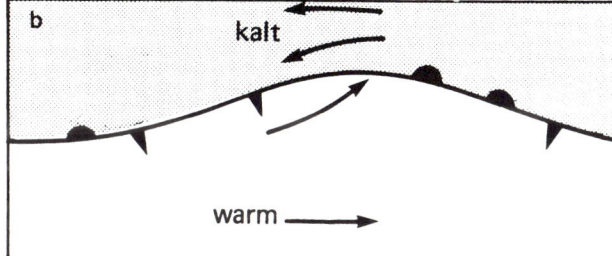

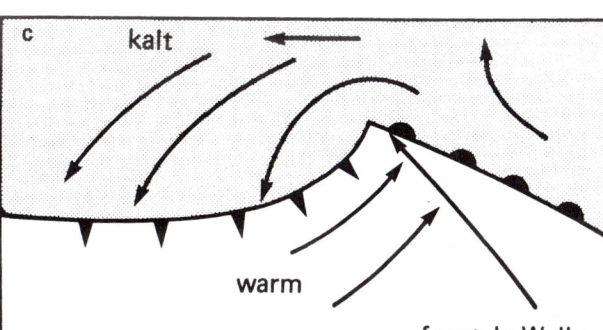

frontale Welle

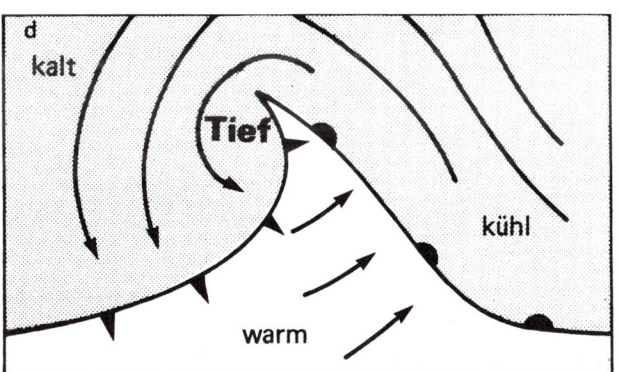

Entstehung eines Tiefs (Draufsicht)

Aufziehende Warmfront

Okklusion

Das Hoch

Zu unterscheiden ist das Zwischenhoch vom Zentralen Hoch. Das **Zwischenhoch** mit wechselnden Windverhältnissen ist zwischen zwei Tiefs eingelagert und hält auf Grund seiner Wanderung nicht lange an. Das zentrale Hoch mit schwächeren Winden bleibt meist für mehrere Tage wetterbestimmend. Das Zwischenhoch entsteht wie das Tief an der Scherfläche von Warm- und Kaltluft, Hochdruckkeil.

Das **zentrale Hoch** stammt meist aus dem Hochdruckgürtel, der am Breitengrad der Azoren verläuft, Azorenhoch. Im Hochdruckgebiet sinkt die Luft großflächig ab und erwärmt sich dabei. Der Absinkvorgang reicht im

Talinversion bei Hochdrucklage

Typisches Kennzeichen für Föhnlagen sind die **Linsenwolken** Lenticularis. Wenn die Strömung über die Alpen bei hoher Geschwindigkeit in Wellen gerät, kondensieren die Luftteilchen beim Aufstieg am Wellenberg für eine kurze Wegstrecke und es entsteht die ortsfeste Föhnwellenwolke, wegen ihrer Form Linsenwolke genannt. Die Wellenbewegung der Luftströmung erzeugt unterhalb im Talbereich den **Föhnrotor**, der nicht am Geländeverlauf erkennbar ist und eine zusätzliche Gefahr für Föhnflüge darstellt.

Hochdruckzentrum bis Bodennähe hinunter. Wo der Absinkvorgang endet, bildet sich die **Absinkinversion**. Oberhalb der Inversion hat die durch den Absinkvorgang erwärmte und trockene Luft die Wolken aufgelöst und lässt keine neue Wolkenbildung zu. Unterhalb der Inversion kann durch die ungehinderte Sonneneinstrahlung Thermik entstehen. Der Aufstieg der Thermik wird oben begrenzt durch die Inversion, die als Sperrschicht wirkt. Liegt die Sperrschicht ausreichend hoch, können sich unterhalb der Sperrschicht Cumuluswolken bilden.

Der Föhn

Eine spezielle und für die Piloten gefährliche Wettererscheinung entsteht an den Alpen, der Föhn. Ein westliches Tief und ein östliches Hoch steuern feuchte Luftmassen aus dem Mittelmeerraum gegen die Alpen. Beim Aufsteigen kühlt die Luft ab und der Wasserdampf kondensiert. Es bildet sich **Staubewölkung** meist mit Niederschlag. Der Aufstieg auf der Südseite vollzieht sich größenteils innerhalb der Staubewölkung und die Abkühlung beträgt daher nur 0,6 Grad pro 100 m. Der Abstieg der Luft auf die Alpennordseite vollzieht sich außerhalb der Bewölkung. Die Lufttemperatur nimmt beim Abstieg um 1 Grad Celsius pro 100 m zu. Nach ihrem Abstieg auf der Nordseite ist die Luft wärmer als vor ihrem Aufstieg auf der Südseite.

▶ Föhn – Abwind – Turbulenzen

Rechts oben:
Typische
Föhnwolken

Rechts unten:
Föhnsituation
mit
atypischem
Wolkenbild

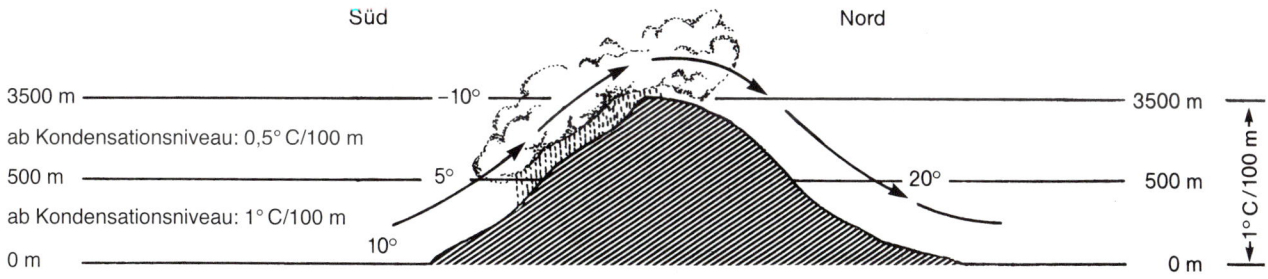

Weiteres Kennzeichen ist die klare, trockene Luft mit guter Fernsicht. Bei den Niederschlägen auf der Alpensüdseite wurden die Staubpartikel als Kondensationskerne von den Regentropfen gebunden und durch das Abregnen aus der Luft herausgewaschen. Die Föhnluft gelangt in gereinigtem Zustand auf die Alpennordseite.

Manchmal, zum Beispiel bei sehr trockener Luft, treten keine sichtbaren Föhnzeichen auf. Mit Gefahr von Föhnturbulenzen ist zu rechnen, wenn die Windströmung über den Alpenhauptkamm eine Geschwindigkeit von ca. 15 Km/h überschreitet.

Der gleiche Föhneffekt mit seinen Gefahren tritt beim Nord-Föhn auf. Hier vollzieht sich bei Nordwind der Vorgang in umgekehrter Richtung. Auf der Alpennordseite tritt die Staubewölkung auf, auf der Südseite die Föhnturbulenz. Auch außerhalb des Alpenbereichs muss mit Föhn-typischen Gefahren überall gerechnet werden, wo Bergketten von starkem Wind überströmt werden. Der Mistral in Südfrankreich ist ein Beispiel.

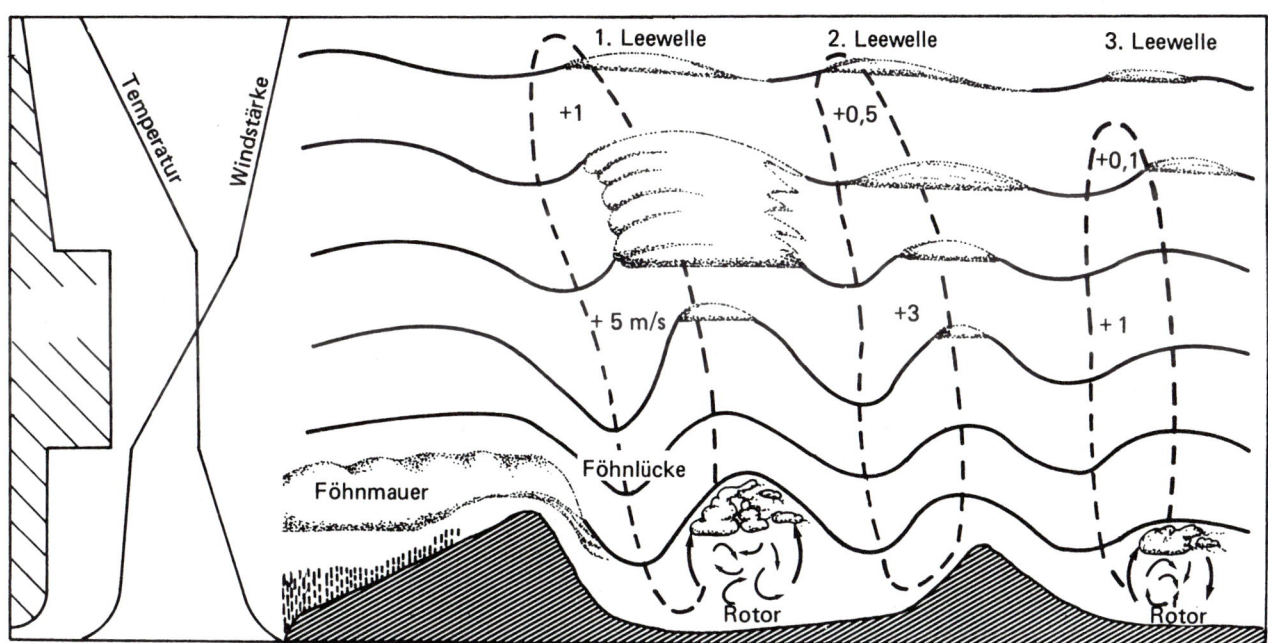

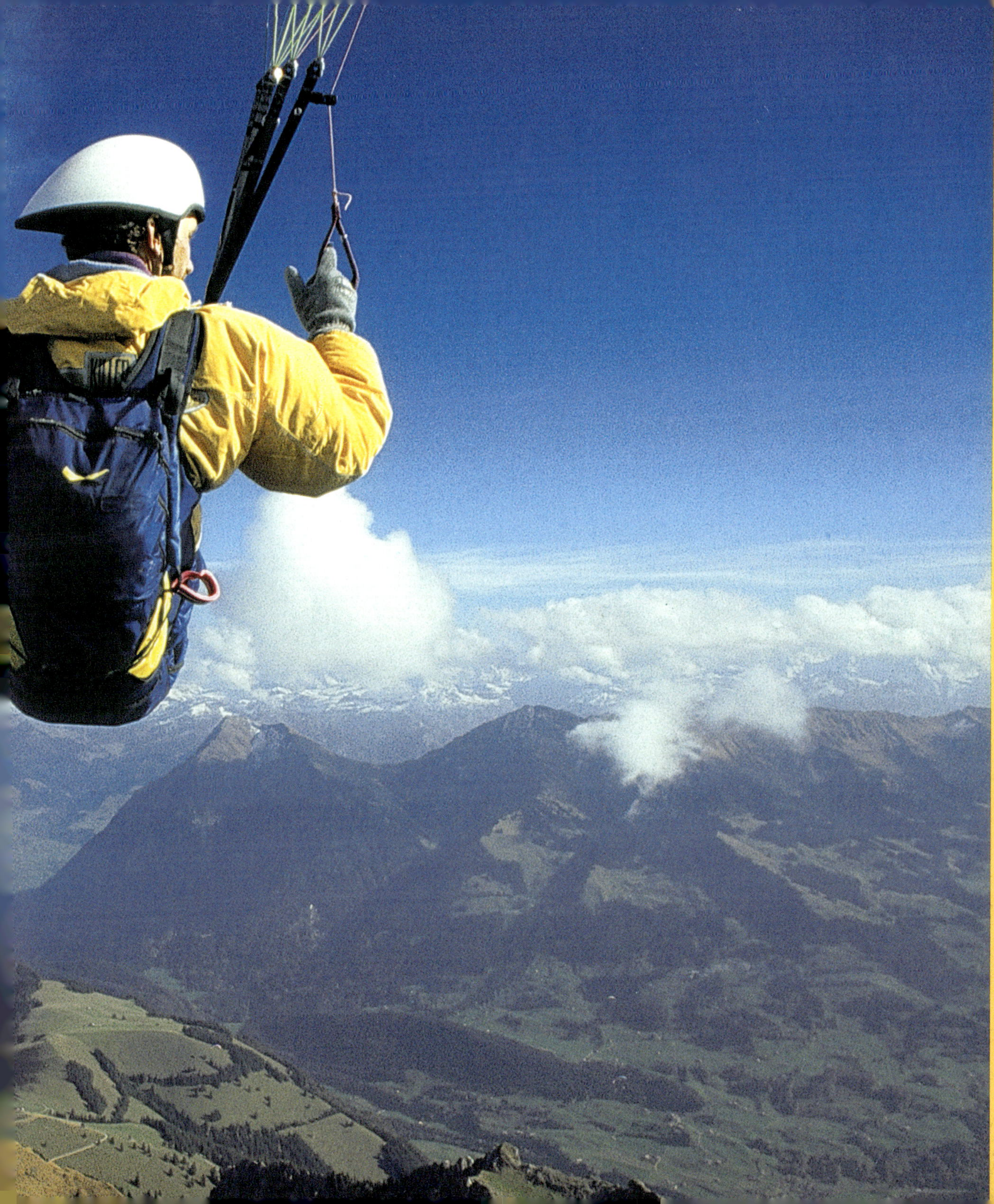

Sicherheitsvorkehrungen

Ist Gleitschirmfliegen gefährlich? Ja, wenn der Pilot im Vertrauen auf sein Glück sich nicht bemüht, Risiken zu erkennen oder wenn er erkannte Risiken ignoriert. Nein, wenn der Pilot die einzelnen Risikobereiche kritisch nach möglichen Unfallursachen absucht, diese auf ihren Risikogehalt hin prüft, die notwendigen Sicherheitsvorkehrungen trifft und das Ergebnis seiner Startentscheidung zugrunde legt.

Die Aufteilung des gesamten Gefahrenkomplexes in einzelne Risikobereiche soll dem Piloten eine Denkhilfe sein, aufgrund eigener systematischer Überlegungen anhand der einzelnen Gefahrenquellen die entsprechenden Schutzvorkehrungen herauszufinden. In diesem Sinne haben auch die Aufzählungen innerhalb der Risikobereiche nur Beispielcharakter – freilich unter dem Gesichtspunkt der Häufigkeit und des Risikogehalts zusammengestellt.

Fluggerät

Gleitschirm, Gurtzeug und Rettungsgerät müssen zueinander und zum Piloten passen.
- Die Geräte-Klassifizierung muss dem Ausbildungs- und Könnensstand des Piloten entsprechen.
- Die Fläche muss auf das Startgewicht abgestimmt sein.
- Die Bremsleineneinstellung an Hand der Betriebsanleitung unter Einbeziehung des verwendeten Gurtzeugs und der eigenen Körpergröße überprüfen und nachjustieren.

- Bei der Wahl des Gurtzeugs eine mögliche Beschränkung für den Gleitschirm beachten.
- Bei Neukombination von Gurtzeug und Rettungsgerät die Funktionstüchtigkeit nachprüfen lassen (Kompatibilitätsprüfung).

Ein ungewohnter Gleitschirmtyp provoziert Flugfehler.
- Betriebsanweisung vor dem ersten Flug gründlich studieren.
- Von einem Fachmann in die Flugeigenschaften des Geräts einweisen lassen.
- Die ersten Flüge mit einem fremden Gerät am Übungshang durchführen.

Materialschäden und -schwächen zeigen sich meist erst bei Höchst- oder Dauerbelastung.
- Die Flugausrüstung nach den Anweisungen des Herstellers instand halten. Nach jeder schweren Beanspruchung und in regelmäßigen Zeitabständen das Material checken.
- Beschädigte oder überdehnte Leinen erneuern.
- Beim Segel besonders auf ausgerissene Nähte achten, bei den Tragegurten und beim Gurtzeug auf Ösen, Nähte und Scheuerstellen.
- Den Rettungsschirm in den vorgeschriebenen Zeitintervallen lüften und packen.
- Den Gleitschirm trocken lagern und besonders bei Transport, Auslegen und Packen schonen.
- Die Herstelleranweisungen zur Mängelbehebung und die Lufttüchtigkeitsanweisungen (LTA) befolgen. Informationen dazu einholen.
- Die vorgeschriebenen Nachprüfungen durchführen.
- Keinesfalls den Segelschnitt oder die Leinenlängen verändern oder andere Modifikationen durchführen.

Nicht alle Gleitschirme sind schleppstarttauglich. Schirm, Winde, Klinke bedürfen der speziellen Prüfung.

Persönliche Ausrüstung

Der Helm
- ist Pflicht beim Gleitschirmfliegen,
- sollte die CE-Norm für Luftsporthelme erfüllen,
- muss über genügend große Ohröffnungen zur Wahrnehmung der Fahrtgeräusche verfügen,
- bietet als Integralhelm besseren Verletzungsschutz als ein Halbschalenhelm.

Die Bekleidung
- sollte bequem und körperbedeckend sein,
- genügend wärmen – am besten nach dem Mehrschichtensystem – gegen das Auskühlen des Körpers bei längeren Flügen besonders in größeren Höhen.

Handschuhe
- sollten als Verletzungsschutz bei jedem Flug getragen werden und
- der Jahreszeit und Temperatur entsprechen,
- dürfen aber nicht so klobig sein, dass die Sensibilität für die Steuerung verloren geht.

Die Schuhe
- sollen Bänderrisse und Knöchelbrüche verhindern und deshalb
- stabil, knöchelschützend und rutschfest sein.

Ein **Erste-Hilfe-Set** für die Erstversorgung bei Verletzungen sollte mitgeführt werden.

Die **Rettungsschnur** zum Heraufziehen von Bergungsmaterial nach einer Baumlandung ist in Deutschland Pflicht und sollte leicht zugänglich im Gurtzeug verstaut sein.

Wetterbedingungen

Der Gleitschirm ist besonders windanfällig:
- Den Landeplatz mit einem Windsack ausstatten, der auch von weitem gut erkennbar ist.
- Am Startplatz Windgeschwindigkeits- und Windrichtungsanzeiger anbringen.
- Vor dem Start mit Hilfe von Windrichtung, Windgeschwindigkeit, Gelände, Temperatur, Wolken usw. die voraussichtlichen Windverhältnisse im gesamten Luftraum beurteilen und bei der Flugplanung berücksichtigen.
- Zwischen den Starts kurz warten wegen turbulenter Wirbel vom vorherigen Starter.
- Nicht mit Rückenwind starten, keine Starts bei starken Böen und Turbulenzen; Vorsicht bei Seitenwind.
- Über Hangkanten Vorsicht, der Wind kann dort deutlich stärker sein als am Startplatz.
- Leegebiete und Turbulenzzonen meiden.

▶ Die Windstärke unten (Talwind) kann stärker sein als oben am Start.

Die Wolkenentwicklung weist auf Flugbedingungen und Gefahren hin.
- Wolken und Nebel meiden, sie machen den Piloten orientierungslos.
- Bei starkem Steigen großen Abstand von der Wolkenbasis halten, nicht in die Wolke saugen lassen.
- Bei rasch absinkender Wolkenbasis sofort landen.
- Bei aufkommendem Talnebel sofort landen.
- Nicht bei Regen fliegen. Nässe verändert die Flugeigenschaften des Gleitschirms.

▶ Kein Flug ohne dauerhafte Erdsicht. Wolkenfenster genügen nicht.
▶ Kein Start bei Gewitterneigung. Auch bei entferntestem Gewitter sofort landen.

Startplatz und Fluggelände

Geländebedingte Überraschungen am Startplatz sind vermeidbar:

- Ein gefahrloser Startabbruch muss möglich sein.
- Der Platz für das Auslegen des Gleitschirms soll frei von Steinen und Zweigen sein, damit sich die Fangleinen nicht verhängen.
- Die Anlauffläche soll keine Mulden und Hindernisse aufweisen.
- Vorsicht bei Startrampen vor Verfangen der Leinen.
- Beim Schneisenstart ist mit Turbulenzen und Windscherung zu rechnen.
- Die Abflugstrecke muss hindernisfrei sein.
- Beim Laufstart im Schnee ist vorher die Anlaufbahn festzustampfen. Startabbruch oder Fehlstart können im Schnee fatal enden, wenn der Pilot den Abhang hinabrutscht und sich im rutschigen Segel verwickelt.

▶ Kein Klippenstart!

Für das gesamte Gelände gilt:

- Von ortskundigen Fliegern in Geländebesonderheiten einweisen lassen.
- Objektiv und neutral das Gelände beurteilen, nicht von anderen zu Fehlbeurteilungen hinreißen lassen.
- Den Landeplatz vorher besichtigen und sich dabei vor allem Zäune, Leitungen und andere aus der Luft nur schwer sichtbare Hindernisse genauestens einprägen.
- Das zu überfliegende Gelände besonders nach Leitungen und Seilen absuchen. Materialbahnen haben meist keine Stützen, Seile heben sich vom Gelände nicht ab!

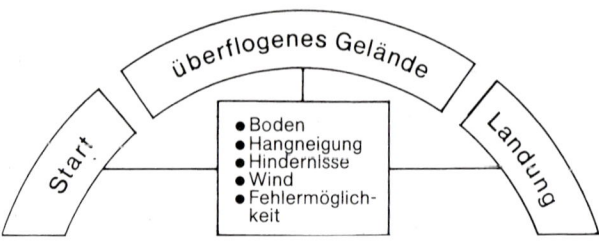

Flugplanung

Mangelhafte Flugplanung und -einteilung führt oft zu unkalkulierbaren Notlandungen.

- Unbedingt vor dem Start die Flugroute festlegen, unter Berücksichtigung von Gleitwinkel, ungünstigen Windverhältnissen, Geländeform, Hindernissen, Landemöglichkeiten.
- Frühzeitig und mit Höhenreserve die Landeeinteilung planen.

Hilfeleistung

Während die bisherigen Sicherheitsvorkehrungen hauptsächlich der Verhinderung von Unfällen und Verletzungen galten, geht es nunmehr um Unfallrettung und -versorgung:

- Bei jedem Start sollte eine zur Hilfeleistung bereite und fähige Person anwesend sein.
- Bei vermissten Piloten sofort die Suche einleiten; nicht bis zum Abend warten!
- Telefon für Notruf und die Notrufnummer verfügbar haben.
- Bei Hubschraubereinsatz Luftraum und Gelände freihalten.

Gefährdung anderer

Das Gebot der Flugsicherheit gilt auch gegenüber Dritten.

- Keine Flüge über Menschenansammlungen, besondere Vorsicht bei Veranstaltungen.
- Die Sicherheitsabstände besonders zu stark frequentierten Straßen und Bergbahnen einhalten.
- Start- und Landefläche – z.B. mit Hilfe von Absperrungen und Warntafeln – von Menschen freihalten.
- Sofort nach der Landung das Gerät aus dem Landebereich entfernen.

▶ Kollisionen ausschließen, defensiv fliegen!

Körperliche Verfassung des Piloten

Der Gleitschirm stellt hohe Anforderungen an den Kreislauf, an die Konzentrationsfähigkeit und an die Reaktionsfähigkeit, die bloße Muskelkraft ist untergeordnet. Diese Belastungen sind besonders hoch beim Start, in schwierigen Flugsituationen und vor der Landung.

- Keine Übermüdung vor dem Start.
- Kein Alkohol, keine Drogen.
- Keine beeinträchtigenden Medikamente.
- Nur gesund an den Start gehen, auch Erkältungen und Allergien können den Druckausgleich im Kopf stören.

Psychische Verfassung

Psychische Belastung schränkt die Urteilsfähigkeit ein, führt zu Fehlbeurteilungen, beschränkt die Konzentrations- und Reaktionsfähigkeit. Der Pilot muss sich frei von psychischer Belastung fühlen:

- Nicht gehetzt an den Start gehen, Zeit nehmen für sorgfältige Startvorbereitung und Konzentrationspause.
- Nicht von beruflichem oder persönlichem Stress ablenken lassen, sonst auf den Start verzichten.
- Nicht starten mit großer Angst, sie mindert die Konzentrations- und Reaktionsfähigkeit. Zunächst mit geringeren Anforderungen trainieren.
- Erhöhten Erregungszustand abbauen durch Konzentration auf die fliegerischen Aufgaben, sachliche Überprüfung der Situation und ruhiges, tiefes Atmen.
- Nicht dem riskanten Beispiel anderer Piloten folgen, sondern unter Berücksichtigung des eigenen Trainingsstandes kritisch selbst entscheiden.
- Nicht von Zuschauern und Fliegerfreunden zum Starten drängen lassen.

Gleitschirmflieger genießen den Ruf eines besonderen Mutes. Aber: Mutig ist nicht, wer Gefahren ignoriert, sondern wer nach kritischer Beurteilung aller äußeren Umstände und seines persönlichen Könnens seinen Gleitschirm wieder einpackt.

▶ Nie gegen eigene Bedenken starten.

Natur- und Umweltschutz

Der Schutz von Natur und Landschaft sowie die Rücksicht auf die Umwelt ist den Gleitschirm- und Drachenfliegern ein besonderes Anliegen. Ihr Sport verbindet sie eng mit der Natur und der Landschaft, sie wollen in sauberer Luft fliegen und sind auf ein gutes Einvernehmen mit den anderen Menschen, besonders den Land- und Forstwirten, angewiesen.

Der Deutsche Hängegleiterverband hat als Beauftragter des Bundesverkehrsministeriums die Aufgabe, mit Beteiligung der Naturschutzbehörden die Fluggelände zuzulassen und dabei auch die Natur- und Landschaftsverträglichkeit zu beurteilen. Die naturschutzfachlichen Gesichtspunkte hat der Deutsche Hängegleiterverband anhand einer Vielzahl von wissenschaftlichen Untersuchungen erarbeitet. Sie sollen die Piloten durch Wissen und Verstehen zu vorbildlichem Verhalten in der Natur veranlassen.

Schutzgebiete

Naturschutzrechtlich geschützte Gebiete sind Naturschutzgebiete, Nationalparks, Biosphärenreservate, Landschaftsschutzgebiete, Naturparks, Naturdenkmale, geschützte Landschaftsbestandteile, Biotope, in Österreich außerdem Ruhegebiete und in allen EU-Staaten FFH- und Vogelschutzgebiete.

In allen Schutzgebieten kommt es darauf an, warum die Gebiete geschützt sind (Schutzzweck, Schutzgegenstand, Erhaltungsziele). Die Möglichkeiten reichen vom ungestörten Ablauf der natürlichen Dynamik in Nationalparks über die Erhaltung spezieller Tier- oder Pflanzenarten und ihres Lebensraums in FFH-Gebieten bis zur

Erholung der Menschen, zu der die natur- und landschaftsverträgliche Ausübung von Sport gehört. In Nationalparks, Naturschutz- und Vogelschutzgebieten ist meistens das Starten und Landen verboten und das Überfliegen unerwünscht.

Naturschutzfachliche Gesichtspunkte

Grundlagen

Die nachfolgenden naturschutzfachlichen Aussagen stützen sich auf folgende Untersuchungen: Ikarus und die Wildtiere – Wildbiologische Gesellschaft München (Zeitler/Georgi 1995); Vegetationskundliche Untersuchung auf Gleitschirm- und Drachenstartplätzen – ifuplan (Quinger 1998); Luftsport im Biosphärenreservat Rhön – Planungsbüro Grebe (Bauernschmidt 1998); Auswirkungen von Drachen- und Gleitschirmfliegen auf Wildtiere – Dipl. Arbeit (Klaassen 1993); Leitfaden zum Schutz des Steinadlers – Nationalpark Berchtesgaden/Allianz-Umweltstiftung (Brendel 2000); Einfluss von Gleitschirmflugtagen auf Wiesenvogelbestände (Moormann 2000).

Geländestruktur und Vegetation

Für die meisten Wildtiere sind Deckungsmöglichkeiten wichtig. Strukturiertes Gelände beispielsweise mit Gräben, Mulden, Vorsprüngen etc. kann Schutz und Sicherheit bieten. Darüber hinaus ist auch die Vegetation von Bedeutung. In Wäldern, Strauch- und Latschengebieten fühlt sich Wild allgemein sicherer. Auf deckungsfreien Flächen reagieren Wildtiere allgemein empfindlicher.

Feinderkennungsvermögen

Wildtiere können für sie gefährliche Tiere von anderen harmlosen Tieren in der Regel unterscheiden. Die richtige Einschätzung des möglichen Risikos ist wichtig, um unnötigen Energieverbrauch durch Stress oder Flucht zu vermeiden. So können beispielsweise Murmeltiere ihren wichtigsten natürlichen Feind (Steinadler) von einem harmlosen, im Flugbild aber sehr ähnlichen Gänsegeier unterscheiden. Dasselbe hat man bei Enten im Freiland festgestellt, mit Unterscheidungsvermögen zwischen dem für sie ungefährlichen Mäusebussard und dem gefährlichen Habicht. Hängegleiter und Gleitschirm haben keine »Greifvogelsilhouette«, die bei den Tieren Wirkung erzeugen könnte.

Überraschungsmoment

Reaktionen sind vor allem dann zu erwarten, wenn sich Flugobjekte aus Sicht der Tiere unerwartet und rasch nähern, z. B. hinter einer Geländekante. Wegen des Überraschungsmoments wird dann vorsorglich Deckung aufgesucht. Gleitschirme und Hängegleiter bewegen sich im Vergleich zu anderen Luftfahrzeugen allgemein gemächlich und eher langsam.

Gewöhnung

Im Gleitwinkelbereich viel beflogener Gebiete sind Reaktionen von Wildtieren geringer. So sind im Untersuchungsgebiet Oberallgäu 95% der Gemsen an ihrem Ort verblieben und haben Äsen und Ruhen fortgesetzt. Wie das angeborene Feinderkennungsvermögen hilft auch die Lernfähigkeit, unnötigen Energieverbrauch zu vermeiden. Lern- und Gewöhnungsfähigkeit sind bei den einzelnen Tierarten unterschiedlich. So kommt beispielsweise Rehwild mit variablen Umweltbedingungen gut zurecht. Diese Tierart findet sich in den Alpen genauso wie im norddeutschen Flachland und ist auf Flughäfen, entlang von Autobahnen oder in Erholungsgebieten zu Hause. Andere Tierarten wie Birk-, Auer- und Schneehühner besetzen einen sehr begrenzten Lebensraum. Von den meisten in Deutschland geschützten Tierarten gibt es Populationen in deutschen Städten.

Tageszeitlicher Flugbetrieb

Die ruhigen Dämmerungszeiten sind für viele Tierarten besonders für die Nahrungsaufnahme wichtig (Aktivitätsrhythmus). Diese Zeiten überschneiden sich in der Regel nicht mit der fliegerisch interessanten Tageszeit.

Jahreszeitlicher Flugbetrieb

Im Winter ist die Energiebilanz bei Wildtieren meist negativ. Wegen Nahrungsmangel minimieren die Tiere ihren Energieverbrauch. Fluchten sind jedoch energiezehrend, besonders im Schnee. Um die Energiebilanz des Schalenwildes im Winter zu verbessern und den Wald vor Verbiss zu schützen, werden mancherorts Wildfütterungsstellen eingerichtet. Im Frühjahr und Frühsommer bis etwa Ende Juni wird der Nachwuchs aufgezogen. Die Tiere reagieren in dieser Zeit sensibler auf Reize von außen, im Extremfall verlassen sie ihren Brutplatz bzw. ihre Jungtiere.

Flughöhe

Flughöhe, örtliche Deckungsverhältnisse und Flughäufigkeit stehen in engem Zusammenhang. Bei regelmäßigem Flugbetrieb und rascher Erreichbarkeit von Deckung sind Überflüge oberhalb 50 bis 100 m unkritisch, bei selten beflogenen Gebieten ab 150 m. Langes Verweilen in geringer Höhe über Wildtieren ist störintensiv.

Streckenfliegen

Im Allgemeinen sind Streckenflüge für Wildtiere unproblematisch, weil sie fast ausschließlich in großer Höhe und selten stattfinden. Problematisch sind die Phasen, wenn der Pilot nach Talsprüngen niedrig ankommt und neue Höhe zu gewinnen sucht.

Besonderheiten für Vögel

In der Nähe von Brutplätzen reagieren Greifvögel während der Brut- und Aufzuchtphase sensibel auf Fluggeräte, die sich mehr als 500 bis 300 m nähern. Sie »verteidigen« ihren Horstbereich z. B. durch Girlandenflug (Steinadler). Außerhalb des Brutbereichs und der Brutzeiten besteht meist friedliche Koexistenz zwischen Greifvögeln und Gleitschirmen/Hängegleitern, sie kreisen häufig im gleichen Aufwind. Wiesenbrüter wie Brachvogel, Uferschnepfe und Kiebitz zeigen auf Flugbetrieb mit Gleitschirmen während der Brut- und Aufzuchtzeit auch in Nestnähe kaum Reaktionen, ab 200 m Überflughöhe keine Reaktionen.

Vegetation an Startplätzen

Je steiler und je feuchter der Untergrund ist, desto mehr wird die Vegetation belastet. Zu berücksichtigen sind die Nutzungsfrequenz, der jeweilige Vegetationstyp und die Höhenlage, im Hochgebirge reagieren Pflanzen empfindlicher. Die meisten Magerrasentypen vertragen eine maßvolle Trittbelastung. Die Nutzung als Startplatz kann dieser Vegetation dienlich sein, wenn dadurch eine Verfilzung oder Verbuschung verhindert wird und Lebensräume für besondere Tier- und Pflanzenarten erhalten bleiben. Auf landwirtschaftlich genutztem Intensivgrünland ist Flugbetrieb aus naturschutzfachlicher Sicht unbedenklich. Bei einem vielgenutzten Startplatz wird sich die Vegetation zu trittresistenten Pflanzengesellschaften verändern, trittempfindliche Pflanzen können verdrängt werden. Erosionserscheinungen lassen sich mit Hilfe von Gittermatten vermeiden.

Einflüsse anderer Nutzungen

Andere Nutzer der Natur wie Wanderer, Kletterer, Skifahrer sowie die Land- und Forstwirtschaft haben ihrerseits Einfluss auf Wildtiere und Vegetation und sind in die Beurteilung einzubeziehen.

Die 7 Outdoor-Regeln
Allgemeine Empfehlungen für Natursportler

1. **Informiere Dich über die Natur und darüber wie Du sie schützen kannst.**
   Natursport erfordert eine sorgfältige Planung. Informiere Dich also vorab über die lokalen Gegebenheiten, die Anforderungen der Tour und wie Du Dich dort umweltgerecht verhalten kannst.

2. **Rüste Dich sport- und umweltgerecht aus.**
   Die Ausrüstung soll zweckmäßig, also auf die Anforderungen des jeweiligen Natursportes abgestimmt und langlebig sein.

3. **Fahre möglichst mit Bussen und Bahnen oder bilde Fahrgemeinschaften.**
   Wenn möglich, sollte das Auto zu Hause bleiben. Wer nur mit dem Zug fährt, kommt sicherer und oft genauso schnell zu seinem Ausgangspunkt. Jedenfalls läuft man nicht Gefahr, im Stau zu stehen. Falls dennoch das Auto benutzt werden muss, so ist die Bildung von Fahrgemeinschaften eine Selbstverständlichkeit.

4. **Nutze markierte Wege, Routen, Park- und Lagerplätze.**
   Nutze die ausgewiesenen Wege und Routen. Beim Abstellen des Autos sind bestehende Park- und Halteverbote unbedingt zu respektieren. Feuer dürfen nur an offiziellen Feuerstellen entzündet werden.

5. **Vermeide Müll.**
   Unvermeidbaren Abfall immer mit nach Hause nehmen. Im Erlebnisraum Natur ist dafür kein Platz.

6. **Beachte Sperrzeiten und Schutzbereiche.**
   Beachte die aktuellen Zugangsregelungen für das jeweilige Gebiet. Berücksichtige darüber hinaus die gekennzeichneten Schutzbereiche für Tiere und Pflanzen. Aktuelle Informationen hierzu gibt es bei den zuständigen Mitgliedsverbänden.

7. **Respektiere den Lebensbereich von Tier und Pflanze sowie die Rechte andere Menschen.**
   Dass man Blumen nicht pflückt, Wildtiere nicht stört und nicht herumschreit, ist eine Selbstverständlichkeit. Beachte aber auch die Interessen der Anwohner und anderer Nutzergruppen und übe Deinen Sport rücksichtsvoll aus.

   Kuratorium Sport und Natur e. V.

Das Kuratorium Sport und Natur ist der Zusammenschluss der deutschen Natursportverbände mit mehreren Millionen Mitgliedern. Ziel des Kuratoriums ist die Förderung der natur- und landschaftsverträglichen Sportausübung.

Verhalten in der Natur
Spezielle Empfehlungen für Drachen- und Gleitschirmflieger

1. Möglichst hoch fliegen, besonders über deckungsarmen Flächen, bei Frost und Schnee sowie im Frühjahr und Frühsommer.

2. Nationalparks, Naturschutzgebiete, Vogelschutzgebiete und Wildfütterungsstellen meiden.

3. Über selten beflogenen Gebieten besonders sorgfältig Flugrouten und Flughöhen wählen. Überraschungseffekte vermeiden.

4. Auf Flüge während der Dämmerung verzichten.

5. Besetzte Horste von Greifvögeln großräumig umfliegen. Bei auffälligem Verhalten von Greifvögeln abdrehen und wegfliegen.

6. Erosionsgefährdete und feuchte Zonen sowie Magerrasen keiner unnötigen Trittbelastung aussetzen.

7. Nicht im hohen Gras, auf bestellten Feldern und auf besetzten Viehweiden und Pferdekoppeln landen oder dort das Fluggerät zusammenlegen.

   Deutscher Hängegleiterverband e. V.

Luftrecht

Neues im Luftrecht über Internet siehe Seite 7

Der Luftraum über der Bundesrepublik Deutschland ist so stark frequentiert wie kaum über einem anderen Staatsgebiet. Liniengesellschaften aus allen Ländern fliegen die deutschen Flughäfen an. Militärflugzeuge der Bundeswaffe und der NATO-Streitkräfte kreuzen im Tiefflug über dem ganzen Bundesgebiet. Und die sogenannte Allgemeine Luftfahrt – vor allem der Luftsport mit Motorfliegern, Segelfliegern, Motorseglern, Ballonfahrern, Ultraleicht-, Hängegleitern und Gleitschirmfliegern, Fallschirmspringern und Modellfliegern – ist in keinem vergleichbaren Land zahlenmäßig so stark und flächenmäßig so beengt. Um den Luftraum für alle Beteiligten zugänglich zu machen und gleichzeitig ein gefährliches Durcheinander zu vermeiden, gibt es das Luftrecht – zum Schutz der Luftverkehrsteilnehmer, der Bevölkerung und der Natur.

Die modernen Luftsportarten Ultraleichtfliegen, Hängegleiten und Gleitsegeln (amtsdeutsch für »Gleitschirmfliegen«) haben bei ihrer Entstehung zwischen der Mitte der 70er und dem Ende der 80er Jahre ein fertiges und auf die vorhandenen Luftraumbenutzer zugeschnittenes Rechtssystem angetroffen. Ihre speziellen Bedürfnisse wurden zunächst vom Bundesminister für Verkehr durch Verwaltungsvorschriften mit dem Kernstück »Allgemeinverfügung« geregelt und schließlich 1992 in das allgemeine Luftrecht eingebaut. Diese Entstehungsgeschichte hat die Möglichkeit eröffnet, im Zusammenwirken von Behörden und Pilotenverband neue Wege des Luftrechts zu gehen und in weiten Bereichen mehr Freiheiten zu genießen als die traditionellen Luftsportarten – Beispiele: Befreiung von der fliegerärztlichen Tauglichkeitsuntersuchung, Befreiung von der Verkehrszulassung für das Fluggerät, sportliche Selbstverwaltung.

Die Darstellung des Luftrechts in diesem Buch beschränkt sich auf die Bestimmungen, die für den normalen Übungsbetrieb und für die Prüfungsvorbereitung zum beschränkten Luftfahrerschein wichtig sind. Weitergehende Kenntnisse des Luftrechts und der Luftraumgliederung vermitteln die Bücher »Gleitschirm- und Drachenfliegen für Meister«.

Rechtsvorschriften

Das »Luftrecht« ist ein Mosaik aus verschiedenen luftrechtlichen Vorschriften mit Rangfolge: Zuoberst das Luftverkehrsgesetz, dann die Rechtsverordnungen und schließlich die Verwaltungsvorschriften.

Das Luftverkehrsgesetz

Gesetzliche Basis des Luftverkehrs in Deutschland ist das Luftverkehrsgesetz (LuftVG). Zusammen mit den Sprungfallschirmen und Ultraleichtflugzeugen gehören Gleitsegel und Hängegleiter zur Gruppe der »Luftsportgeräte« und sind damit Luftfahrzeuge im Sinne des Luftverkehrsgesetzes.

LuftVG § 1 [Freiheit des Luftraums; Begriff des Luftfahrzeugs] (1) Die Benutzung des Luftraums durch Luftfahrzeuge ist frei, soweit sie nicht durch dieses Gesetz und durch die zur Durchführung dieser Gesetze erlassenen Rechtsvorschriften beschränkt wird.

(2) Luftfahrzeuge sind
 1. Flugzeuge
 2. Drehflügler
 3. Luftschiffe
 4. Segelflugzeuge
 5. Motorsegler
 6. Frei- und Fesselballone
 7. Drachen
 8. Rettungsfallschirme
 9. Flugmodelle
 10. Luftsportgeräte
 11. sonstige für die Benutzung des Luftraums bestimmte Geräte, sofern sie in Höhen von mehr als dreißig Metern über Grund oder Wasser betrieben werden können.

Im Gesetz sind die übergeordneten Grundsätze festgelegt, insbesondere dass für das Gerät die Verkehrssicherheit (Lufttüchtigkeit) nachgewiesen ist, der Pilot den Luftfahrerschein benötigt, der Gerätehalter eine Haftpflichtversicherung abzuschließen hat und die Fluggelände zugelassen sein müssen.

Rechtsverordnungen

Wichtige Einzelheiten für die Durchführung des Luftverkehrsgesetzes sind in den Rechtsverordnungen geregelt. Anders als das Gesetz, das vom Deutschen Bundestag zu beschließen ist, werden die Rechtsverordnungen in der Regel vom Bundesverkehrsministerium erlassen.

Die **Luftverkehrs-Zulassungs-Ordnung (LuftVZO)** ist die zentrale Vorschrift für die Verwaltungsverfahren. Dort ist beispielsweise festgelegt, dass anstelle der Musterzulassung der Hersteller die Lufttüchtigkeit nachzuweisen hat und wer den Luftfahrerschein für den Piloten erteilt. Die technischen und die ausbildungsmäßigen Inhalte sind in speziellen Bestimmungen festgelegt.

Die **Luftverkehrs-Ordnung (LuftVO)** beantwortet die Frage, »wie« der Flugbetrieb abzuwickeln ist, beispielsweise wie die Luftfahrzeuge einander auszuweichen

haben. Die Luftverkehrs-Ordnung gilt allgemein für alle Luftfahrzeugarten; zusätzliche Regeln enthält die Flugbetriebsordnung für Hängegleiter und Gleitsegel.

Die **Verordnung über Luftfahrtpersonal (LuftPersV)** beschreibt die Strukturen für die Ausbildung und Prüfung der Piloten und Fluglehrer und überträgt die Festlegung der Einzelheiten auf den Beauftragten.

Die **Verordnung zur Prüfung von Luftfahrtgerät (LuftGerpV)** regelt die Strukturen der Muster-, Stück- und Nachprüfung, beispielsweise dass der Hersteller die Musterprüfung bei einer vom Luftfahrt-Bundesamt hierfür anerkannten Prüfstelle durchführen lassen muss. Für die Einzelheiten verweist die LuftGerPV auf die Lufttüchtigkeitsforderungen des Luftfahrt-Bundesamtes und die Prüfanweisungen des Herstellers.

Die **Betriebsordnung für Luftfahrtgerät (LuftBO)** befasst sich mit der Verantwortung des Luftfahrzeughalters für die Betriebstüchtigkeit seines Fluggerätes, beispielsweise für die Ausführung einer Lufttüchtigkeitsanweisung des Beauftragten.

Die **Kostenverordnung der Luftfahrtverwaltung (LuftKostV)** ist die Grundlage für alle Gebühren, beispielsweise für Pilotenprüfung und Luftfahrerschein.

Verwaltungsvorschriften

Regelungsbedürftige Lücken in den Rechtsverordnungen werden durch Verwaltungsvorschriften und Verfügungen geschlossen. Sie können als Allgemeinverfügung wie eine Gesetzesvorschrift für jedermann gelten.

In der **Ausbildungs- und Prüfungsordnung** (APO) legt der Beauftragte die Einzelheiten der Ausbildung und Prüfung fest.

Die **Prüffragenkataloge** enthalten die Fragen und Antwortalternativen, die bei der schriftlichen Theorieprüfung verwendet werden können.

Die **Flugbetriebsordnung für Hängegleiter und Gleitsegel** (FBO) ergänzt die Luftverkehrsordnung, beispielsweise durch Regelung der Startleitertätigkeit und des Schleppbetriebs. Sie wird vom Beauftragten erlassen.

LuftVO § 21a [Flugbetrieb] ... (4) Auf Flugplätzen oder Geländen, die ausschließlich dem Betrieb von Luftsportgeräten dienen, gelten die Regelungen der Flugbetriebsordnung für Luftsportgeräte des Beauftragten. ...

Straf- und Bußgeldvorschriften

Als Straftaten sind die schweren und für andere Personen gefährliche Verstöße eingestuft, teils nach dem Strafgesetzbuch, beispielsweise wegen Trunkenheit im Luftverkehr, teils nach dem Luftverkehrsgesetz, beispielsweise wegen Fliegen ohne Luftfahrerschein oder Ausbilden ohne Lehrberechtigung. Zuständig sind Staatsanwalt und Gericht. Straftaten sind mit Freiheits- oder Geldstrafe bedroht.

Unter Ordnungswidrigkeiten fallen die einfacheren Verstöße, wie Benutzung eines Fluggeräts ohne ordnungsgemäße Muster-, Stück- oder Nachprüfung oder fehlender Versicherungsschutz. Die Ordnungswidrigkeiten sind im Luftverkehrsgesetz und in den einzelnen Rechtsverordnungen aufgelistet und werden mit Bußgeld geahndet.

LuftVG § 58 [Ordnungswidrigkeiten] (1) Ordnungswidrig handelt, wer vorsätzlich oder fahrlässig ...
10. einer aufgrund des § 32 erlassenen Rechtsvorschrift oder Auflage zuwiderhandelt ...
11. den ... Auflagen einer Erlaubnis nach ... § 25 Abs. 1 ... zuwiderhandelt ...
(2) Die Ordnungswidrigkeit ... kann mit einer Geldbuße bis zu fünfzigtausend Euro geahndet werden.

Zuständige Stellen

Die Zuständigkeiten in der Luftfahrtverwaltung sind im Luftverkehrsgesetz und in den Rechtsverordnungen festgelegt. Es gibt Bundes- und Länderbehörden, außerdem auf Bundesebene die privatrechtlichen Beauftragten.

Behörden und Dienste

Das **Bundesministerium für Verkehr, Bau- und Wohnungswesen (BMVBW)** ist die Oberste Luftfahrtbehörde in Deutschland. Es hat die Verwaltung der Luftsportgeräte auf die Sportverbände als »Beauftragte« übertragen.

Die **Regierungspräsidien (RP)** der Länder bzw. bei einzelnen Ländern die Minister, Senatoren oder Luftämter sind bei den Luftsportgeräten nur für einzelne Sachbereiche zuständig, beispielsweise für die Erweiterung der Genehmigung eines Segelflugplatzes auf Hängegleiter- und Gleitsegelschlepp.

Das **Luftfahrt-Bundesamt (LBA)** ist dem Bundesminister für Verkehr unmittelbar unterstellt. Als Gleitsegel- oder Hängegleiterpilot kommt man mit dem Luftfahrt-Bundesamt bei einer Ordnungswidrigkeit als Bußgeldbehörde und als Widerspruchsbehörde über Entscheidungen des Beauftragten in Berührung.

Die **Deutsche Flugsicherung GmbH (DFS)** mit den »Fluglotsen« ist die frühere Bundesanstalt für Flugsicherung in privater Rechtsform und für die Kontrolle des Luftverkehrs zuständig. Sie hat ihre Zentrale in Frankfurt und Dienststellen an den deutschen Flughäfen.

Der **Such- und Rettungsdienst (SAR** = Search and Rescue) ist zu benachrichtigen, wenn ein Luftfahrzeug Hilfe benötigt. Die Alarmierung des SAR-Dienstes erfolgt durch die Flugsicherungsstellen oder durch Rettungsorganisationen wie das Rote Kreuz und die Bergwacht. SAR-Hubschrauber haben meistens eine Aufzugswinde für Bergungen in schwer zugänglichem Gelände an Bord.

Weitere Dienste sind der Flugberatungsdienst (AIS), der Fluginformationsdienst (FIS) und die Flugwetterberatung des Deutschen Wetterdienstes (DWD).

Beauftragter

Für den Bereich Gleitsegeln und Hängegleiten hat der Bundesminister für Verkehr den Deutschen Hängegleiterverband e.V. (DHV) beauftragt. Der genaue Umfang der Beauftragung ist in den Rechtsverordnungen und in den Verwaltungsvorschriften festgelegt. Der Deutsche Hängegleiterverband als Beauftragter ist an diese Bestimmungen gebunden. Die Rechts- und Fachaufsicht über den Beauftragten obliegt dem Luftfahrt-Bundesamt.

LuftVG § 31c [Beauftragung von Verbänden] ...

2. *Erteilung der Erlaubnis für Luftfahrtpersonal (§ 4),*

3. *Erteilung der Erlaubnis für die Ausbildung (§ 5),*

4. *Erteilung der Erlaubnis zum Starten und Landen außerhalb der genehmigten Flugplätze (§ 25) für nicht motorgetriebene Luftsportgeräte,*

5. *Aufsicht über den Betrieb von Luftsportgeräten auf Flugplätzen und Geländen, wenn beide ausschließlich dem Betrieb von Luftsportgeräten dienen (§ 29 Abs. 1),*

6. *Erhebung von Kosten nach der Kostenordnung der Luftfahrtverwaltung.*

LuftVG § 31d [Verfahrensweise des Beauftragten] ...

(2) Die Beauftragten nach den §§ 31a und 31c arbeiten nach den Richtlinien des Bundesministers für Verkehr ...

(3) Die Beauftragten wenden das Verwaltungsverfahrensgesetz, das Verwaltungskostengesetz, das Verwaltungszustellungsgesetz und das Verwaltungsvollstreckungsgesetz an ...

(4) Gegen die Entscheidungen des Beauftragten im Rahmen seines Auftrags ist der Widerspruch statthaft. Hilft der Beauftragte nicht ab, so entscheidet die Aufsichtsbehörde. In den Fällen der §§ 31 b und 31 c ist die Klage gegen die Bundesrepublik Deutschland, vertreten durch den Beauftragten, zu richten ...

In der **Informationsschrift** des Deutschen Hängegleiterverbandes und den dortigen »Nachrichten für Hängegleiter- und Gleitersegelführer NfGH« werden für den Gleitsegel- und Hängegleiterpiloten wichtige Nachrichten wie Musterprüfungen und Lufttüchtigkeitsanweisungen veröffentlicht, entsprechend den »Nachrichten für Luftfahrer (NfL)« für die gesamte Luftfahrt.

Fluggerät

Grundsätzlich muss jedes in Deutschland benutzte Fluggerät zugelassen sein. Der luftrechtliche Lebensweg des Gleitsegels und Hängegleiters, des Rettungsgeräts und des Schleppgeräts beginnt mit der Musterprüfung. Die einzelnen Geräte des geprüften Musters werden, als Voraussetzung für die Benutzung in Deutschland, der Stückprüfung unterzogen und gekennzeichnet, die vom Deutschen Hängegleiterverband mustergeprüften Geräte mit der DHV-Gütesiegelplakette. Während der Gebrauchsdauer ist das Gerät in lufttüchtigem Zustand zu halten. Gleitsegel (ohne Gurtzeug) und Schleppwinden bedürfen außerdem der regelmäßigen Nachprüfung.

LuftBO § 3 [Grundregel für den Betrieb] ... *(3) Luftfahrtgeräte nach § 1 Abs. 4 der Luftverkehrs-Zulassungs-Ordnung dürfen nur betrieben werden, wenn die Lufttüchtigkeit nach der Verordnung zur Prüfung von Luftfahrtgerät nachgewiesen worden ist.*

Musterprüfung

Der Hersteller bzw. der Importeur muss das Muster durch eine vom Luftfahrt-Bundesamt hierfür anerkannte Stelle prüfen lassen, um die Neutralität und Qualität der Prüfung und die Sicherheit der Muster zu gewährleisten. Der Deutsche Hängegleiterverband ist als Prüfstelle anerkannt. Die Musterprüfung erfolgt nach den Lufttüchtigkeitsforderungen für Hängegleiter und Gleitsegel (Bauvorschriften für Luftfahrtgerät). Die Lufttüchtigkeitsforderungen werden vom Luftfahrt-Bundesamt als Rechtsverordnung erlassen und sind für alle Hersteller und Prüfstellen verbindlich. Bei einem positiven Prüfungsergebnis wird die Musterprüfung bescheinigt.

LuftVZO § 1 [Musterzulassungspflicht] ... *(4) Ein- oder zweisitzige Luftsportgeräte ohne Motor oder mit einem nicht fest mit dem Luftfahrzeug verbundenen Motor und mit einer höchstzulässigen Leermasse von 120 kg einschließlich Gurtzeug und Rettungsgerät sind von der Musterzulassung befreit. Für diese Luftfahrzeuge hat der Hersteller die Erfüllung der Lufttüchtigkeitsforderungen nachzuweisen. Für das zugehörige Schleppgerät gelten die Sätze 1 und 2 ohne Gewichtsbeschränkung.*

LuftGerPV § 2 [Zuständige Stellen für die Musterprüfung] (1) ... *Für die Prüfung der Lufttüchtigkeit des Luftfahrgeräts nach § 1 Abs. 4 der Luftverkehrs-Zulassungs-Ordnung ist der Hersteller zuständig.*

LuftGerPV § 10a [Nicht musterzulassungspflichtiges Luftfahrtgerät] (1) Bei Luftfahrtgerät nach § 1 Abs. 4 der Luftverkehrs-Zulassungs-Ordnung hat der Hersteller die Musterprüfung in einer vom Luftfahrt-Bundesamt hierfür anerkannten Prüfstelle vor Auslieferung des ersten Luftfahrtgeräts dieses Musters an den Kunden entsprechend § 10 Abs. 1 durchführen und von dieser bescheinigen zu lassen ...

(3) Als Hersteller gilt auch, wer Luftfahrtgerät nach Absatz 1 in der Bundesrepublik Deutschland einführt.

LuftGerPV § 10 [Luftsportgerät] (1) In der Musterprüfung wird geprüft, ob das Muster den Bauvorschriften für Luftfahrtgerät entspricht und nicht Merkmale oder Eigenschaften aufweist, die einen sicheren Betrieb beeinträchtigen. Ferner wird geprüft, ob die Musterunterlagen sowie die Betriebsanweisungen, die für die Wartung, Überholung und Reparatur (Instandhaltung) und den Betrieb des Luftfahrtgeräts erforderlich sind, vollständig sind und die notwendigen Angaben enthalten, um für das Muster und das dem Muster nachgebaute Luftfahrtgerät einen sicheren Betrieb gewährleisten zu können. ...

LuftBO § 24 [Betriebsgrenzen für Luftfahrzeuge] (1) Ein Luftfahrzeug darf nur in Übereinstimmung mit den im zugehörigen Flughandbuch und in anderen Betriebsanweisungen angegebenen Leistungsdaten und festgelegten Betriebsgrenzen betrieben werden. ...

Stückprüfung

Die Musterprüfung schützt den Piloten vor Konstruktionsfehlern, die Stückprüfung vor Herstellungsmängeln. Die Stückprüfung soll gewährleisten, dass der Pilot ein mustergerechtes Gerät erhält. Geräte, deren Muster der Deutsche Hängegleiterverband geprüft hat, werden nach der Stückprüfung mit der DHV/OeAeC-Gütesiegelplakette gekennzeichnet (Abb. S. 20).

LuftGerPV § 10a [Nicht musterzulassungspflichtiges Luftfahrtgerät] ... *(2) Die Stückprüfung hat der Hersteller vor Auslieferung dieses Luftfahrtgeräts an den Kunden entsprechend § 10 Abs. 3 Satz 1 durchzuführen. Er hat die Betriebsanweisungen bei Auslieferung des Luftfahrtgeräts sowie die zur Mängelbehebung erforderlichen Anweisungen spätestens fünf Tage nach Feststellung des Mangels dem Halter zur Verfügung zu stellen.*

LuftGerPV § 10 [Luftsportgerät] ... *(3) In der Stückprüfung wird geprüft, ob das Luftfahrtgerät mit dem Muster übereinstimmt und lufttüchtig ist, ob die nach dem Gerätekennblatt zu dem Gerät gehörenden Betriebsanweisungen vorhanden sind und den anerkannten Betriebsanweisungen entsprechen und ob die Kennzeichnung zum Nachweis des Ursprungs, soweit sie gefordert ist, ordnungsgemäß angebracht ist. ...*

Nachprüfung

Äußerlich unbemerkt können Alterung und Verschleiß die Flugeigenschaften und die Festigkeit des Gerätes gefährlich verschlechtern. Die regelmäßigen Nachprüfungen sind wie weitere Stückprüfungen und werden vom Hersteller geregelt. Seine Prüfanweisungen unterliegen der Musterprüfung durch die anerkannte Prüfstelle.

LuftGerPV § 14 [Nachprüfungen] ... (5) Die Lufttüchtigkeit des Luftfahrtgeräts nach § 10a ist nach den vom Hersteller vorgegebenen Anweisungen durch den Halter oder in dessen Auftrag nachzuprüfen oder nachprüfen zu lassen. Der Halter ist für die rechtzeitige und vollständige Durchführung der Prüfungen verantwortlich. Er hat Mängel an dem Luftfahrtgerät oder an den Prüfanweisungen unverzüglich dem Hersteller zu melden. ...

LuftGerPV § 16 [Nachprüfung bei der Instandhaltung und Änderung des Luftfahrtgeräts] (1) Bei der Wartung des Luftfahrtgeräts und kleinen Änderungen nach den Bestimmungen der Betriebsordnung für Luftfahrtgerät wird die ordnungsgemäße Durchführung der Arbeiten nachgeprüft.

(2) Bei der Überholung des Luftfahrtgeräts sowie bei großen Reparaturen und großen Änderungen nach den Bestimmungen der Betriebsordnung für Luftfahrtgerät wird die Lufttüchtigkeit des Luftfahrtgeräts und die Übereinstimmung mit den im zugehörigen Gerätekennblatt enthaltenen Angaben nachgeprüft.

LuftGerPV § 17 [Angeordnete Nachprüfung] Die nach § 2 Abs. 1 zuständige Stelle (Anmerkung: Hersteller) kann jederzeit eine Nachprüfung anordnen, wenn beim Betrieb des zugelassenen Luftfahrtgeräts Mängel festgestellt werden, die seine Lufttüchtigkeit beeinträchtigen oder beeinträchtigen können, oder begründete Zweifel an der Lufttüchtigkeit des Luftfahrtgeräts bestehen. Das gleiche gilt für die demselben Muster nachgebauten Luftfahrtgeräte, wenn zu vermuten ist, dass Mängel auch bei diesen bestehen.

Für die Nachprüfung von Geräten, die vor dem 1. 7. 2001 stückgeprüft worden sind (»Altgeräte«) gilt Art. 4 der Verordnung zur Änderung luftrechtlicher Vorschriften vom 27. 6. 2001.

Artikel 4 [Inkrafttreten, Übergangsbestimmung] ...
(3) Für Hängegleiter, Gleitsegel und Sprungfallschirme, bei denen die Stückprüfung nach § 10 Abs. 3, 4, und 7 der Verordnung zur Prüfung von Luftfahrtgerät in der vor dem 1. Juli 2001 geltenden Fassung bescheinigt ist, gelten die Muster- und Stückprüfung nach § 10a der Verordnung zur Prüfung von Luftfahrtgerät als erbracht, wenn der Hersteller für die Nachprüfung und Mängelbehebung erforderlichen Anweisungen dem Halter zur Verfügung stellt. Können die erforderlichen Anweisungen des Herstellers dem Halter nicht zur Verfügung gestellt werden, dürfen diese Luftfahrtgeräte nur weiter betrieben werden, wenn sie nach den vor dem 1. Juli 2001 geltenden Regelungen nachgeprüft werden.

Die Übergangsbestimmung bedeutet für die »Altgeräte«:
- Wenn der Hersteller die Anweisungen für die Nachprüfung (und zur Behebung bisheriger Mängel) von einer anerkannten Prüfstelle prüfen lässt und sie dem Halter zur Verfügung stellt, gelten die neuen Bestimmungen.
- Stellt der Hersteller die Anweisungen nicht zur Verfügung, müssen die Geräte nach den vor dem 1. 7. 2001 geltenden Regelungen nachgeprüft sein, in der Regel also alle 2 Jahre vom Hersteller.

Erhaltung und Verlust der Lufttüchtigkeit

Grundsätzlich ist der Gerätehalter für den betriebssicheren Zustand des Fluggeräts verantwortlich, der Pilot für die sichere Bedienung des Fluggeräts. Entscheidend für den Gerätezustand sind die Instandhaltung mit Wartung, Überholung und Reparaturen und die Befolgung der Betriebsanweisungen des Herstellers und seiner Anweisungen zur Mängelbehebung sowie der Lufttüchtigkeitsanweisungen.

LuftBO § 6 [Wartung] Bei der Wartung des Luftfahrtgeräts sind durchzuführen:

1. *Planmäßige Kontrolle und Arbeiten, die zur Aufrechterhaltung und Überwachung der Lufttüchtigkeit erforderlich sind;*
2. *nichtplanmäßige zusätzliche Arbeiten und kleine Reparaturen, die zur Behebung angezeigter Beanstandungen oder festgestellter Mängel erforderlich sind und mit einfachen Mitteln ausgeführt werden können. Dazu gehört der Einbau von geprüften Teilen im Austausch gegen überholungs-, reparatur- oder änderungsbedürftige Teile, wenn dies mit einfachen Mitteln möglich ist.*

LuftBO § 7 [Überholung] Hat ein Luftfahrtgerät die zulässige Betriebszeit nach § 4 erreicht oder sind bei seinem Betrieb Mängel festgestellt worden, die im Rahmen der Wartung nach § 6 nicht behoben werden können, ist das Gerät ganz oder teilweise zu überholen (Grund- oder Teilüberholung).

LuftBO § 8 [Große Reparatur] Hat ein Luftfahrtgerät einen Schaden erlitten, der im Rahmen der Wartung nach § 6 nicht einwandfrei behoben werden kann, ist eine große Reparatur durchzuführen. ...

LuftBO § 9 [Durchführung der Instandhaltung] ... (2) Wer eine Erlaubnis als Luftfahrzeugführer besitzt, kann an einem Luftfahrzeug, dessen Eigentümer oder Halter er ist und das nicht für die gewerbsmäßige Beförderung von Personen oder Sachen verwendet wird, einfache Kontrollen und Arbeiten im Rahmen der Wartung selbst durchführen, wenn er die notwendigen Kenntnisse und Fähigkeiten besitzt. Das gleiche gilt für ... Mitglieder von

Luftfahrtverbänden und -vereinen. Die Nachprüfungen nach der Prüfordnung für Luftfahrtgerät können zusammengefasst bei der Jahresnachprüfung durchgeführt werden.

(3) Bei der Instandhaltung sind die von dem Hersteller des Luftfahrtgeräts erstellten Betriebsanweisungen und technischen Mitteilungen zu berücksichtigen.

(5) Erfordert die ordnungsgemäße Durchführung bestimmter Instandhaltungsarbeiten besondere Kenntnisse und Fähigkeiten, dürfen diese Arbeiten nur von Fachkräften durchgeführt werden, die nachweislich den Anforderungen genügen.

(6) Wer Luftfahrtgerät instandhält, hat der zuständigen Stelle Mängel des Musters, die ihm bei seiner Tätigkeit bekannt werden und welche die Lufttüchtigkeit beeinträchtigen oder beeinträchtigen können, unverzüglich anzuzeigen.

LuftBO § 14 [Lufttüchtigkeitsanweisung] (1) Die zuständige Stelle ordnet durch Lufttüchtigkeitsanweisung, die in den Nachrichten für Luftfahrer oder in der Informationsschrift des Beauftragten bekannt gemacht wird, die durchzuführenden Maßnahmen an, wenn sich beim Betrieb des Luftfahrtgeräts Mängel des Musters herausstellen, welche die Lufttüchtigkeit beeinträchtigen.

(2) Ein durch die Lufttüchtigkeitsanweisung betroffenes Luftfahrtgerät darf nach dem in der Lufttüchtigkeitsanweisung angegebenen Termin außer für Zwecke der Nachprüfung nur in Betrieb genommen werden, wenn die angeordneten Maßnahmen ordnungsgemäß durchgeführt worden sind.

LuftBO § 25 [Verlust der Lufttüchtigkeit] (1) Werden beim Betrieb des zugelassenen Luftfahrzeugs Mängel festgestellt, die seine Lufttüchtigkeit beeinträchtigen oder beeinträchtigen können, oder bestehen begründete Zweifel an der Lufttüchtigkeit des Luftfahrzeugs, kann die zuständige Stelle das Luftfahrzeug bis zum Nachweis der Lufttüchtigkeit nach den Vorschriften der Prüfordnung für Luftfahrtgerät für luftuntüchtig erklären.

(2) Ein Luftfahrzeug, das luftuntüchtig ist oder von der zuständigen Stelle für luftuntüchtig erklärt worden ist, darf nicht in Betrieb genommen werden. Die Inbetriebnahme für Zwecke der Nachprüfung ist zulässig. ...

Zuständige Stelle im Sinne der Betriebsordnung für Luftfahrtgerät ist der nach § 31 c für die Aufsicht über den Betrieb der Hängegleiter und Gleitsegel beauftragte Deutsche Hängegleiterverband.

LuftBO § 26 [Ausfall von Ausrüstungsteilen] (1) Sind bei Antritt eines Flugs vorgeschriebene Anlagen, Geräte oder Bauteile der Ausrüstung des Luftfahrzeugs nicht betriebsbereit, darf der Flug nicht durchgeführt werden. ...

LuftBO § 28 [Anzeigepflicht] Der Luftfahrzeugführer hat dem Halter des Luftfahrzeugs die bei dem Betrieb des Luftfahrzeugs festgestellten Mängel des Luftfahrzeugs unverzüglich anzuzeigen.

Eintragung und Kennzeichnung

Vorgeschrieben sind Eintragung und Kennzeichnung für Gleitsegel und Hängegleiter nur, wenn der Pilot Flugfunk betreibt.

LuftVZO § 18a [Luftsportgeräteverzeichnis] ... (2) Ultraleichtflugzeuge werden für die Verkehrszulassung in das Luftsportgeräteverzeichnis vom Beauftragten eingetragen, Hängegleiter und Gleitsegel auf Antrag. ...

LuftVZO § 19 [Kennzeichen] Bei der ... Eintragung wird dem Luftfahrzug ein Kennzeichen zugeteilt; ...

Straf- und Bußgeldvorschriften

GerPO § 46 [Ordnungswidrigkeiten] (1) Ordnungswidrig im Sinne des § 58 Abs. 1 Nr. 10 des Luftverkehrsgesetzes handelt, wer vorsätzlich oder fahrlässig ...

4. *entgegen § 10a Abs. 1 Satz 1 die Musterprüfung nicht richtig, nicht vollständig oder nicht rechtzeitig durchführen oder nicht oder nicht rechtzeitig bescheinigen lässt.*
4a. *entgegen § 10a Abs. 2 Satz 1 die Stückprüfung nicht, nicht richtig, nicht vollständig oder nicht rechtzeitig durchführt.*
4b. *entgegen § 10a Abs. 2 Satz 2 eine Betriebsanweisung oder eine zur Mängelbehebung erforderliche Anweisung nicht, nicht richtig, nicht vollständig oder nicht rechtzeitig zur Verfügung stellt. ...*
5a. *entgegen § 14 Abs. 5 Satz 1 die Lufttüchtigkeit des Luftfahrtgeräts nicht, nicht richtig, nicht vollständig oder nicht rechtzeitig nachprüft oder nicht, nicht richtig, nicht vollständig oder nicht rechtzeitig nachprüfen lässt oder*

LuftBO § 57 Ordnungswidrig im Sinne des § 58 Abs. 1 Nr. 10 des Luftverkehrsgesetzes handelt, wer vorsätzlich oder fahrlässig
1. *als Halter von Luftfahrgerät oder Betriebsleiter entgegen*
   a) § 3 Abs. Luftfahrtgerät nicht in einem solchen Zustand erhält oder nicht so betreibt, dass kein anderer gefährdet, geschädigt oder mehr als nach den Umständen unvermeidbar behindert oder belästigt wird; Abs. 3 ein Luftfahrtgerät betreibt, oder entgegen § 3 bei dem die Lufttüchtigkeit nicht oder nicht vollständig nachgewiesen ist; ...
   d) § 14 Abs. 2 Luftfahrtgerät betreibt, ohne die in der Lufttüchtigkeitsanweisung angeordneten Maßnahmen ordnungsgemäß durchgeführt zu haben; ...
2. *als Halter von Luftfahrtgerät, Betriebsleiter oder Luftfahrzeugführer entgegen*
   a) § 3 Abs. 2 Satz 1 ein Luftsportgerät ohne zugelassenes Rettungsgerät betreibt oder entgegen § 3 Abs. 2 Satz 2 keinen geeigneten Kopfschutz trägt.
   c) § 24 Abs. 1 Satz 1 ein Luftfahrzeug nicht in Übereinstimmung mit dem im zugehörigen Flughandbuch oder in anderen Betriebsanweisungen angegebenen

Leistungsdaten oder festgelegten Betriebsgrenzen betreibt;

d) *§ 25 Abs. 2 ein luftuntüchtiges oder für Luftuntüchtigkeit erklärtes Luftfahrtgerät in Betrieb nimmt. ...*

3. *als Luftfahrzeugführer entgegen ...*

c) *§ 25 Abs. 1 trotz des Ausfalls von Ausrüstungsteilen einen Flug durchführt; ...*

e) *§ 28 dem Halter Mängel des Luftfahrzeugs nicht unverzüglich anzeigt; ...*

8. *entgegen § 9 Abs. 6 anzeigepflichtige Mängel der zuständigen Stelle nicht unverzüglich anzeigt; ...*

Pilot

Jeder Pilot in Deutschland braucht eine »Erlaubnis für Luftfahrer«. In diese Erlaubnis, dokumentiert durch den »Luftfahrerschein für Luftsportgeräteführer« oder die »Lizenz für Luftsportgeräteführer«, münden die persönlichen und fachlichen Voraussetzungen, die Ausbildung und die Prüfung. Der Luftfahrerschein – für Gleitsegeln zunächst in beschränkter und dann in unbeschränkter Version für Überlandflüge – ist zugleich die Basis für die Lehr- und die Passagierberechtigung sowie für die Eintragung der Startarten Hang- und Windenschleppstart und der Befugnis zum Flugfunk. Der Luftfahrerschein ist beim Flugbetrieb mitzuführen – wie beim Autofahren der Führerschein.

Erlaubnispflicht

*LuftVG § 4 [**Grundsätze der Erlaubnis für Luftfahrer**]*
(1) *Wer ein Luftfahrzeug führt oder bedient (Luftfahrer) bedarf der Erlaubnis. Die Erlaubnis wird nur erteilt, wenn*
1. *der Bewerber das vorgeschriebene Mindestalter besitzt,*
2. *der Bewerber seine Tauglichkeit nachgewiesen hat,*
3. *keine Tatsachen vorliegen, die den Bewerber als unzuverlässig erscheinen lassen, ein Luftfahrzeug zu führen oder zu bedienen,*

4. der Bewerber eine Prüfung nach der Verordnung über Luftfahrtpersonal bestanden hat.

(2) Die Vorschriften des Absatzes 1 sind auf sonstiges Luftfahrtpersonal sinngemäß anzuwenden, soweit seine Tätigkeit aufgrund einer Rechtsverordnung nach § 32 Abs. 1 Nr. 4 erlaubnispflichtig ist.

(3) Die Erlaubnis ist zu widerrufen, wenn die Voraussetzungen nach Absatz 1 nicht mehr vorliegen.

(4) ... Bei Übungs- und Prüfungsflügen ohne Begleitung von Fluglehrern oder Prüfungsratsmitgliedern bedürfen Luftfahrer keiner Erlaubnis, wenn es sich um Flüge handelt, die von Fluglehrern oder Prüfungsmitgliedern angeordnet und beaufsichtigt werden.

LuftVZO § 20 *[Erlaubnispflichtige Personen]* (1) Luftfahrer, die einer Erlaubnis bedürfen, sind ...

9. Luftsportgeräteführer ...

Ausbildung

Die Ausbildung darf, unabhängig von der vorgeschriebenen Lehrberechtigung des Fluglehrers, nur in registrierten Ausbildungseinrichtungen (Flugschulen) erfolgen. Wie jeder Luftfahrer müssen auch Gleitsegel- und Hängegleiterpiloten gesund und flugtauglich sein, aber sie müssen, anders als in der übrigen Luftfahrt, ihre Flugtauglichkeit nicht durch ein ärztliches Zeugnis nachweisen.

LuftVZO § 23 *[Mindestalter]* (1) das Mindestalter zum Erlangen einer Erlaubnis beträgt
1. für ... Führer nichtmotorgetriebener Luftsportgeräte ... 16 Jahre ...

(2) Das Mindestalter für den Beginn der Ausbildung beträgt
1. für ... Führer nichtmotorgetriebener Luftsportgeräte 14 Jahre. ...

Die zuständige Stelle kann im Einzelfall einen früheren Ausbildungsbeginn zulassen.

LuftVZO § 24 *[Voraussetzungen für die Ausbildung]*
(1) Die Ausbildung von Luftfahrtpersonal ist nur zulässig, wenn
1. der Bewerber das Mindestalter nach § 23 besitzt,
2. der Bewerber tauglich ist,
3. keine Tatsachen vorliegen, die den Bewerber als unzuverlässig erscheinen lassen, die beabsichtigte Tätigkeit als Luftfahrtpersonal auszuüben,
4. bei einem minderjährigen Bewerber der gesetzliche Vertreter zustimmt.

(2) Tatsachen, die den Bewerber als unzuverlässig erscheinen lassen, sind insbesondere Trunksucht, Medikamentensucht, Rauschgiftabhängigkeit und Entmündigung, erhebliche Verstöße oder wiederholte Verstöße gegen verkehrsrechtliche Vorschriften oder Strafgesetze.

(3) Dem Ausbildungsbetrieb oder der registrierten Ausbildungseinrichtung müssen vor Beginn der Ausbildung folgende Unterlagen vorliegen:
1. der Personalausweis oder der Reisepass des Bewerbers und eine Kopie;
2. das Tauglichkeitszeugnis nach § 24a;
3. eine Erklärung über schwebende Strafverfahren und darüber, dass ein Führungszeugnis nach § 28 des Bundeszentralregistergesetzes zur Vorlage bei der zuständigen Stelle beantragt worden ist;
4. bei einem minderjährigen Bewerber eine amtlich beglaubigte Zustimmungserklärung des gesetzlichen Vertreters.

Die Vorlagepflicht nach Nummer 2 und 3 gilt nicht für Bewerber um eine Erlaubnis als Luftsportgeräteführer, ausgenommen Führer von motorgetriebenen Luftsportgeräten. Der Beauftragte nach § 31c des Luftverkehrsgesetzes kann für besondere Berechtigungen nach der Verordnung über Luftfahrtpersonal die Vorlage der Unterlagen nach Nummer 2 und 3 verlangen. ...

Zu Nr. 2 und 3 siehe Seite 146 oben

§ 42 *[Fachliche Voraussetzungen]* (1) Fachliche Voraussetzungen für den Erwerb der Erlaubnis für Luftsportgeräteführer sind

1. die theoretische Ausbildung,
2. die Flug- oder Sprungausbildung. ...

(2) Inhalt und Durchführung der theoretischen Ausbildung und der Flug- oder Sprungausbildung legt der Beauftragte nach § 31c des Luftverkehrsgesetzes vorbehaltlich der Absätze 3 und 4 für die jeweilige Luftsportgeräteart fest.

(3) Die theoretische Ausbildung umfasst folgende Sachgebiete:

1. Luftrecht, Luftverkehrs- und Flugsicherungsvorschriften einschließlich Rechtsvorschriften des beweglichen Flugfunkdienstes und die Durchführung des Sprechfunkverkehrs bei Flügen nach Sichtflugregeln,
2. Navigation oder, bei der Sprungausbildung: Freifall,
3. Meteorologie,
4. Aerodynamik,
5. Allgemeine Luftfahrzeugkenntnisse, Technik und pyrotechnische Einweisung,
6. Verhalten in besonderen Fällen,
7. Menschliches Leistungsvermögen.

(4) Die Flug- oder Sprungausbildung umfasst:

2. bei Luftsportgeräten nach § 1 Abs. 4 Luftverkehrs-Zulassungs-Ordnung:

2.1 für Führer von Hängegleitern, Gleitsegeln und anderen vergleichbaren Luftsportgeräten: Vorbereitungs-, Start-, Steuer-, Lande- und Flugübungen mit unterschiedlichen Höhen sowie Überlandflugübungen unter Anleitung und Aufsicht eines Fluglehrers oder mit dessen Flugauftrag bis zur sicheren Beherrschung des Luftsportgerätes und der Startart, für Hängegleiter und Gleitsegel unter besonderer Berücksichtigung der Anforderungen an Flüge im Hochgebirge; ...

Die Einzelheiten sind vom Deutschen Hängegleiterverband in der **Ausbildungs- und Prüfungsordnung für Hängegleiter- und Gleitsegelführer (APO)** und in den zugehörigen Anlagen festgelegt.

APO Abschnitt II: Lizenzen

1. **Lizenzen**

1.1. **Beschränkte Lizenz (A-Lizenz)**

Die Lizenz zum Führen von Gleitsegeln ist auf Flüge in der Umgebung des Fluggeländes beschränkt.

1.2. **Unbeschränkte Lizenz (B-Lizenz)**

Die Lizenz zum Führen von Gleitsegeln gilt ohne die Beschränkung nach 1.1. auch für Überlandflüge.

2. **In die Lizenzen eingetragene Startarten**

2.1. **Startart Hangstart**

Die Lizenzen nach 1.1. und 1.2. gelten für die Startart Hangstart.

2.2. **Startart Windenschleppstart**

Die Lizenzen nach 1.1. und 1.2. gelten für die Startart Windenschleppstart.

3. **In die Lizenzen eingetragene Berechtigungen**

3.1. **Passagierflug**

Die Lizenzen nach 1.1. und 1.2. gelten zusätzlich für Passagierflüge mit den eingetragenen Startarten nach 2.1. und 2.2.

3.2. **Lehrberechtigung (Fluglehrer)**

Siehe: Ausbildungs- und Prüfungsordnung für Hängegleiter- und Gleitsegelfluglehrer

APO Abschnitt III: Ausbildung

1. **Theoretische Ausbildung**

In der theoretischen Ausbildung sind für alle Ausbildungsinhalte gemäß den als Anlagen beigefügten Lehrplänen zu vermitteln, und zwar für

1.1. die Grundausbildung (Theorielehrplan Grundausbildung, Anlage 1),

1.2. die beschränkte Lizenz, A-Lizenz (Theorielehrplan A-Lizenz, Anlage 2),

1.3. die unbeschränkte Lizenz, B-Lizenz (Theorielehrplan B-Lizenz, Anlage 3),

1.4. die Einweisung zur zusätzlichen Startart Hangstart (Theorielehrplan Einweisung Hangstart, Anlage 4),

1.5. die Einweisung zur zusätzlichen Startart Windenschleppstart (Theorielehrplan Einweisung Windenschleppstart, Anlage 5).

2. **Praktische Ausbildung**

Die praktische Ausbildung umfasst

2.1. **Grundausbildung**

Unter Anleitung und Aufsicht eines Fluglehrers Vorbereitungs-, Start-, Steuer- und Landeübungen nach Ermessen des Fluglehrers bis zur sicheren Beherrschung des Gleitsegels am Boden. Anschließend Start- und Abflugübungen in der jeweiligen Startart sowie mindestens 20 Alleinflüge mit mehr als 40 m Höhenunterschied zwischen Start- und Landeplatz mit Start- und Landeverfahren und Flugübungen gemäß Lehrplan im Übungsgelände.
(Praxislehrplan Grundausbildung, Anlage 6),

2.2. **Höhenflugausweis**

Ausbildung nach 2.1. (Grundausbildung) und anschließend mindestens 10 Höhenflüge als Alleinflüge mit Start- und Landeverfahren und Flugübungen gemäß Lehrplan im Übungsgelände unter Aufsicht und Anleitung eines Fluglehrers, für Startart Windenschleppstart zusätzlich praktische Ausbildung nach 2.6.2. (Einweisung Windenschleppstart). (Praxislehrplan Höhenflugausweis, Anlage 7)

2.3. **Beschränkte Lizenz (A-Lizenz)**
Ausbildung nach 2.1. (Grundausbildung) und 2.2. (Höhenflugausweis) sowie zusätzlich 30, insgesamt jedoch mindestens 40 Höhenflüge als Alleinflüge mit Start- und Landeverfahren sowie Flugübungen gemäß Lehrplan im Übungsgelände, für Startart Hangstart davon mindestens 10 als Gebirgsflüge mit Hangstart und einem Höhenunterschied von mehr als 500 Meter. Mindestens 25 von den 40 Höhenflüge müssen unter Anleitung und Aufsicht eines Fluglehrers erfolgen. (Praxislehrplan A-Lizenz, Anlage 8)

2.4. **Unbeschränkte Lizenz (B- Lizenz)**
Mindestens 20 von einer Flugschule bestätigte Höhenflüge als Alleinflüge mit beliebiger Startart, davon mindestens 10 mit mehr als 30 Minuten Flugdauer auf mindestens 2 verschiedenen Geländen sowie Flugübungen gemäß Lehrplan unter Anleitung und Aufsicht eines Fluglehrers und einen Überlandflug mit Flugauftrag nach Vorgabe des Beauftragen über eine Strecke von 10 km (Praxislehrplan B-Lizenz, Anlage 9).

2.5. **Anrechnung von Doppelsitzerflügen**
Ein Höhenflug im Doppelsitzer zusammen mit einem Fluglehrer kann in der Ausbildung nach Ziffer 2.2. (Höhenflugausweis) 1 Alleinflug ersetzen. In der Ausbildung nach Ziffer 2.3. (A-Lizenz) können maximal 4 Höhenflüge im Doppelsitzer zusammen mit einem Fluglehrer die gleiche Anzahl von Alleinflügen ersetzen.

2.6. **Startarten**
Für die Eintragung zusätzlicher Startarten in die beschränkte oder unbeschränkte Lizenz umfasst die Ausbildung für

2.6.1. Hangstart
mindestens 20 Hangstarts, davon mindestens 10 bei Gebirgsflügen mit mehr als 500 m Höhenunterschied unter Aufsicht und Anleitung eines

Fluglehrers sowie eine theoretische Einweisung (Praxislehrplan Einweisung Hangstart Anlage 10),

2.6.2. Windenschleppstart
mindestens 20 Starts und 10 Startleitungen unter Aufsicht und Anleitung eines Fluglehrers sowie eine theoretische Einweisung (Praxislehrplan Einweisung Windenschleppstart Anlage 11),

2.7. **Flugauftrag**
Schriftliche Flugaufträge nach diesem Abschnitt können dem Bewerber allgemein für ein bestimmtes Übungsgelände oder eine bestimmte Überlandstrecke erteilt werden. Flugaufträge können vom Ausbildungsleiter mit Auflagen versehen sein.

Die in der Ausbildungs- und Prüfungsordnung verwendeten Begriffe sind ebenfalls dort erklärt.

APO Abschnitt I: Begriffe

1. **Flugschulen** sind die vom DHV registrierten Ausbildungseinrichtungen
2. **Fluglehrer** im Sinne dieser Ausbildungs- und Prüfungsordnung sind Inhaber der deutschen oder österreichischen Lehrberechtigung und Fluglehrerassistenten gemäß der Ausbildungs- und Prüfungsordnung für Hängegleiter- und Gleitsegelfluglehrer.
3. **Aufsicht** bei einem Flug heißt unmittelbare Fluglehrerbetreuung des Bewerbers beim Start und bei der Landung. Bei Flügen mit mehr als 100 m Höhenunterschied muss die Aufsicht durch je einen Fluglehrer am Startplatz und am Landeplatz erfolgen. Bei Flügen zwischen 100 m und 300 m Höhenunterschied kann auf einen der beiden Fluglehrer verzichtet werden, wenn die Sichtverbindung zwischen Start- und Landeplatz eine Funkeinweisung zulässt.
4. **Funkeinweisung** bezeichnet die durch eine sichere Funkverbindung vom Fluglehrer an den Flugschüler übermittelten Anweisungen für die praktische Ausbildung.
5. **Übungsgelände** ist für die Ausbildung zugelassenes Fluggelände.

6. **Höhenunterschied** bezieht sich auf die Startplatz- oder Ausklinkhöhe und die Landeplatzhöhe. Der Fluglehrer kann nach eigenem Ermessen Flüge bis zum doppelten Höhenunterschied zulassen, wenn dies dem Übungszweck dient, dem Lernfortschritt des Flugschülers entspricht und die Sicherheit bei der Ausbildung nicht beeinträchtigt

7. **Höhenflüge** sind, wenn nichts anderes bestimmt ist, Flüge mit über 300 m Höhenunterschied. Flüge von Bergen mit geringerem Höhenunterschied können vom DHV anerkannt werden, wenn vom Ausbildungsbetrieb durch Gutachten eines vom DHV anerkannten Sachverständigen nachgewiesen ist, dass alle Aufgaben eines Prüfungsfluges sicher durchgeführt werden können. »Alpine Höhenflüge« gemäß LuftPersV § 42 Abs. 6, Nr. 1 sind Flüge mit über 500 Meter Höhenunterschied.

8. **Flugbuch** ist die Auflistung aller Übungen und Flüge im Rahmen der Ausbildung. Einzutragen sind stets das Datum, das Gelände, das Fluggerät und die Bestätigungsunterschrift. Zusätzlich einzutragen sind je nach Ausbildungsabschnitt der Höhenunterschied, die Flugdauer, die Namen der Fluglehrer und die Art der Übung.

9. **Ausbildungsnachweis** ist der Nachweis über die erfolgreich abgeschlossene Ausbildung für den jeweiligen theoretischen und praktischen Ausbildungsabschnitt. Der Ausbildungsnachweis gemäß Formblatt ist Voraussetzung für die Zulassung zur Prüfung oder für die Erteilung der Erlaubnis oder Berechtigung und muss vom Ausbildungsleiter eigenhändig unterschrieben werden. Der Ausbildungsnachweis muss dem Flugschüler bei Beginn der Ausbildung ausgehändigt und von diesem eigenhändig geführt werden.

10. **Lernausweis** ist die Bestätigung der Alleinübungsreife des Flugschülers nach der Ausbildung gemäß Abschnitt III. Nr. 1.1. (theoretische Grundausbildung) und 2.1. (praktische Grundausbildung) durch den Ausbildungsleiter. Mit dieser Bestätigung kann der Ausbildungsleiter dem Bewerber für die Dauer von 36 Monaten mit schriftlichem Flugauftrag gestatten, im gleichen Hangstart-Übungsgelände bis zu einem Höhenunterschied von 100 Metern, ohne Fluglehrer Flugübungen der Grundausbildung zu wiederholen.

11. **Höhenflugausweis** ist die Bestätigung der Alleinübungsreife des Flugschülers nach der Ausbildung gemäß Abschnitt III. Nr. 1.1. (theoretische Grundausbildung) und 2.1. (praktische Grundausbildung) sowie 1.2. (Theorieausbildung beschränkte Lizenz) und 2.2. (Praxisausbildung Höhenflugausweis) in der jeweiligen Startart durch den Ausbildungsleiter. Mit dieser Bestätigung kann der Bewerber für die Dauer von 36 Monaten in Übungsgeländen mit Einwilligung des dort zuständigen Ausbildungsleiters Übungsflüge ohne Fluglehrer durchführen. Die Einwilligung darf nur erteilt werden, wenn der Bewerber im jeweiligen Übungsgelände mindestens 5 Alleinflüge unter Aufsicht und Anleitung eines Fluglehrers durchgeführt hat.

12. **Mindestalter** für den Beginn der Ausbildung ist 14 Jahre. Mindestalter für die Erteilung der Lizenz ist 16 Jahre. Mindestalter für die Erteilung von Flugaufträgen für Flüge außerhalb der Sichtweite des Fluglehrers ist 16 Jahre. DHV-Prüfungen können frühestens 1 Monat vor Erreichen des Mindestalters für die Lizenzerteilung abgelegt werden.

Für Bewerber mit theoretischer oder praktischer **Vorbildung** sieht die Ausbildungs- und Prüfungsordnung Erleichterungen vor, die hier auch für weitere Ausbildungen wiedergegeben sind.

APO Abschnitt VI: Erleichterungen

1. **Hängegleiten für Gleitsegeln**

   Für Inhaber einer Erlaubnis für Hängegleiterführer verringert sich die praktische Ausbildung zum Gleitsegelführer in einer für Hängegleiter eingetragenen Startart auf die Grundausbildung nach Abschnitt III

Nr.2.1. sowie mindestens 15 Höhenflüge nach Ziffer 2.3. und den Flugübungen gemäß Lehrplan unter Anleitung und Aufsicht eines Fluglehrers. Die theoretische Ausbildung verringert sich auf die Sachgebiete Technik, Flugtechnik/Verhalten in besonderen Fällen/menschliche Leistungsfähigkeit. Einer DHV-Prüfung bedarf es nicht.

2. **Startarten**

Für die Eintragung zusätzlicher bereits für Hängegleiter eingetragener Startarten in die Gleitsegellizenz verringern sich die Mindeststartzahlen nach Ziffer III Nr. 2.6. auf die Hälfte.

3. **B- Lizenz**

Die Inhaber einer unbeschränkten Lizenz für Hängegleiterführer sind von der theoretischen und praktischen Ausbildung und Prüfung zur unbeschränkten Lizenz für Gleitsegelführer nach Abschnitt III. Nr. 1.4., Abschnitt III. Nr. 2.4. und Abschnitt VII. Nr. 2.b befreit.

4. **Passagierberechtigung**

Für Inhaber der Passagierberechtigung für Hängegleiterführer verringert sich bei der praktischen Ausbildung zur Passagierberechtigung für Gleitsegel die Mindestfluganzahl auf die Hälfte. Die theoretische Ausbildung verringert sich auf die Sachgebiete Technik und Flugtechnik/Verhalten in besonderen Fällen. Die praktische Flugprüfung vor dem DHV nach Abschnitt VII Nr. 1 und Nr. 3b ist abzulegen, die theoretische Prüfung reduziert sich auf die Sachgebiete Technik und Flugtechnik/Verhalten in besonderen Fällen.

5. **Gleitsegeln für Hängegleiten**

Die Nr. 1 bis 4 gelten entsprechend für Inhaber einer Erlaubnis für Gleitsegelführer bei der Ausbildung zum Hängegleiterführer.

6. **Fallschirmspringen**

Für Inhaber einer Lizenz für Sprungfallschirmführer gilt Nr. 1 entsprechend, mit der Ergänzung, dass bereits für die erste Startart die Ausbildung nach Ziffer III Nr. 2.6. hinzukommt.

7. **Ultraleicht** (außer fußstartfähiger Motorschirm), PPL-A, B, C, Lizenzen nach JAR-FCL 1 und 2

Inhaber einer o.g. gültigen Lizenz (einschließlich Inhaber einer bestandenen Theorieprüfung zu einer o. g. Lizenz, die nicht älter als 12 Monate ist) sind von der theoretischen Ausbildung und Prüfung zur unbeschränkten Lizenz für Gleitsegelführer nach Abschnitt III. Nr. 1.4. und Abschnitt VII. Nr. 2.b befreit.

8. **Ultraleicht** (fußstartfähiger Motorschirm)

Die praktische Ausbildung zur Lizenz für fußstartfähigen Motorschirm (Ausbildungsteil ohne Motor) wird ohne Einschränkung auf die Ausbildung zur beschränkten Lizenz für Gleitsegel angerechnet, sofern sie den Vorgaben dieser Ausbildungs- und Prüfungsordnung und der zugehörigen Lehrpläne entspricht. Die praktische Flugprüfung vor dem DHV nach Abschnitt VII. Nr. 1 und Nr. 3a ist abzulegen.

Für Inhaber einer Lizenz für fußstartfähigen Motorschirm (einschließlich Inhaber einer bestandenen Theorieprüfung, die nicht älter als 12 Monate ist) reduziert sich die theoretische Ausbildung nach Abschnitt III. Nr. 1.1. bis 1.3. auf die Sachgebiete Technik und Flugpraxis/Verhalten in besonderen Fällen/menschliche Leistungsfähigkeit. Die theoretische Prüfung vor dem DHV nach Abschnitt VII. Nr. 1 und Nr. 2 a beschränkt sich auf die genannten Sachgebiete. Die theoretische Ausbildung und Prüfung entfällt, wenn die theoretische Ausbildung und Prüfung zur Motorschirmlizenz unter Einbeziehung der Gleitsegel-A-Lizenz-Sachgebiete Technik und Flugtechnik/Verhalten in besonderen Fällen/menschliche Leistungsfähigkeit erfolgt ist.

Inhaber einer Lizenz für Motorschirm, die auch im Besitz der beschränkten Lizenz für Gleitsegeln sind, sind von der theoretischen und praktischen Ausbildung und Prüfung zur unbeschränkten Lizenz für Gleitsegelführer nach Abschnitt III. Nr. 1.4., Abschnitt III. Nr. 2.4. und Abschnitt VII. Nr. 2.b befreit.

9. **Österreichischer Paragleiterschein**

Die Ausbildung für den österreichischen Paragleiterschein und zugehörige Berechtigungen wird ohne

3. das Verhalten bei besonderen Flugzuständen und in Notfällen, soweit dies Bestandteil der Flugausbildung nach § 42 Abs. 3 ist.

LuftPersV § 128 **[Durchführung der Prüfungen]** *... (9) Für Prüfungen für den Erwerb von Erlaubnissen und Berechtigungen für Luftsportgeräteführer werden die Einzelheiten, insbesondere die Fragen für die schriftliche Theorieprüfung, die Durchführungsgrundsätze für die Theorieprüfung, die Flug-/Sprungaufgaben, die Bewertungsmaßstäbe und die Anrechnung von vorangegangenen Prüfungen vom Beauftragten festgelegt.*

APO Abschnitt VII: Prüfungen

1. **Prüfung vor dem DHV**

   Für die beschränkte Lizenz nach Abschnitt III und die Passagierberechtigung nach Abschnitt IV ist eine theoretische und praktische Prüfung, für die unbeschränkte Lizenz eine theoretische Prüfung vor dem DHV abzulegen. Grundsätzlich wird zuerst die theoretische Prüfung abgelegt, danach die Flugprüfung. In begründeten Ausnahmefällen kann der Prüfungsleiter die Flugprüfung vorziehen.

   Die praktische Prüfung zur beschränkten Lizenz erfolgt mit der Startart, mit der die Ausbildung erfolgt ist, gilt dies für mehr als eine Startart, kann die Prüfung wahlweise mit einer der Startarten erfolgen.

2. **Die theoretische Prüfung** *erfolgt schriftlich nach dem Multiple Choice System anhand der Fragenkataloge*
   a) *für beschränkte Lizenz, Anlage 15,*
   b) *für unbeschränkte Lizenz, Anlage 16,*
   c) *für Passagierberechtigung, Anlage 17.*
   In Grenzfällen kann zusätzlich eine mündliche Prüfung durchgeführt werden. Der Prüfungsablauf und die Bewertungskriterien sind in der Anlage 18 festgelegt

3. **Der Ablauf der Flugprüfung,** *die Aufgaben und die Bewertungskriterien sind festgelegt*
   a) *für beschränkte Lizenz, Anlage 19,*
   b) *für Passagierberechtigung, Anlage 20.*

Einschränkung auf die entsprechende deutsche Ausbildung angerechnet.

10. **Ausbildung im Ausland**

    Die Geschäftsstelle des DHV kann auf Antrag gleichwertige Ausbildung, die in anderen Staaten durchgeführt worden ist, auf die entsprechende deutsche Ausbildung anrechnen.

Prüfung

LuftPersV § 43 **[Grundsätze für die Prüfung]** *(1) Der Bewerber hat in einer theoretischen und praktischen Prüfung nachzuweisen, dass er nach seinem fachlichen Wissen und praktischen Können die an einen Luftsportgeräteführer zu stellenden Anforderungen erfüllt.*
(2) Die Prüfung erstreckt sich insbesondere auf
1. *die in § 42 Abs. 3 aufgeführten Sachgebiete.*
2. *die notwendigen Kenntnisse und Fähigkeiten zum Führen und Bedienen von Luftsportgeräten des Musters, auf dem der Bewerber die Prüfung ablegt und*

In Grenzfällen kann der Prüfungsleiter die Möglichkeit eines Nachfluges einräumen. Eine nichtbestandene Prüfung kann frühestens am Folgetag wiederholt werden. Bei Nichtbestehen kann der Prüfer dem Bewerber Übungsauflagen erteilen.

4. **Leistungstest in der Flugschule**

Anstelle einer Prüfung nach Nr. 1 ist für die Ausstellung des Lernausweises nach Abschnitt I. Nr. 10, des Höhenflugausweises nach Abschnitt I. Nr. 11, die Eintragung einer zusätzlichen Startart einsitzig nach Abschnitt III. Nr. 2.6. und mit Passagier nach Abschnitt IV. h. und den erleichterten Erwerb der Erlaubnis nach Abschnitt VI. Nr. 1. und 5. in der Flugschule ein theoretischer und praktischer Leistungstest durchzuführen. Die Flugschule hat den Leistungstest schriftlich zu dokumentieren und die Dokumentation 5 Jahre aufzubewahren und dem DHV auf Verlangen vorzulegen.

Erlaubnis und Luftfahrerschein

LuftVZO § 22 [Zuständige Stellen für die Erlaubnis] (1) Die Erlaubnis wird erteilt ...

3. *von dem Beauftragten nach § 31c des Luftverkehrsgesetzes für Luftsportgeräteführer;*

(2) Erweiterungen der Erlaubnis und die Erteilung besonderer Berechtigungen werden von den in Absatz 1 genannten Stellen erteilt; ...

LuftVZO § 25 [Antrag auf Erteilung der Erlaubnis] ...
(2) Dem Antrag sind beizufügen
1. *die in § 24 Abs. 3 Nr. 1 bis 4 bezeichneten Unterlagen, ...*
2. *eine Erklärung über die Staatsangehörigkeit, die auf Verlangen nachzuweisen ist;*
3. *ein vom Ausbildungsbetrieb oder registrierter Ausbildungseinrichtung angefertigter Ausbildungsnachweis über die theoretische und praktische Ausbildung;*

LuftVZO § 26 [Erteilung der Erlaubnis] (1) Die zuständige Stelle erteilt die Erlaubnis, wenn die Voraussetzungen des § 24 Abs. 1 und die Vorschriften nach § 20 Abs. 2 oder 3 erfüllt sind. Hat der nach den Vorschriften gemäß § 20 Abs. 2 oder 3 bestimmte Prüfer Zweifel an der Eignung des Bewerbers, teilt er der zuständigen Stelle die Gründe hierfür mit.

(2) Die Erlaubnis wird durch Aushändigung eines Ausweises nach den Vorschriften gemäß § 20 Abs. 2 oder 3 erteilt. Die Dauer der Gültigkeit der Erlaubnis ist in dem Ausweis einzutragen. Das gleiche gilt für besondere Berechtigungen sowie Erweiterungen der Erlaubnis, wenn der Bewerber die in den Vorschriften gemäß § 20 Abs. 2 oder 3 vorgeschriebenen Voraussetzungen nachgewiesen hat. Der Ausweis ist zusammen mit dem Personalausweis oder Reisepass ... bei Ausübung der erlaubnispflichtigen Tätigkeit mitzuführen.

Bundesrepublik Deutschland
Federal Republic of Germany

Luftfahrerschein für Luftsportgeräteführer

Sport Pilot Licence

LuftPersV § 44 [Umfang der Erlaubnis, Luftfahrerschein]
(1) Die Erlaubnis wird durch Aushändigung des Luftfahrerscheins für Luftsportgeräteführer nach Muster 5 erteilt.

(2) Die Erlaubnis berechtigt zum Führen von Luftsportgerät der im Luftfahrerschein eingetragenen Art und zu den eingetragenen Start...arten am Tage...

(3) In die Erlaubnis nach § 42 Abs. 4 Nr. 2.1 werden diejenigen Startarten eingetragen, in denen der Bewerber ausgebildet worden ist.

(4) Die Erlaubnis nach § 42 Abs. 4 Nr. 2.1 wird auf Flüge in der Umgebung der Startstelle beschränkt, wenn die Ausbildung keine Überlandflugübungen enthalten hat. ...

LuftVO § 3 [Überlandflüge] ... (3) Ein Flug führt über die Umgebung eines Flugplatzes hinaus (Überlandflug), wenn der Luftfahrzeugführer den Verkehr in der Platzrunde nicht mehr beobachten kann.

LuftVZO § 29 [Widerruf, Ruhen und Beschränkung]
(1) Die Erlaubnis ist von der ... zuständigen Stelle zu widerrufen und der Ausweis einzuziehen, wenn sich Tatsachen dafür ergeben, dass der Inhaber für die erlaubte Tätigkeit ungeeignet ist. An Stelle des Widerrufes kann eine Erlaubnis eingeschränkt und mit Auflagen versehen oder das Ruhen der Erlaubnis angeordnet werden, wenn dies bei eingeschränkter Eignung ausreicht, die öffentliche Sicherheit und Ordnung aufrecht zu erhalten.

(2) Die Erlaubnis ist ferner zu widerrufen und der Ausweis einzuziehen, wenn der zuständigen Stelle Tatsachen bekannt werden, die Zweifel an dem ausreichenden praktischen Können oder fachlichen Wissen des Inhabers der Erlaubnis rechtfertigen, und wenn eine von ihr angeordnete Überprüfung entweder verweigert wird oder ergibt, dass der Inhaber der Erlaubnis ein ausreichendes praktisches Können oder fachliches Wissen nicht mehr besitzt.

(3) An Stelle des Widerrufs kann das Ruhen der Erlaubnis auf Zeit oder eine Nachschulung mit anschließender Überprüfung angeordnet oder die Erlaubnis auf eine bestimmte Betätigung in der Luftfahrt beschränkt werden, wenn dies ausreicht, um die Sicherheit und Ordnung des Luftverkehrs aufrecht zu erhalten. Das Ruhen der Erlaubnis kann auch in Fällen erheblicher Gefahr für die Sicherheit und Ordnung des Luftverkehrs bis zur Feststellung des weiteren ausreichenden praktischen Könnens oder fachlichen Wissens nach Absatz 2 angeordnet werden, wenn der zuständigen Stelle Tatsachen bekannt werden, die erkennen lassen, dass der Inhaber der Erlaubnis das ausreichende praktische Können oder fachliche Wissen nicht mehr besitzt. Der über die Erlaubnis ausgestellte Ausweis ist für die Zeit des Ruhens der Erlaubnis einzuziehen und im Falle der Beschränkung zu berichtigen oder durch einen neuen Ausweis zu ersetzen. ...

Gültigkeitsdauer und Überprüfungsflug

LuftPersV § 45 [Gültigkeitsdauer] (1) Die Erlaubnis wird unbefristet erteilt. ...

(2) Vor Antritt eines Fluges mit der im Luftfahrerschein eingetragenen Luftsportgeräteart muss der Inhaber ...

2. einer Erlaubnis für ... Hängegleiter und Gleitsegel und andere vergleichbare Luftsportgeräte ... in ausreichender fliegerischer Übung sein; die Einzelheiten werden vom Beauftragten entsprechend § 42 Abs. 2 festgelegt.

APO Abschnitt V: Flugpraxisnachweis (Überprüfungsflug)

Gleitsegelführer haben alle drei Jahre, ausgehend vom Datum der Lizenzerteilung, innerhalb der letzten 12 Monate einen Höhenflug – für Inhaber der Passagierberechtigung zusammen mit einem Passagier – als verantwortlicher Luftfahrzeugführer nachzuweisen. Der Nachweis erfolgt durch Eintragung in das Flugbuch mit Bestätigung eines Ausbildungsbetriebes, Fluglehrers, Prüfers oder Beauftragten für Luftaufsicht, bei

Passagierflugberechtigung eines Ausbildungsbetriebes oder Prüfers. Wer den Flugpraxisnachweis in diesem Zeitraum nicht erbringt, muss in einer Flugschule an einer Nachschulung teilnehmen. Bei Nachschulungen zur Passagierberechtigung muss der mitfliegende Passagier Inhaber einer Lizenz für Gleitsegel oder Hängegleiterführer/eines Paragleiterscheins oder Hängegleiterscheins sein. (Praxislehrplan Nachschulung, Anlage 14.)

Startarten

Für Gleitsegel stehen Hangstart und Windenschleppstart zur Verfügung. Der Anfänger hat die Wahl, mit welcher Startart er seine Ausbildung und Prüfung durchführen will; diese wird in den Luftfahrerschein eingetragen. Die andere Startart ist keine »besondere Berechtigung«. Sie wird bei Nachweis der erfolgreichen Ausbildung wie die erste Startart vom Deutschen Hängegleiterverband nach § 44 Abs. 3 LuftPersV in den Luftfahrerschein eingetragen.

APO Abschnitt III: Startarten

2.6. **Startarten**
   Für die Eintragung zusätzlicher Startarten in die beschränkte oder unbeschränkte Lizenz umfasst die Ausbildung für

2.6.1. Hangstart
   mindestens 20 Hangstarts, davon mindestens 10 bei Gebirgsflügen mit mehr als 500 m Höhenunterschied unter Aufsicht und Anleitung eines Fluglehrers sowie eine theoretische Einweisung (Praxislehrplan Einweisung Hangstart Anlage 10),

2.6.2. Windenschleppstart
   mindestens 20 Starts und 10 Startleitungen unter Aufsicht und Anleitung eines Fluglehrers sowie eine theoretische Einweisung (Praxislehrplan Einweisung Windenschleppstart Anlage 11).

Besondere Berechtigungen

Die Erlaubnis für Luftfahrer ist die luftrechtliche Basis für das »normale« Fliegen. Aufbauend auf dieser Praxis kann der Pilot zusätzlich die besonderen Berechtigungen erwerben. Bei einem Widerruf der Erlaubnis erlöschen automatisch auch die besonderen Berechtigungen. Allerdings können sie unabhängig von der Erlaubnis widerrufen oder beschränkt werden.

LuftPersV § 84a [Passagierberechtigung] (1) Luftsportgeräteführer bedürfen für Flüge ... mit Passagieren der Passagierberechtigung. ...

(3) Für die fachlichen Voraussetzungen für den Erwerb der Berechtigung, Flüge nach Absatz 1 mit doppelsitzigen Hängegleitern, Gleitsegeln oder anderen, vergleichbaren Luftsportgeräten ... durchzuführen, gilt § 42 Absatz 2 entsprechend.

(4) Der Bewerber für eine Berechtigung nach Absatz 1 hat in einer Prüfung nachzuweisen, dass er nach seinem Wissen und praktischen Können die Anforderungen für Flüge oder Sprünge mit Passagieren erfüllt.

(5) Die Passagierberechtigung wird für die jeweilige Luftsportgeräteart, in der der Bewerber ausgebildet wurde, in den Luftfahrerschein eingetragen. Die Gültigkeit richtet sich nach der Gültigkeit der Erlaubnis, soweit nicht der Beauftragte nach § 31c des Luftverkehrsgesetzes entsprechend § 42 Absatz 2 die Gültigkeitsdauer beschränkt und Voraussetzungen für die Verlängerung festlegt.

APO Abschnitt IV: Passagierberechtigung
Fachliche Voraussetzung für den Erwerb der Berechtigung, Passagierflüge mit doppelsitzigen Hängegleitern oder Gleitsegeln durchzuführen, sind
a) *eine praktische Tätigkeit als verantwortlicher Gleitsegelführer von mindestens 12 Monaten und 100 Höhenflügen,*
b) *ein praktischer Eingangstest vor einem beauftragten Prüfer des DHV, in welchem der Bewerber seine*

überdurchschnittlichen fliegerischen Fähigkeiten im Alleinflug nachweist,

c) 5 doppelsitzige Fluge mit einem Fluglehrer mit Passagierflug-Lehrberechtigung,

d) eine theoretische Ausbildung in einer Flugschule (Theorielehrplan Passagierflug Anlage 12),

e) eine praktische Ausbildung mit mindestens 10 Flügen, mit Start- und Landeverfahren und Flugübungen gemäß Lehrplan unter Anleitung und Aufsicht eines Fluglehrers, der die Passagier-Lehrberechtigung besitzt (Praxislehrplan Passagierflug, Anlage 13),

f) mindestens 30 Höhenflüge als verantwortlicher Pilot mit schriftlichem Flugauftrag und Bestätigung eines Fluglehrers im Übungsgelände mit Passagieren, die eine Lizenz für Hängegleiter- oder Gleitsegelführer besitzen. Der schriftliche Flugauftrag kann dem Bewerber allgemein für ein bestimmtes Übungsgelände erteilt werden.

g) Eine theoretische und praktische Prüfung vor dem DHV.

h) Für die Eintragung zusätzlicher Startarten zur Passagierberechtigung muss der Bewerber zunächst im Alleinflug die Anforderungen nach Ziffer III Nr. 2.6. erfüllt haben und 10 Starts mit Passagieren unter Anleitung und Aufsicht eines Fluglehrers, der die Passagier-Lehrberechtigung für die Startart besitzt, durchführen.

LuftVZO § 30 [Lehrberechtigung] ... (3) Die praktische Ausbildung darf nur von Personen vorgenommen werden, die hierfür eine Lehrberechtigung besitzen.

LuftPersV § 95a [Fachliche Voraussetzungen für die Lehrberechtigung] (1) Fachliche Voraussetzungen für den Erwerb der Berechtigung, Luftsportgeräteführer praktisch auszubilden, sind

1. die unbeschränkte Erlaubnis für Luftsportgeräteführer der Art, für die die Berechtigung erworben werden soll,

2. die praktische Tätigkeit als Luftsportgeräteführer,

3. eine Auswahlprüfung vor einem vom Beauftragten nach § 31c des Luftverkehrsgesetzes dazu ermächtigten Prüfer,

4. die erfolgreiche Teilnahme an einem vom Beauftragten nach § 31c des Luftverkehrsgesetzes durchgeführten oder anerkannten Ausbildungslehrgang,

5. die an den Ausbildungslehrgang anschließende erfolgreiche Ausbildungstätigkeit.

Der Beauftragte nach § 31c des Luftverkehrsgesetzes legt Inhalt und Umfang des Ausbildungslehrganges nach Nr. 4 für die jeweilige Luftsportgeräteart und der Ausbildungstätigkeit nach Nr. 5 fest. Er kann Bewerber, die eine Lehrberechtigung für Flugzeugführer, Segelzeugführer oder einer anderen Art von Luftsportgerät besitzen, teilweise oder ganz von den Anforderungen nach Nummer 4 und 5 befreien.

(2) Die praktische Tätigkeit nach Absatz 1 Satz 1 Nr. 2 muss umfassen für den Erwerb der Berechtigung, ...

3. Führer von Hängegleitern, Gleitsegeln, oder anderen vergleichbaren Luftsportgeräten oder Sprungfallschirmen praktisch auszubilden:
eine ausreichende Flug-/Sprungerfahrung, um eine Lehrtätigkeit ausüben zu können, § 42 Absatz 2 gilt entsprechend.

(3) Der Bewerber für eine Berechtigung nach Absatz 1 hat in einer Prüfung nachzuweisen, dass er nach seinem fachlichen Wissen und praktischen Können die an einen Fluglehrer zu stellenden Anforderungen erfüllt.

Internationale Anerkennung

Inhaber des **österreichischen Paragleiterscheins** und des deutschen Luftfahrerscheins (A- und B-Lizenz) können im jeweils anderen Staat wie zu Hause Flüge durchführen, ausgenommen Schleppstarts; für Passagierflüge in Österreich ist ein fliegerärztliches Tauglichkeitszeugnis vorgeschrieben. **Schweizer Brevet** und deutscher unbeschränkter Luftfahrerschein (B-Lizenz) sind gegenseitig anerkannt, aber ohne besondere Berechtigungen.

Die meisten Länder anerkennen die von der internationalen Hängegleiter- und Gleitsegelorganisation FAI/CIVL ins Leben gerufene mehrstufige **IPPI-Card** (International Pilot Proficiency Identification Card), beispielsweise Italien, auch die Schweiz für Piloten mit A-Schein.

Umgekehrt ist in Deutschland die IPPI-Card ausländischer Gastpiloten ohne besondere Berechtigungen anerkannt. In Deutschland zuständig für die Anerkennung der Lizenzen ausländischer Gäste und für die Erteilung der IPPI-Card ist der Deutsche Hängegleiterverband.

Flugschulen

In Deutschland ist das Ausbildungsunternehmen für Luftfahrer erlaubnispflichtig, unabhängig davon, dass auch jeder einzelne dort tätige Fluglehrer die Lehrberechtigung besitzen muss.

LuftVG § 5 [Ausbildungserlaubnis; Fluglehrer] (1) Wer es unternimmt, Luftfahrer auszubilden, bedarf unbeschadet der Vorschrift des Absatzes 3 der Erlaubnis. Die Erlaubnis kann mit Auflagen verbunden und befristet werden.

(2) Die Erlaubnis ist zu versagen, wenn Tatsachen die Annahme rechtfertigen, dass die öffentliche Sicherheit oder Ordnung gefährdet werden kann oder der Bewerber oder seine Ausbilder persönlich ungeeignet sind; ergeben sich später solche Tatsachen, so ist die Erlaubnis zu widerrufen. Die Erlaubnis kann außerdem widerrufen werden, wenn sie länger als ein Jahr nicht ausgenutzt worden ist.

(3) Die praktische Ausbildung darf nur von Personen vorgenommen werden, die eine Lehrberechtigung nach der Verordnung über Luftfahrtpersonal besitzen (Fluglehrer).

LuftVZO § 30 [Erlaubnispflicht für die Ausbildung] (1) Die Ausbildung von Luftfahrern darf nur in Ausbildungsbetrieben oder registrierten Ausbildungseinrichtungen (Luftfahrerschulen) durchgeführt werden, die dafür eine Erlaubnis besitzen. ...

LuftVZO § 31 [Zuständige Stellen] Die Erlaubnis wird erteilt ...
2. für registrierte Ausbildungseinrichtungen von dem Beauftragten nach § 31c des Luftverkehrsgesetzes ...

LuftVZO § 36 [Aufsicht] (1) Die zuständige Stelle führt die Aufsicht über den Ausbildungsbetrieb oder die registrierte Ausbildungseinrichtung. ...

Straf- und Bußgeldvorschriften

LuftVG § 60 [Straftatbestände] (1) Wer ...
2. ein Luftfahrzeug ohne die Erlaubnis nach § 4 Abs. 1 führt oder bedient oder als Halter eines Luftfahrzeugs die Führung oder das Bedienen Dritten, denen diese Erlaubnis nicht erteilt ist, gestattet,
3. praktische Flugausbildung ohne eine Lehrberechtigung nach § 5 Abs. 3 erteilt, ... wird mit Freiheitsstrafe bis zu zwei Jahren oder mit Geldstrafe bestraft.
(2) Wer die Tat fahrlässig begeht, wird mit Freiheitsstrafe bis zu sechs Monaten oder mit Geldstrafe bis zu einhundertachtzig Tagessätzen bestraft.

LuftVG § 58 [Ordnungswidrigkeiten] (1) Ordnungswidrig handelt, wer vorsätzlich oder fahrlässig ...
2. es unternimmt, ohne die Erlaubnis nach § 5 Abs. 1 Luftfahrer auszubilden, ...

LuftVZO § 108 Ordnungswidrig im Sinne des 58 Abs. 1 Nr. 10 des Luftverkehrsgesetzes handelt, wer vorsätzlich oder fahrlässig ...
6. als Angehöriger des Luftfahrtpersonals
*   a) entgegen § 26 Abs. 2 Satz 4 den erforderlichen Ausweis (Luftfahrerschein) ... nicht mitführt; ...*

LuftPersV § 134 Ordnungswidrig im Sinne des § 58 Abs. Nr. 10 des Luftverkehrsgesetzes handelt, wer vorsätzlich oder fahrlässig

1. ohne Berechtigung nach ... § 84a Abs. 1, ... eine dort bezeichnete Tätigkeit ausübt,
6. entgegen § 120 Abs. 1 Satz 3 unrichtige Angaben eines Bewerbers in einem Flugbuch als richtig bescheinigt ...

Übergangs- und Schlussbestimmungen

Die Einführung der neuen Ausbildungs- und Prüfungsvorschriften macht Übergangsregelungen erforderlich. Diese sollen Benachteiligungen für die Inhaber von Erlaubnissen und besonderen Berechtigungen sowie für Flugschulen vermeiden, die Sicherheit gewährleisten und möglichst wenig Aufwand und Kosten verursachen.

APO Abschnitt VIII: Übergangsbestimmungen, Inkrafttreten

1. *Die bis 30. 4. 2003 erteilten Luftfahrerscheine bleiben gültig. Abschnitt V dieser Ausbildungs- und Prüfungsordnung (Überprüfungsflug) gilt entsprechend, Stichtag für die Fristen des Überprüfungsfluges ist der 1. 5. 2003. Die bis 30. 4. 2003 erteilten Luftfahrerscheine werden beim Erwerb einer zusätzlichen Befugnis oder einer sonstigen Änderung der eingetragenen Daten durch Luftfahrerscheine neuen Musters ersetzt und sind ab diesem Zeitpunkt ungültig.*
2. *Bei den bis 30. 4. 2003 erteilten Luftfahrerscheinen gilt die Startart Hangstart als eingetragen. Bei den bis 30. 4. 2003 erteilten Luftfahrerscheinen mit Windenschleppberechtigung gilt die Startart Windenschlepp als eingetragen.*
3. *Die bis 30.4.2003 erteilten Winden-Schleppberechtigungen für Windenführer gelten bis zum Ablauf ihrer Gültigkeit als Windenführerausweise des DHV fort.*
4. *Diese Ausbildungs- und Prüfungsordnung tritt am 1. 1. 2005 in Kraft. Die Ausbildungs- und Prüfungs-*

ordnung vom Juni 2004 verliert mit diesem Datum ihre Gültigkeit.

LuftVZO § 110 [Flugschulen] ...
2. *Luftfahrerschulen und Luftsportverbände, die eine Erlaubnis zur Ausbildung von ... Luftsportgeräteführern besitzen, werden als Ausbildungseinrichtung von Amts wegen gemäß § 34 registriert.*

Fluggelände

Alle bemannten Luftfahrzeuge brauchen für Starts und Landungen grundsätzlich einen nach § 6 LuftVG genehmigten Flugplatz. Für Starts und Landungen außerhalb von Flugplätzen ist eine vereinfachte Erlaubnis nach § 25 LuftVG erforderlich. In der luftrechtlichen Entwicklung der Luftsportgeräte ist aus der Ausnahme die Regel geworden, nahezu alle Gleitsegel- und Hängegleitergelände fallen unter § 25, nur wenige besitzen die Genehmigung nach § 6.

Die Erlaubnis nach § 25 LuftVG (Außenstart- und -landeerlaubnis) wird im Auftrag des Bundesverkehrs-

ministeriums vom Deutschen Hängegleiterverband mit Beteiligung der Naturschutzbehörden erteilt, wenn das Gelände nur für Gleitsegel und Hängegleiten genutzt wird. Für die Erteilung der Flugplatzgenehmigung nach § 6 LuftVG ist die Luftfahrtbehörde des Landes zuständig, ebenso für die zusätzliche Erlaubnis nach § 25 für Gleitsegeln und Hängegleiten auf einem Motor-, Segel- oder Ultraleichtfluggelände.

*LuftVG § 6 **[Genehmigung von Flugplätzen]** (1) Flugplätze (Flughäfen, Landeplätze und Segelfluggelände) dürfen nur mit Genehmigung angelegt oder betrieben werden. ... Die Genehmigung kann mit Auflagen verbunden und befristet werden.*

*LuftVZO § 54 **[Segelfluggelände]** (1) Segelfluggelände sind Flugplätze, die für die Benutzung durch Segelflugzeuge und nicht selbst startende Motorsegler bestimmt sind.*

(2) Die Genehmigung zur Anlage und zum Betrieb eines Segelfluggeländes kann auf die Benutzung durch ... Luftsportgeräte und Luftfahrzeuge, soweit diese bestimmungsgemäß zum Schleppen von ... Hängegleitern ... Verwendung finden, erstreckt werden. Die Erstreckung erfolgt auf Antrag des Antragstellers der Genehmigung oder bei bereits erteilter Genehmigung auf Antrag des Halters des Segelfluggeländes. Im Übrigen bleibt § 15 Luftverkehrs-Ordnung unberührt.

*LuftVG § 25 **[Außenstart- und -landeerlaubnis]** (1) Luftfahrzeuge dürfen außerhalb der für sie genehmigten Flugplätze nur starten und landen, wenn der Grundstückseigentümer und sonst Berechtigte zugestimmt und die Luftfahrtbehörde eine Erlaubnis erteilt hat. Für Starts und Landungen von nicht motorbetriebenen Luftsportgeräten tritt an die Stelle der Erlaubnis der Luftfahrtbehörde die Erlaubnis des Beauftragten nach § 31c; dieser hat die Zustimmung der Luftfahrtbehörde einzuholen, wenn das Außenlandegelände weniger als 5 Kilometer von einem Flugplatz entfernt ist. ... Die Erlaubnis ... kann allgemein oder im Einzelfall erteilt, mit Auflagen verbunden und befristet werden.*

(2) Absatz 1 gilt nicht, wenn
1. *der Ort der Landung infolge der Eigenschaften des Luftfahrzeugs nicht vorausbestimmbar ist oder*
2. *die Landung aus Gründen der Sicherheit oder zu Hilfeleistung bei einer Gefahr für Leib oder Leben einer Person erforderlich ist. Das gleiche gilt für den Wiederstart nach einer solchen Landung mit Ausnahme des Wiederstarts nach einer Notlandung.*
In diesem Falle ist die Besatzung des Luftfahrzeugs verpflichtet, dem Berechtigten über Namen und Wohnsitz des Halters, des Luftfahrzeugführers sowie des Versicherers Auskunft zu geben; bei einem unbemannten Luftfahrzeug ist sein Halter zu entsprechender Auskunft verpflichtet. Nach Erteilung der Auskunft darf der Berechtigte den Abflug oder die Abbeförderung des Luftfahrzeugs nicht verhindern.

(3) Der Berechtigte kann Einsatz des ihm durch den Start oder die Landung entstandenen Schadens nach den sinngemäß anzuwendenden §§ 33 bis 43 beanspruchen.

*LuftVO § 16 **[Zuständige Stellen für die Erlaubnis]** ... (3) Außenlandungen von Hängegleitern und Gleitsegeln, die sich auf einem Überlandflug befinden, bedürfen keiner Erlaubnis. Starts und Landungen von Hängegleitern und Gleitsegeln außerhalb genehmigter Flugplätze bedürfen der Erlaubnis des Beauftragten nach § 31c des Luftverkehrsgesetzes. Die Erlaubnis schließt Schleppstarts von Hängegleitern und Gleitsegeln ein und kann mit Auflagen verbunden werden. Der Beauftragte kann von dem Antragsteller den Nachweis der Zustimmung des Grundstückseigentümers oder der sonstigen Berechtigten verlangen. Der Beauftragte hat die Naturschutzbehörden zu beteiligen.*

Bußgeldvorschriften

*LuftVG § 58 **[Ordnungswidrigkeiten]** (1) Ordnungswidrig handelt, wer vorsätzlich oder fahrlässig ...*
9. *sich der Pflicht zur Auskunfterteilung nach § 25 Abs. 2 entzieht, ...*

11. *den schriftlichen vollziehbaren Auflagen einer Er-laubnis nach ... § 25 Abs. 1 ... zuwiderhandelt, ...*

LuftVO § 43 – Ordnungswidrig im Sinne des § 58 Abs. 1 Nr. 10 des Luftverkehrsgesetzes handelt, wer vorsätzlich oder fahrlässig ...

    19a. ohne Erlaubnis ... nach § 16 Abs. 3a Satz 2 startet oder landet; ...

Luftraum

Luftsportgeräte dürfen in kontrollierte Lufträume, Flug-beschränkungs- und Luftsperrgebiete nur unter be-sonders geregelten Voraussetzungen einfliegen.

Kontrollierte Lufträume
- Kontrollbezirk (CTA)
- Kontrollzone (CTR)
- Lufträume mit Transponderpflicht (TMZ)

Flugbeschränkungsgebiete
- Flugbeschränkungsgebiet (ED-R)
- Gefahrengebiet (ED-D)

Luftsperrgebiete (ED-P) gibt es derzeit in Deutschland nicht.

Militärisches Tiefflugsystem
- 1000-ft-Tiefflugband zwischen 1000 fl (ca. 300 m) und 1500 ft (ca. 500 m) über Grund (GND) fast im ge-samten Bundesgebiet
- 250-ft-Tieffluggebiete zwischen 250 ft (ca. 80 m) und 500 ft (ca 150 m).

Von Montag bis Freitag, außer an gesetzlichen Feier-tagen, ist mit Tiefflug zu rechnen.

Die wichtigsten Lufträume und Gebiete sind in der **ICAO-Luftfahrtkarte** (Maßstab 1:500 000) – jedes Jahr neu herausgegeben von der Deutschen Flugsicherung GmbH – zeichnerisch dargestellt und in den beiden »Meister-Büchern« unter dem Sachgebiet Luftraumglie-derung ausführlich erläutert.

LuftVG § 62 [Luftgebietsverletzung] (1) Wer als Führer eines Luftfahrzeuges den Anordnungen über Luftsperr-gebiete und Gebiete mit Flugbeschränkungen zuwider-handelt, wird mit Freiheitsstrafe bis zu zwei Jahren oder mit Geldstrafe bestraft, wenn die Tat nicht in anderen Vorschriften mit schwererer Strafe bedroht ist.

    (2) Wer die Tat fahrlässig begeht, wird mit Freiheits-strafe bis zu sechs Monaten oder mit Geldstrafe bis zu einhundertachtzig Tagessätzen bestraft.

LuftVO § 43 [Ordnungswidrigkeiten] Ordnungswidrig im Sinne des § 58 Abs. 1 Nr. 10 des Luftverkehrsgesetzes han-delt, wer vorsätzlich oder fahrlässig ...
17. entgegen § 10 Abs. 3 (kontrollierter Luftraum) einen untersagten Flug ... ausführt; (...)

ICAO-Luftraumklassifizierung

Der gesamte Luftraum ist außerdem nach der interna-tional einheitlichen ICAO-Luftraumklassifizierung un-terteilt. Die ICAO-Lufträume A bis E sind kontrolliert, F und G sind unkontrolliert.

Luftraum A (Alpha) und **Luftraum B** (Bravo) sind in Deutschland nicht vorgesehen.

Luftraum C (Charly) ist primär für Instrumentenflüge (IFR) vorgesehen und kommt für Hängegleiter und Gleitsegel nicht in Frage. Der Luftraum C erstreckt sich über fast das gesamte Gebiet der Bundesrepublik. Er be-ginnt in Flugfläche 100 (FL 100, entspricht etwa 3000 m NN, Normal Null, Meereshöhe, MSL) und reicht unbe-grenzt nach oben. Ausnahme: Im Alpenbereich liegt die Untergrenze auf Flugfläche 130 (entspricht etwa 3800 m NN).

Luftraum D (Delta) umfasst auch alle Kontrollzonen (CTR). Gleitsegel und Hängegleiter dürfen in der Regel nicht einfliegen.

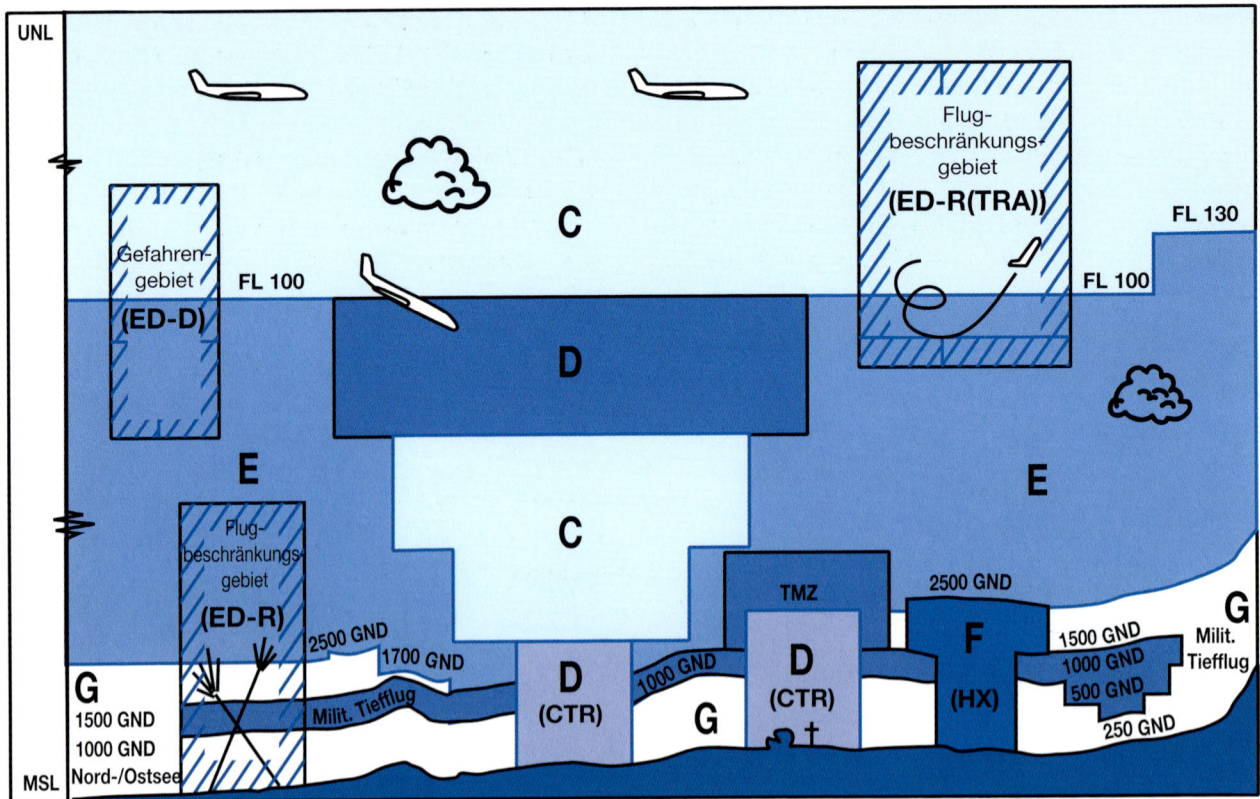

Luftraum E (Echo) sind die Kontrollbezirke (CTA). Der E-Luftraum beginnt unterhalb des C-Luftraumes, also unterhalb FL 100, und reicht hinunter bis 2500 ft (ca. 800 m) GND und bis 1000 ft (ca. 300 m) bzw. 1700 ft (ca. 500 m). Für Gleitsegel und Hängegleiter besteht begrenzte Einflugmöglichkeit.

Luftraum F (Foxtrott) ist HX-Luftraum und zeitweilig aktiv. Während der Aktivierung gelten höhere Sicht-Mindestwerte. Gleitsegel und Hängegleiter dürfen fliegen.

Luftraum G (Golf) ist unkontrollierter Luftraum und Sichtflügen (VFR) vorbehalten. Dies ist der Haupt-Luftraum für Gleitsegel und Hängegleiter. Der Luftraum

G beginnt bei GND und reicht bis zum Luftraum E in 2500 ft GND bzw. 1700 oder 1000 ft GND.

Flugbetrieb

Der Flugbetrieb richtet sich weitgehend nach den Vorschriften der Luftverkehrs-Ordnung, die für alle Luftfahrzeuge gleichermaßen gilt. Ergänzende Regeln für Gleitsegel und Hängegleiter sind in der Flugbetriebsordnung für Hängegleiter und Gleitsegel (FBO) festgelegt.

Allgemeine Regeln

LuftVO § 1 [Grundregeln für das Verhalten im Luftverkehr] (1) Jeder Teilnehmer am Luftverkehr hat sich so zu

verhalten, dass Sicherheit und Ordnung im Luftverkehr gewährleistet sind und kein anderer gefährdet, geschädigt oder mehr als nach den Umständen unvermeidbar behindert oder belästigt wird. ...

(3) Wer infolge des Genusses alkoholischer Getränke oder anderer berauschender Mittel oder infolge geistiger oder körperlicher Mängel in der Wahrnehmung der Aufgaben als Führer eines Luftfahrzeuges behindert ist, darf kein Luftfahrzeug führen.

Anmerkung: Die Promille-Grenzen liegen im Luftverkehr erheblich niedriger als im Straßenverkehr. Bereits ab 0,5 bis 0,7 Promille BAK begeht der Pilot eine Straftat, ab 0,2 bis 0,4 Promille eine Ordnungswidrigkeit.

LuftVO § 3 *[Verantwortung des Luftfahrzeugführers]*

(1) Der Luftfahrzeugführer hat das Entscheidungsrecht über die Führung des Luftfahrzeugs. Er hat die während des Flugs, bei Start und Landung ... aus Gründen der Sicherheit notwendigen Maßnahmen zu treffen.

(2) Der Luftfahrzeugführer hat dafür zu sorgen, dass die Vorschriften dieser Verordnung und sonstiger Verordnungen über den Betrieb von Luftfahrzeugen sowie die in Ausübung der Luftaufsicht zur Durchführung des Flugs ergangenen Verfügungen eingehalten werden.

FBO Abschnitt I *[Geltungsbereich]*

1. Diese Flugbetriebsordnung gilt für den Flugbetrieb der Hängegleiter und Gleitsegel in Deutschland. Sie ergänzt die allgemeinen luftrechtlichen Vorschriften und berührt nicht deren Gültigkeit. Weitergehende Auflagen der Zulassungsstelle und Bestimmungen des Geländehalters sowie luftaufsichtliche Verfügungen sind vorrangig zu beachten. ...

Sicherheitsausrüstung

LuftBO § 3 *[Kopfschutz, Rettungsgerät]* ... (2) Luftsportgeräte dürfen nur mit einem zugelassenen Rettungsgerät betrieben werden. Luftsportgeräteführer und Fluggast müssen einen geeigneten Kopfschutz zur Abwehr von Verletzungen bei Unfällen oder sonstigen Störungen tragen. Der Beauftragte kann Ausnahmen zulassen. (...)

FBO Abschnitt I *[Ausnahme für Rettungsgerät]* ...

10. ... Bei Flügen mit einem ständigen Abstand von weniger als 50 m über Grund muss ein Rettungsgerät nicht mitgeführt werden ...

FBO Abschnitt I *[Rettungsschnur]* ...

10. Der Pilot hat eine Rettungsschnur mit einer Mindestlänge von 30 m und einer Mindestzerreißfestigkeit von 50 kg mitzuführen ...

Anmerkung: Die Rettungsschnur ermöglicht nach einer Baumlandung dem Piloten, Bergungsseile und anderes Rettungsmaterial heraufzuziehen.

Flugvorbereitung

LuftBO § 3a *[Umfang der Flugvorbereitung]* (1) Bei der Vorbereitung des Flugs hat der Luftfahrzeugführer sich mit allen Unterlagen und Informationen, die für die sichere Durchführung des Flugs von Bedeutung sind, vertraut zu machen und sich davon zu überzeugen, dass das Luftfahrzeug und die Ladung sich in verkehrssicherem Zustand befinden, die zulässige Flugmasse nicht überschritten wird, die vorgeschriebenen Ausweise vorhanden sind. ...

FBO Abschnitt I *[Flugausrüstung]* ...

2. Flug-, Rettungs-, Schleppgerät und Gurtzeug müssen für die jeweilige Startart und Insassenzahl vorschriftsmäßig geprüft und instandgehalten sowie aufeinander und auf die Insassen abgestimmt sein. Sie dürfen nur innerhalb der festgelegten Gewichts- und sonstigen Betriebsgrenzen betrieben werden. ...

11. Bei Gleitsegelflügen muss ein Rückenschutz verwendet werden, es sei denn, dass mit einer Landung im Wasser zu rechnen ist oder der Gleitschirm nur mit Gurtzeug betrieben werden darf, an dem kein

Rückenschutz angebracht werden kann. Bei Gurtzeug, das vor dem 1. 1. 2000 zugelassen wurde, muss der Rückenschutz nicht zugelassen sein.

FBO Abschnitt I [Wetterinformation und Wind] ...

3. *Vor dem Start hat der Pilot die für seinen Flug erforderlichen Wetterinformationen einzuholen. Die Wetterverhältnisse müssen erwarten lassen, dass der Pilot den vorgesehenen Landeplatz sicher erreicht. Ein Start darf nicht erfolgen, wenn die höchste Windgeschwindigkeit am Startplatz 2/3 der höchsterfliegbaren Geschwindigkeit des Fluggeräts übersteigt. Bei stark turbulenten Windverhältnissen darf nicht geflogen werden. Start und Landung erfolgen in der Regel gegen den Wind. ...*

*LuftVO § 24 **[Prüfung der Flugvorbereitung und Ausweise]** Auf Verlangen der für die Wahrnehmung der Luftaufsicht zuständigen Personen oder Stellen hat*

1. *der Luftfahrzeugführer nachzuweisen, dass er den Flug ordnungsgemäß vorbereitet hat.*
2. *das Luftfahrtpersonal die vorgeschriebenen Ausweise, insbesondere die Scheine und Zeugnisse für die Besatzung und das Luftfahrzeug, zur Prüfung auszuhändigen.*

Sichtflugregeln

Die Mindestbedingungen für die Sicht müssen beim Start und während des gesamten Fluges eingehalten sein, das heißt, dass bei unbeständigen Wolkenlöchern nicht geflogen werden darf.

[Flüge nach Sichtflugregeln VFR] *(1) Flüge nach Sichtflugregeln in den Lufträumen der Klassen B bis G sind so durchzuführen, dass die in Anlage 5 enthaltenen jeweiligen Mindestwerte für Flugsicht und Abstand von Wolken nicht unterschritten werden. Flugsicht ist die Sicht in Flugrichtung aus dem Führerraum eines im Flug befindlichen Luftfahrzeuges.*

Anlage 5 (Auszug):

Luftraum Klasse	Mindestwetterbedingungen für VFR
E	Flugsicht 8 km, Abstand von Wolken in waagrechter Richtung 1,5 km, in senkrechter Richtung 300 m (1000 Fuß)
F	Wenn aktiviert: Flugsicht 5 km und jeweiliger Abstand von Wolken in waagerechter Richtung 1,5 km, in senkrechter Richtung 300 m (1000 Fuß). Wenn nicht aktiv: Wie Luftraum G
G	Dauernde Erdsicht, Flugsicht 1,5 km, Wolken dürfen nicht berührt werden;

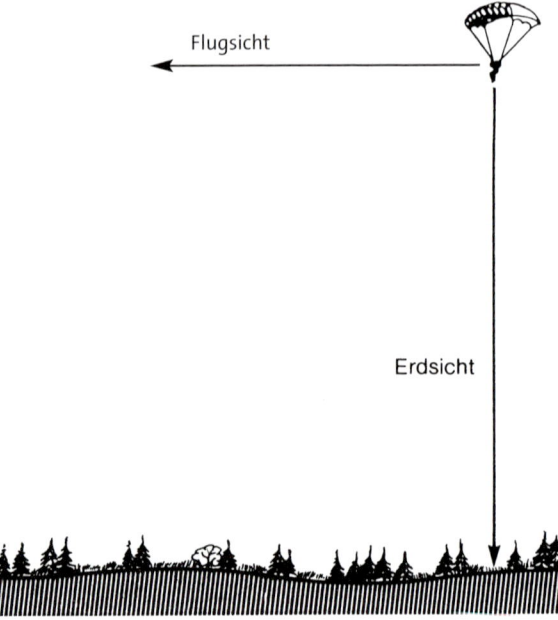

keine Wolkenberührung

Flugsicht

Erdsicht

Verhalten im Flug

LuftVO § 6 **[Sicherheitsmindesthöhe]** *(1) Die Sicherheitsmindesthöhe darf nur unterschritten werden, soweit es bei Start und Landung notwendig ist. Sicherheitsmindesthöhe ist die Höhe, bei der weder eine unnötige Lärmbelästigung im Sinne des § 1 Abs. 2 noch im Falle einer Notlandung eine unnötige Gefährdung von Personen und Sachen zu befürchten ist, mindestens jedoch über Städten, anderen dichtbesiedelten Gebieten und Menschenansammlungen eine Höhe von 300 m ... über dem höchsten Hindernis in einem Umkreis von 600 m, in allen übrigen Fällen eine Höhe von 150 m ... über Grund oder Wasser. Segelflugzeuge, Hängegleiter, Gleitsegel und Ballone können die Höhe von 150 m auch unterschreiten, wenn die Art ihres Betriebes dies notwendig macht und eine Gefahr für Personen und Sachen nicht zu befürchten ist.*

(2) Brücken und ähnliche Bauten sowie Freileitungen und Antennen dürfen nicht unterflogen werden. ...

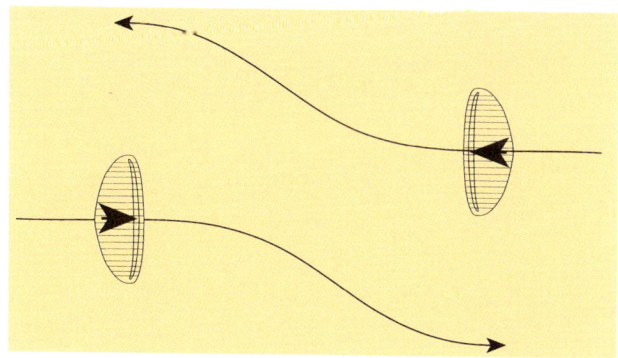

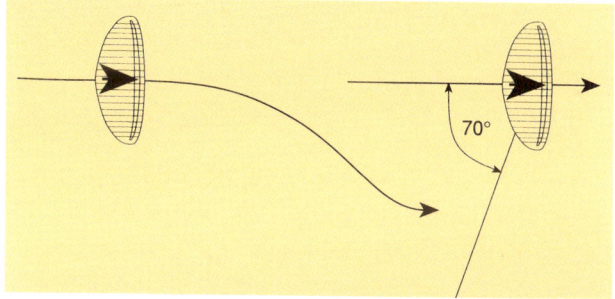

LuftVO § 12 **[Ausreichender Abstand]** *(1) Der Luftfahrzeugführer hat zur Vermeidung von Zusammenstößen zu Luftfahrzeugen sowie anderen Fahrzeugen und sonstigen Hindernissen einen ausreichenden Abstand einzuhalten. ...*

FBO Abschnitt I [Sicherheitsabstand] *...*
4. *Der Pilot hat einen höhen- und entfernungsmäßigen Sicherheitsabstand einzuhalten, von 100 m zu Autobahnen und von 50 m zu anderen Straßen mit Fahrverkehr, zu Eisenbahnlinien und zu in Betrieb befindlichen Skipisten, Liften und Bergbahnen, soweit nicht ein größerer Abstand vorgeschrieben oder ein geringerer Abstand durch die Geländezulassung erlaubt ist. ...*

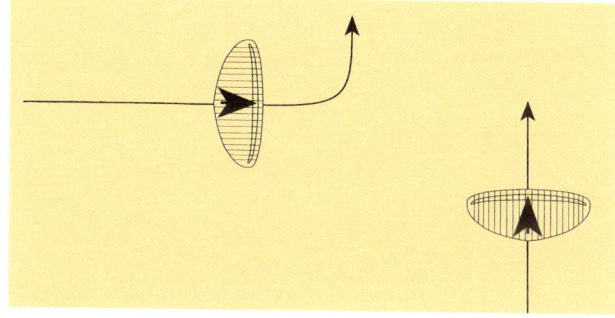

LuftVO § 13 **[Ausweichregeln]** *(1) Luftfahrzeuge, die sich im Gegenflug einander nähern, haben, wenn die Gefahr eines Zusammenstoßes besteht, nach rechts auszuweichen.*

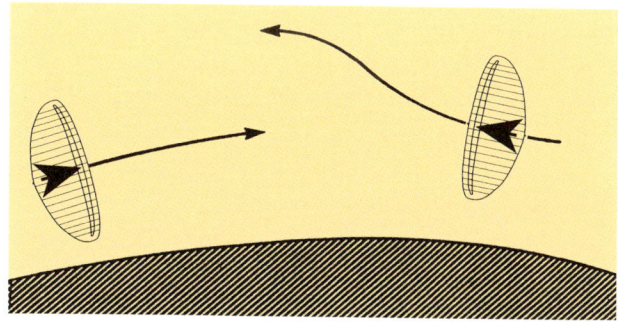

(2) Kreuzen sich die Flugrichtungen zweier Luftfahrzeuge in nahezu gleicher Höhe, so hat das Luftfahrzeug, das von links kommt, auszuweichen. Jedoch haben stets auszuweichen:

1. motorgetriebene Luftfahrzeuge, die schwerer als Luft sind, den Luftschiffen, Segelflugzeugen, Hängegleitern, Gleitsegeln und Ballonen;

2. Luftschiffe den Segelflugzeugen, Hängegleitern, Gleitsegeln und Ballonen;

3. Segelflugzeuge, Hängegleiter, Gleitsegel den Ballonen;

4. motorgetriebene Luftfahrzeuge den Luftfahrzeugen, die andere Luftfahrzeuge oder Gegenstände erkennbar schleppen.

Motorsegler, deren Motor nicht in Betrieb ist, gelten bei Anwendung der Ausweichregeln als Segelflugzeuge.

(3) Überholt ein Luftfahrzeug ein anderes, so hat das überholende Luftfahrzeug, auch wenn es steigt oder sinkt, den Flugweg des anderen zu meiden und seinen Kurs nach rechts zu ändern. Ein Luftfahrzeug überholt ein anderes, wenn es sich dem anderen von rückwärts in einer Flugrichtung nähert, die einen Winkel von weniger als 70 Grad zu der Flugrichtung des anderen bildet. ...

(4) Luftfahrzeugen im Endteil des Landeanflugs und landenden Luftfahrzeugen ist auszuweichen.

(5) Von mehreren einen Flugplatz gleichzeitig zur Landung anfliegenden Luftfahrzeugen, die schwerer als Luft sind, hat das höher fliegende dem tiefer fliegenden Luftfahrzeug auszuweichen. Jedoch haben motorgetriebene Luftfahrzeuge, die schwerer als Luft sind, anderen Luftfahrzeugen in jedem Fall auszuweichen. Ein tiefer fliegendes Luftfahrzeug darf ein anderes Luftfahrzeug, das sich im Endteil des Landeanflugs befindet, nicht unterschneiden oder überholen.

(6) Ein Luftfahrzeug darf erst starten, wenn keine Gefahr eines Zusammenstoßes besteht.

(7) Ein Luftfahrzeug hat einem anderen Luftfahrzeug, das erkennbar in seiner Manövrierfähigkeit behindert ist, auszuweichen.

(8) Ein Luftfahrzeug, das nach den Absätzen 1 bis 5 und 7 nicht auszuweichen oder seinen Kurs zu ändern hat, muss seinen Kurs und seine Geschwindigkeit beibehalten, bis eine Zusammenstoßgefahr ausgeschlossen ist.

(9) Die Vorschriften über die Ausweichregeln entbinden die beteiligten Luftfahrzeugführer nicht von ihrer Verpflichtung, so zu handeln, dass ein Zusammenstoß vermieden wird. Ein Luftfahrzeug, das nach den Absätzen 2 bis 5 und 7 einem anderen Luftfahrzeug ausweichen oder dessen Flugweg meiden und seinen Kurs ändern muss, darf das andere Luftfahrzeug nur in einem Abstand überfliegen, unterfliegen oder vor diesem vorbeifliegen, der eine Gefährdung oder Behinderung dieses Luftfahrzeugs ausschließt.

FBO Abschnitt I [Spezielle Regeln für Hängegleiter und Gleitsegel] ...

5. Die Drehrichtung mehrerer übereinander kreisender Fluggeräte wird von dem zuerst kreisenden bestimmt. Das langsamer steigende Fluggerät hat dem schneller steigenden auszuweichen. Bei einer Begegnung an einem Hindernis muss das Fluggerät, auf dessen linker Seite sich das Hindernis befindet, dem anderen Fluggerät ausweichen. Unmittelbar vor dem Einleiten einer Kurve muss sich der Pilot davon überzeugen, dass der Luftraum im geplanten Flugweg frei ist und keine Kollisionsgefahr besteht. ...**FBO Abschnitt I [Landeeinteilung]** ...

7. Sofern nicht eine andere Regelung getroffen ist oder Sicherheitsgründe entgegenstehen, besteht der Landeanflug aus Gegen-, Quer- und Endanflug, jeweils durch Linkskurven verbunden und zur Landemarkierung führend. Nach der Landung ist die Landefläche so schnell wie möglich freizumachen.

Betriebliche Besonderheiten

LuftVO § 7 **[Abwerfen von Gegenständen]** (1) Das Abwerfen oder Ablassen von Gegenständen oder sonstigen

Stoffen aus oder von Luftfahrzeugen ist verboten. Dies gilt nicht für Ballast in Form von Wasser oder feinem Sand, für Treibstoffe, Schleppseile, Schleppbanner und ähnliche Gegenstände, wenn sie an Stellen abgeworfen oder abgelassen werden, an denen eine Gefahr für Personen oder Sachen nicht besteht. ...

LuftVO § 8 [Kunstflug] (1) ... Kunstflüge mit Luftsportgeräten sind nicht erlaubt.

FBO Abschnitt I [Kunstflug] ...
6. *Flugzustände mit einer Neigung von mehr als 90 Grad um die Quer- oder Längsachse oder mit gegenläufiger Flügelanströmung (z. B. Trudeln) sind Kunstflug.*

Anmerkung: Die besondere Gefährlichkeit des Kunstfluges ist hauptsächlich technischer Art: Die technischen Prüfungen der Geräte beschränken sich auf die normalen Fluglagen. Kunstflug kann zum Versagen eines jeden Gerätes führen und ist deshalb auch eine unzulässige Überschreitung der Gerätebetriebsgrenzen.

LuftVO § 9 [Reklameflüge] ... (4) Reklameflüge, bei denen die Reklame nur in der Beschriftung des Luftfahrzeugs besteht, bedürfen keiner Erlaubnis.
(5) Flüge zur Reklame mit akustischen Mitteln sind verboten.
LuftVO § 14 [Wolkenflug] ... Wolkenflüge mit Luftsportgeräten sind nicht erlaubt.

LuftVO § 33 [Flüge bei Nacht] ... Als Nacht gilt der Zeitraum zwischen einer halben Stunde nach Sonnenuntergang und einer halben Stunde vor Sonnenaufgang. Flüge nach Sichtflugregeln bei Nacht mit Luftsportgeräten ... sind nicht erlaubt.

FBO Abschnitt I [Flugplatzbetrieb] ...
9. *Erfolgt der Flugbetrieb auf einem auch für verkehrszulassungspflichtige Luftfahrzeuge zugelassenen Flugplatz, so müssen der Pilot und der Startleiter die*

theoretische Prüfung zum Unbeschränkten Luftfahrerschein für Gleitsegel oder Hängegleiter oder eine andere anzurechnende Prüfung abgelegt haben. Diese wird bei in Ausbildung befindlichen Piloten durch die Lehrberechtigung des Fluglehrers ersetzt. ...

LuftVZO § 74 **[Luftfahrtveranstaltungen]** ... (4) Luftfahrtveranstaltungen, an denen nur Flugmodelle, Hängegleiter oder Gleitsegel teilnehmen, die nicht der Verkehrszulassungspflicht unterliegen, bedürfen nicht der Genehmigung.

Für **Passagierflüge** muss der Pilot eine besondere Berechtigung besitzen, und das Gerätemuster muss für den doppelsitzigen Betrieb zugelassen sein.

Schleppflüge erfordern eine besondere Berechtigung für den Piloten und Windenführer und die entsprechende Musterzulassung. Schlepp hinter Ultraleichtflugzeugen ist mit Hängegleitern gestattet, mit Gleitsegeln nicht.

Motorgetriebene Gleitsegel und Hängegleiter sind Ultraleichtflugzeuge. Sie unterliegen den für Ultraleichtflugzeuge geltenden Vorschriften.

Betriebsstörungen und Unfälle

In der Luftfahrt besteht ein engmaschiges System für die Gefahren- und Unfallmeldung, für die Signalgebung und für Rettungsflüge.

FBO Abschnitt I [Hubschraubereinsätze] ...
8. Bei Notfällen mit möglichem Hubschraubereinsatz ist der Luftraum und das Unfallgebiet weiträumig freizuhalten. ...

LuftVO § 34 **[Such- und Rettungsflüge]** Bei Flügen mit Such- und Rettungseinsatz oder zur Hilfeleistung bei einer Gefahr für Leib und Leben einer Person kann von den §§ 28 bis 33 abgewichen werden.

*LuftVO § 21 **[Signale]** ... (2) Die Signale ... der Anlage 2 sind nur für die darin beschriebenen Zwecke anzuwenden; andere Signale ..., die hiermit verwechselt werden können, dürfen nicht verwendet werden. ...*

*Anlage 2 zu § 21 LuftVO – § 1 **[Wahl der Signale]** Der Führer eines Luftfahrzeugs darf in einer Notlage jedes verfügbare Mittel benutzen, um sich bemerkbar zu machen, seinen Standort bekannt zu geben und Hilfe herbeizurufen.*

*Anlage 2 zu § 21 LuftVO – § 2 **[Notsignale]** Die folgenden, entweder zusammen oder einzeln gegebenen, Signale bedeuten, dass schwere und unmittelbare Gefahr droht und dass sofortige Hilfe angefordert wird:*
1. *Ein durch Tastfunk oder auf andere Art gegebenes Signal, das aus der Gruppe SOS (...—... des Morsealphabets) besteht;*
2. *ein durch Sprechfunk gegebenes Signal, das aus dem gesprochenen Wort »MAYDAY« besteht;*
3. *einzeln und in kurzen Zeitabständen abgefeuerte rotleuchtende Raketen oder Leuchtkugeln;*
4. *ein Leuchtfallschirm mit rotem Licht.*

*LuftVO § 20 **[Gefahrenmeldung]** Der Luftfahrzeugführer hat Beobachtungen über Gefahren für den Luftverkehr unverzüglich der für ihn zuständigen Flugverkehrskontrollstelle zu melden. Die Meldungen sollen alle Einzelheiten enthalten, die für die Gewährleistung der Sicherheit des Luftverkehrs wesentlich sind.*

*LuftVO § 5 **[Anzeige von Flugunfällen und sonstigen Störungen]** ...*
(4) Meldungen ... sollen enthalten:
a) *Name und derzeitiger Aufenthalt des Meldenden,*
b) *Ort und Zeit des Unfalls oder der schweren Störung,*
c) *Art, Muster und Kenn- und Rufzeichen des Luftfahrzeugs,*
d) *Name des Halters des Luftfahrzeugs,*
e) *Zweck des Flugs, Start- und Zielflugplatz,*
f) *Name des verantwortlichen Luftfahrzeugführers,*
g) *Anzahl der Besatzungsmitglieder und Fluggäste,*
h) *Umfang des Personen- und Sachschadens, ...*
j) *Darstellung des Ablaufs des Unfalls oder der schweren Störung.*
Zur Vervollständigung der Meldung ist der Halter des Luftfahrzeugs auf Verlangen der Bundesstelle für Flugunfalluntersuchung verpflichtet, einen ausführlichen Bericht auf zugesandtem Formblatt binnen 14 Tagen vorzulegen.
(5) Unfälle und Störungen bei dem Betrieb von Luftsportgeräten hat der Halter unverzüglich dem vom Bundesminister für Verkehr Beauftragten schriftlich anzuzeigen. Absatz 4 gilt entsprechend.

Anmerkung: Als schwere Verletzungen beim Gleitsegeln gelten Knochenbrüche – außer Finger, Zehe und Nasenbein – und andere Verletzungen, die zu einem stationären Krankenhausaufenthalt von mehr als 48 Stunden führen. Unter schwerem Schaden am Gleitsegel ist Totalschaden zu verstehen.

Aufsicht

Auf Flugplätzen und Geländen, die ausschließlich dem Betrieb von Hängegleitern und Gleitsegeln dienen, obliegt die Aufsicht dem Deutschen Hängegleiterverband als Beauftragten nach § 31c LuftVG und dem Geländehalter. Zur Durchführung der Luftaufsicht vor Ort ernennt der Deutsche Hängegleiterverband »Beauftragte für Luftaufsicht«.

*LuftVG § 29 **[Luftaufsicht]** (1) Die Abwehr von Gefahren für die Sicherheit des Luftverkehrs sowie für die öffentliche Sicherheit oder Ordnung durch die Luftfahrt (Luftaufsicht) ist Aufgabe der Luftfahrtbehörden und der für die Flugsicherung zuständigen Stellen. Sie können in Ausübung der Luftaufsicht Verfügungen erlassen. ...*

FBO Abschnitt I [Vorzeigepflicht] ...

13. *Die mitzuführenden Ausweise, Prüfplaketten und sonstigen Nachweise sind den Beauftragten für Luftaufsicht sowie den Startleitern auf Verlangen vorzuzeigen.*

Startleitung

Auf den meisten Fluggeländen besteht keine Startleiterregelung und es kann dort in gegenseitiger Absprache der Piloten gestartet werden. Dagegen kann auf viel genutzten und anspruchsvollen Geländen, bei Mischflug- und bei Ausbildungsbetrieb, bei mehreren nahegelegenen Startstellen und bei Schlepp – um Beispiele zu nennen – ein Startleiter notwendig und hilfreich sein.

FBO Abschnitt II: Startleitung

1. *Startleitung kann durch Auflage in der Geländezulassung allgemein vorgeschrieben oder für den Einzelfall vom Beauftragten für Luftaufsicht angeordnet werden. Der Startleiter wird vom Geländehalter oder vom Beauftragten für Luftaufsicht bestellt. Er kann sich durch andere Personen vorübergehend oder teilweise vertreten lassen. Er und seine Vertreter müssen einen Luftfahrerschein für Hängegleiter oder Gleitsegel besitzen, bei Windenschlepp mit Eintragung der Startart Windenschlepp.*

2. *Der Startleiter sorgt auf dem gesamten Fluggelände einschließlich verschiedener Start- und Landestellen für einen sicheren und ordnungsgemäßen Betriebsablauf. Wenn vor oder beim Start mit anderen Personen Sprech- oder Zeichenverbindung zu bestehen hat, so hält der Startleiter diese Verbindung für den Piloten aufrecht.*

3. *Wenn Startleitung vorgeschrieben oder angeordnet ist, darf nur gestartet werden, solange dieser das Starten freigibt. Der Pilot muss sich vor dem Start bei ihm melden. Die Startfreigabe entbindet den Piloten nicht von seiner persönlichen Sorgfaltspflicht, er startet auf*

eigene Gefahr und in eigener Verantwortung. Erlässt der Startleiter ein generelles Startverbot, so darf auch in seiner Abwesenheit niemand starten, solange der Grund für das Startverbot fortbesteht.

4. *Ist keine Startleitung vorgeschrieben oder angeordnet, so haben die Starts in gegenseitiger Absprache unter Ausschluss einer Gefährdung Dritter zu erfolgen.*

Straf- und Bußgeldvorschriften

LuftVG § 59 **[Luftverkehrsgefährdung]** (1) Wer als Führer eines Luftfahrzeugs oder als sonst für die Sicherheit Verantwortlicher durch grob pflichtwidriges Verhalten gegen eine im Rahmen der Luftaufsicht erlassene Verfügung (§ 29) verstößt und dadurch Leib und Leben eines anderen oder fremde Sachen von bedeutendem Wert gefährdet, wird mit Freiheitsstrafe bis zu fünf Jahren oder mit Geldstrafe bestraft.

(2) Wer die Tat fahrlässig begeht, wird mit Freiheitsstrafe bis zu zwei Jahren oder mit Geldstrafe bestraft.

LuftVG § 58 **[Ordnungswidrigkeiten]** (1) Ordnungswidrig handelt, wer vorsätzlich oder fahrlässig

1. den im Rahmen der Luftaufsicht (§ 29) erlassenen Verfügungen zuwiderhandelt, ...

LuftVO § 43 Ordnungswidrig im Sinne des § 58 Abs. 1 Nr. 10 des Luftverkehrsgesetzes handelt, wer vorsätzlich oder fahrlässig

1. als Teilnehmer am Luftverkehr entgegen § 1 Abs. 1 sich so verhält, dass ein anderer gefährdet, geschädigt oder mehr als nach den Umständen unvermeidbar behindert oder belästigt wird; ...

3. entgegen § 1 Abs. 3 ein Luftfahrzeug führt oder als anderes Besatzungsmitglied tätig wird, obwohl er infolge des Genusses alkoholischer Getränke oder anderer berauschender Mittel oder infolge geistiger oder körperlicher Mängel in der Wahrnehmung seiner Aufgabe behindert ist, wenn die Tat nicht in den

§§ 315 a und 316 des Strafgesetzbuchs mit Strafe bedroht ist; ...

5. einer Vorschrift des § 3 über die Pflichten des Luftfahrzeugführers zuwiderhandelt;

6. entgegen § 3a Abs. 1 oder 2 die Flugvorbereitung nicht oder nicht ordnungsgemäß durchführt; ...

10. als Halter, Führer oder anderes Besatzungsmitglied entgegen § 5 Abs. 1, 2, 3 oder 5 Störungen bei dem Betrieb eines Luftfahrzeugs nicht, nicht rechtzeitig oder nicht ordnungsgemäß anzeigt;

11. entgegen § 6 Abs. 1 die Sicherheitsmindesthöhe unterschreitet oder entgegen § 6 Abs. 2 Brücken oder ähnliche Bauten, Freileitungen oder Antennen unterfliegt ...;

12. entgegen § 7 Abs. 1 Gegenstände oder sonstige Stoffe abwirft oder ablässt;

13. entgegen § 8 Kunstflüge ausführt;

14. entgegen § 9 Abs. 1, 2 oder 5 Schlepp- oder Reklameflüge ausführt; ...

18. einer Vorschrift des § 12 oder § 19 Abs. 1 zur Vermeidung von Zusammenstößen zuwiderhandelt;

19. eine Ausweichregel des § 13 nicht befolgt;

19a. ohne Erlaubnis nach ... § 16 Abs. 3a Satz 2 startet oder landet; ...

24. entgegen § 20 Satz 1 eine Beobachtung über eine Gefahr für den Luftverkehr nicht, nicht unverzüglich oder nicht ordnungsgemäß meldet;

25. einer Vorschrift des § 21 über Signale und Zeichen zuwiderhandelt; ...

LuftBO § 57 Ordnungswidrig im Sinne des § 58 Abs. 1 Nr. 10 des Luftverkehrsgesetzes handelt, wer vorsätzlich oder fahrlässig entgegen

1. *als Halter von Luftfahrtgerät oder Betriebsleiter entgegen*

a) § 3 Abs. 1 Luftfahrtgerät nicht in einem solchen Zustand erhält oder nicht so betreibt, dass kein anderer gefährdet, geschädigt oder mehr als nach den Umständen unvermeidbar behindert oder belästigt wird oder entgegen § 3 Abs. 3 ein Luftfahrtgerät betreibt,

bei dem die Lufttüchtigkeit nicht oder nicht vollständig nachgewiesen ist; ...

d) § 14 Abs. 2 Luftfahrtgerät betreibt, ohne die in der Lufttüchtigkeitsanweisung angeordneten Maßnahmen ordnungsgemäß durchgeführt zu haben; ...

2. *als Halter von Luftfahrtgerät, Betriebsleiter oder Luftfahrzeugführer*

a) entgegen § 3 Abs. 2 Satz 1 ein Luftsportgerät ohne zugelassenes Rettungsgerät betreibt oder entgegen § 3 Abs. 2 Satz 2 keinen geeigneten Kopfschutz trägt; ...

d) § 24 Abs. 1 Satz 1 ein Luftfahrzeug nicht in Übereinstimmung mit dem im zugehörigen Flughandbuch oder in anderen Betriebsanweisungen angegebenen Leistungsdaten oder festgelegten Betriebsgrenzen betreibt;

e) § 25 Abs. 2 ein luftuntüchtiges oder für luftuntüchtig erklärtes Luftfahrtgerät in Betrieb nimmt; ...

Haftung und Versicherung

Das Haftungs- und Versicherungsrecht im Luftverkehr ist ähnlich dem im Straßenverkehr. Gekennzeichnet ist dieses Rechtsgebiet durch verschärfte Haftungs- und Versicherungsbestimmungen, wobei – und darin liegt ein Unterschied zum Straßenverkehr – auch Gleitsegel und Hängegleiter als motorlose Luftfahrzeuge unter diese verschärften Bestimmungen fallen.

Verschuldens- und Gefährdungshaftung

Wer schuldhaft – nämlich fahrlässig oder vorsätzlich – einen Schaden verursacht, hat nach dem Bürgerlichen Gesetzbuch (BGB) dem Geschädigten den Schaden zu ersetzen. Diese Ersatzpflicht gilt für alle Lebensbereiche, für Familie, Freizeit, Beruf, Straßenverkehr und auch den Luftverkehr. Ersatzpflichtig ist immer der Schuldige (Verschuldenshaftung), im Luftverkehr normalerweise der Pilot. Umgekehrt entfällt die Verschuldenshaftung, wenn ein Verschulden fehlt. Dies ist im Luftverkehr denkbar, wenn beispielsweise der Pilot überraschend ohnmächtig wird und einen Unfall mit Drittschaden verursacht. Gäbe es nur die Verschuldenshaftung, würde in diesem Beispiel der Geschädigte leer ausgehen.

Dem Geschädigten bleibt jedoch ein zweiter Ersatzanspruch gegen den Halter des beteiligten Luftfahrzeuges. Diese Ersatzpflicht des Halters heißt Gefährdungshaftung oder Haftung aus der Betriebsgefahr. Sie besteht auch dann, wenn ein Verschulden nicht vorliegt. Der Gesetzgeber hat sie besonders für den Kraftfahrzeug- und den Luftverkehr geschaffen, weil von den Autos und den Luftfahrzeugen für die Allgemeinheit eine besondere Gefahr ausgeht, der die bloße Verschuldenshaftung nicht gerecht wird.

Verschuldens- und Gefährdungshaftung können für denselben Sachverhalt nebeneinander bestehen. Der Geschädigte hat den Ersatzanspruch jedoch nur einmal – auf den höheren der beiden Anspruchsbeträge.

LuftVG § 33 **[Ersatzpflicht des Halters und des Benutzers]** *(1) Wird beim Betrieb eines Luftfahrzeugs durch Unfall jemand getötet, sein Körper oder seine Gesundheit verletzt oder eine Sache beschädigt, so ist der Halter des Luftfahrzeugs verpflichtet, den Schaden zu ersetzen. ... Wer Personen zu Luftfahrern ausbildet, haftet diesen Personen gegenüber nur nach den allgemeinen gesetzlichen Vorschriften.*

(2) Benutzt jemand das Luftfahrzeug ohne Wissen und Willen des Halters, so ist er an Stelle des Halters zum Ersatz des Schadens verpflichtet. Daneben bleibt der Halter zum Ersatz des Schadens verpflichtet, wenn die Benutzung des Luftfahrzeugs durch sein Verschulden ermöglicht worden ist. Ist jedoch der Benutzer vom Halter für den Betrieb des Luftfahrzeugs angestellt oder ist ihm das Luftfahrzeug vom Halter überlassen worden, so ist der Halter zum Ersatz des Schadens verpflichtet; die Haftung des Benutzers nach den allgemeinen gesetzlichen Vorschriften bleibt unberührt.

Haftungsgrenzen

Wenn Verschuldenshaftung vorliegt, gibt es keine Haftungshöchstgrenzen. Wenn beispielsweise bei einem Luftfahrzeugunfall der Schaden 2 Mio. Euro beträgt, dann hat der schuldige Pilot für 2 Mio. Euro zu haften. Dagegen ist die Gefährdungshaftung der Höhe nach begrenzt.

LuftVG § 37 **[Haftungshöchstbeträge]** *(1) Der Ersatzpflichtige haftet für die Schäden aus einem Unfall*

a) ... – bei anderen Luftfahrzeugen, soweit sie nicht durch Verbrennungsmotor angetrieben werden können, bis 750 Kilogramm Gewicht bis zu 1,5 Millionen Euro. ...

(2) Im Falle der Tötung oder Verletzung einer Person haftet der Ersatzpflichtige für jede Person bis zu einem Kapitalbetrag von 600 000 Euro oder bis zu einem Rentenbetrag von jährlich 36 000 Euro.

Versicherungspflicht

Zunächst ist der Haftpflichtige stets persönlich ersatzpflichtig, sei es als Pilot aufgrund Verschuldenshaftung oder als Halter aufgrund Gefährdungshaftung oder er haftet aufgrund von Gefährdungs- und Verschuldungshaftung, wenn – wie im Gleitsegelsport üblich – der Pilot mit dem Halter identisch ist. Der Geschädigte kann sich also unmittelbar an den Piloten bzw. Halter wenden. Er riskiert freilich, dass dort nicht genügend Geld zu holen ist.

Deshalb hat der Gesetzgeber die Gefährdungshaftung zusätzlich dadurch abgesichert, dass er Versicherungspflicht für die Schadensfälle aus der Gefährdungshaftung vorgeschrieben hat. Jeder Halter eines Kraftfahrzeugs oder Luftfahrzeugs ist verpflichtet, dafür eine Haftpflichtversicherung abzuschließen. Obwohl die Versicherungspflicht sich auf die Gefährdungshaftung des Halters beschränkt, ist in den Versicherungsverträgen zwischen Halter und Haftpflichtversicherer üblicherweise auch die Verschuldenshaftung des berechtigten Piloten mitversichert.

LuftVG § 43 [Haftpflichtversicherung] (1) Zur Sicherung der in diesem Unterabschnitt genannten Schadensersatzforderungen ist der Halter des Luftfahrzeugs verpflichtet, ... eine Haftpflichtversicherung abzuschließen. ...

LuftVZO § 103 [Versicherungsnachweis] ... (5) Die zuständige Stelle kann jederzeit die Vorlage des Versicherungsscheins und den Nachweis über die Zahlung des letzten Beitrags verlangen. Bei dem Betrieb von Luftfahrzeugen, die nicht der Verkehrszulassung nach § 6 bedürfen, ist als Versicherungsnachweis eine Bescheinigung des Versicherers mitzuführen, aus der Umfang und Dauer des Versicherungsschutzes ersichtlich sind. Liegt Gruppenversicherung vor, kann die Bescheinigung mit Ermächtigung des Versicherers vom Versicherungsnehmer ausgestellt werden, wobei der Name und die Anschrift des Versicherers anzugeben sind. Die Bescheinigung ist den zuständigen Stellen auf Verlangen vorzuzeigen.

Wenn keine Versicherung abgeschlossen ist, tritt keine Versicherung für den Halter und den Piloten ein und beide sind persönlich ersatzpflichtig.

Wer eine Versicherung abgeschlossen hat und sich ein Gerät vorübergehend ausleiht, ist bei seiner Versicherung ohne Versicherungsschutz, weil er nicht der Halter ist. Er muss sich vorher vergewissern, dass der Verleiher (der Halter) das Leihgerät versichert hat.

Wenn den Geschädigten ein Mitverschulden trifft, beispielsweise bei einer Kollision, so mindert sich der Ersatzanspruch entsprechend dem Grad des Mitverschuldens.

LuftVZO § 108 [Ordnungswidrigkeiten] Ordnungswidrig im Sinne des § 58 Abs. 1 Nr. 10 des Luftverkehrsgesetzes handelt, wer vorsätzlich oder fahrlässig ...

5. als Führer eines Luftfahrzeuges entgegen ...

d) § 103 Abs. 5 Satz 2 die Bescheinigung über die Haftpflichtversicherung beim Betrieb des Luftfahrzeugs nicht mitführt: ...

Luftrecht in Österreich

Deutschland und Österreich haben ihre Ausbildungsrichtlinien harmonisiert und den Luftfahrerschein und den Sonderpilotenschein wechselseitig anerkannt. Sie bilden ihre Fluglehrer gemeinsam aus und viele Flugschulen kooperieren über die Grenzen hinweg. Auch die allgemeinen luftrechtlichen Vorschriften entsprechen sich weitgehend. Wichtigste Vorschrift in Österreich für Hängegleiten und Paragleiten (Gleitschirmfliegen, Gleitsegeln) ist ein Erlass des Bundesverkehrsministeriums.

Seit 15. 9. 2004 heißt der Sonderpilotenschein für Paragleiter neu »Paragleiterschein«.

Erlass des Bundesministeriums für Verkehr/ Oberste Zivilluftfahrtbehörde über »Hängegleiter« und »Paragleiter«

1. Ausgangsbasis und Entwicklung

1.1 »Hängegleiter« oder »Gleitflügel« (die Bezeichnung »Drachen« oder »Flugdrachen« für freifliegende Geräte ist unzutreffend) und »Paragleiter« oder »Gleitschirme« sind Luftfahrzeuge im Sinne des § 11 des Luftfahrtgesetzes (LFG), BGBl. Nr. 253/1957. Daraus folgt, dass Benützer solcher Geräte als Piloten im Sinne des LFG (Sonderpiloten im Sinne der Zivilluftfahrt-Personalverordnung [ZLPV], BGBl. Nr. 219/1958) anzusehen, dass die Geräte als Luftfahrzeuge zulassungspflichtig wären, und dass Abflüge – außer auf Flugplätzen – nur mit Außenabflugbewilligung des Landeshauptmannes erfolgen dürften (Außenlandungen wären entsprechend den anzuwendenden Bestimmungen für Segelflugzeuge nicht bewilligungspflichtig). Eine strenge Gesetzesanwendung würde somit diese Sportarten unnötig behindern. Internationale Regelungen bestehen keine.

1.2 Das Bundesministerium für Verkehr als Oberste Zivilluftfahrtbehörde (BMV/OZB) hatte mit Erlass vom 7. Mai 1973, Zl. 38.533/8-I/8-1973, das Bundesamt für Zivil

luftfahrt (BAZ) zunächst angewiesen, »bis auf weiteres die Bewegung von Selbstgleiterdrachen und dergleichen Geräten bis zu einer Höhe von 30 m über Grund – ausgenommen in Flugplatznähe, in verbauten Gebieten, über Menschenansammlungen im Freien und in sonstigen Gebieten, in denen die Sicherheit der Luftfahrt oder die Sicherheit von Personen und Sachen auf der Erde gefährdet sein könnte – ohne die gesetzlich vorgesehenen luftfahrtbehördlichen Bewilligungen zu dulden«. Maßgebend waren hiefür zunächst ausschließlich Gesichtspunkte der herkömmlichen Luftfahrt (30 m ist die maximale Höhe bewilligungsfreier Luftfahrthindernisse, und zwar auf Bodenerhebungen). Die weitere Entwicklung hat einerseits im Hinblick auf häufigere Unfälle und andererseits auf die Bedürfnisse des Hängegleitersports eine Neuordnung erfordert.

1.3 Bei der Neuordnung waren folgende Gesichtspunkte zu berücksichtigen.

1.3.1 Ermöglichung der Ausübung des (1974) immer mehr aufkommenden Hängegleitersportes, und ähnlich (1986) des Paragleitersportes;

1.3.2 Schutz des herkömmlichen Flugbetriebes (besonders im herkömmlichen Flugraum);

1.3.3 Schutz der Sicherheit unbeteiligter Dritter und schließlich

1.3.4 Gewährleistung einer gewissen Sicherheit der Benützer von Hängegleitern und Paragleitern selbst (unter Berücksichtigung des Rechtsgrundgedankens, dass die bloße Gefährdung der eigenen Person rechtlich grundsätzlich nicht zu missbilligen ist).

2. Richtlinien

Im Hinblick auf diese Gesichtspunkte wurde bzw. wird der unter 1.2 zitierte Erlass durch die folgenden Richtlinien ersetzt.

2.0 Hängegleiter ist ein nicht-kraftangetriebenes, ein- oder zweisitziges Luftfahrzeug schwerer als Luft, dessen Tragfläche aus starren und nichtstarren Teilen besteht, das durch die Kraft des Piloten gestartet sowie gelandet werden kann, und das im Wesentlichen durch Schwerpunktverlagerung gesteuert wird.

Paragleiter ist ein ein- oder zweisitziges nicht-kraftangetriebenes Luftfahrzeug schwerer als Luft, mit nichtstarrer Tragfläche, das durch die Kraft des Piloten gestartet sowie gelandet werden kann, und das im Wesentlichen wie ein Fallschirm gesteuert wird.

2.1 **Luftfahrtveranstaltungen** mit Hänge- und Paragleitern (Wettbewerbe und Schauvorstellungen) erscheinen wenig problematisch. Zivile Luftfahrtveranstaltungen bedürfen gemäß § 126 LFG einer Bewilligung des Landeshauptmannes. Nach der gesetzlichen Regelung sind alle Sicherheitsgesichtspunkte zu berücksichtigen bzw. ist durch entsprechende Nebenbestimmungen für die Sicherheit vorzusorgen. Unter anderem ist danach der beanspruchte Luftraum abzugrenzen. Nicht erforderlich erscheint es nach dem derzeitigen Stand, Veranstaltungsbewilligungen an Zivilluftfahrt-Personalberechtigungen und luftfahrtbehördliche Zulassungen der Geräte zu binden, praktisch wäre dies im Hinblick auf die allfällige Beteiligung von Ausländern mit ausländischen Geräten kaum möglich, wenn die Bewilligung nicht einem Verbot gleichkommen soll (die Veranstaltungsbewilligung wird eine generelle Außenabflugbewilligung mitumfassen). Vor Erteilung jeder Veranstaltungsbewilligung ist die AUSTRO CONTROL GmbH (ACG) zu befassen, die in grundsätzlichen Fragen mit dem BMöWV/OZB Fühlung zu nehmen hat.

2.2 Selbstständige Flüge von Piloten, die nicht im Besitz eines Sonderpilotenscheines für Hänge- bzw. Paragleiter sind, dürfen unter Einhaltung der Luftverkehrsregeln (LVR) 1967, BGBl. Nr. 56, in der geltenden Fassung, nur in Schul- und Übungsbereichen von Hängegleiter- bzw. Paragleiterschulen durchgeführt werden.

2.2.1 Bei derartigen Flügen bedürfen die Führer von Hängegleitern und Paragleitern keiner Pilotenberechtigung; diese wird durch den Nachweis (**Schulbestätigung**) einer entsprechenden Einweisung (2.2.1.1) in einer Hängegleiter- bzw. Paragleiterschule (2.2.1.3) ersetzt. Für die Ausstellung der Schulbestätigung sind die entsprechenden Formulare des Österreichischen Aero-Clubs zu verwenden.

2.2.1.1 Die Einweisung zur Erlangung der Schulbestätigung für Hänge- bzw. Paragleiter hat gemäß den Lehrplänen zu erfolgen. Der Eingewiesene muss innerhalb von 24 Monaten die Beherrschung von Start, Landung, Richtungsänderung und Landeeinteilung erlernt haben, wozu in der Regel 30 Hängegleiter- bzw. 20 Paragleiterflüge unter Aufsicht eines Hängegleiter- bzw. Paragleiter-Fluglehrers erforderlich sind. Ist der Einzuweisende bereits im Besitz von Vorkenntnissen, einer der genannten Schulbestätigungen oder erwirbt er beide Schulbestätigungen gleichzeitig, genügt eine vom Hängegleiter- bzw. Paragleiter-Fluglehrer im Einzelfall festzusetzende geringere Anzahl von Übungsflügen. Zum Abschluss der Einweisung müssen fünf Höhenflüge (mit über 300 m Höhenunterschied) ausgeführt worden sein.

Der Eingewiesene muss weiters im Rahmen der Einweisung die für Führer von Hängegleitern bzw. Paragleitern erforderlichen theoretischen Kenntnisse aus folgenden Gegenständen erworben haben:

● Hängegleiterkunde bzw. Paragleiterkunde (besonders Auf- und Abbau sowie Sicherheitskontrollen),
● Flugpraxis einschließlich Geländekunde und Umweltschutz
● Aerodynamik
● Wetterkunde und
● Luftfahrtvorschriften

Die Schulbestätigung über die Einweisung darf erst ausgestellt werden, wenn der Eingewiesene überdies entsprechende Kenntnisse in Erster Hilfe nachgewiesen (z. B. Bestätigung des Roten Kreuzes) und das 16. Lebensjahr vollendet hat. Die Ausbildung kann auch vorher erfolgen, sofern ein Nachweis der körperlichen und geistigen Tauglichkeit erbracht wird. Nichteigenberechtigte Personen dürfen nur bei Vorliegen einer Zustimmungserklärung ihres gesetzlichen Vertreters geschult werden.

2.2.1.2 Die Berechtigung auf Grund der Einweisung gilt 36 Monate ab Ausstellung der Schulbestätigung.

*2.2.1.3 Für Hängegleiter- bzw. Paragleiter-**Schulbewilligungen** gelten die luftfahrtgesetzlichen Bestimmungen (§§ 42 ff LFG) mit der Maßgabe, dass anstelle des Erfordernisses von Benützungsrechten auf einem Flugplatz (§ 44 Abs. 2 lit. a LFG) das Erfordernis der Benützungsrechte an den zu benützenden Grundstücken, und anstelle des Übungsbereicherfordernisses (§ 44 Abs. 2 lit. b LFG) die Festlegung eines entsprechenden hindernisfreien Bereiches und eines entsprechenden Luftraumes im Schulbewilligungsbescheid tritt.*

*2.2.2 Die LVR 1967 in der geltenden Fassung finden – mit den in diesem Erlass zusammengefassten Abweichungen – auf Hängegleiter und Paragleiter sinngemäß Anwendung. Hervorzuheben sind zunächst die allgemeinen Bestimmungen etwa über den **Betrieb** (§ 3 LVR); auch für den Betrieb von Hängegleitern und Paragleitern gilt u. a. das allgemeine Gefährdungsverbot. Besonders dürfen danach Hängegleiter und Paragleiter nicht im Bereich stark begangenen Geländes und stark befahrener Skipisten eingesetzt werden, und weiters ist danach das Überfliegen von Personen, Gebäuden, öffentlichen Transportanlagen (Bahnen, Seilbahnen, Skiliften usw.) und von Freileitungen, jedenfalls in einem geringeren Abstand als etwa 50 m zu dem Hindernis, zu vermeiden. Bei Starts mittels Skiern sind diese derart zu sichern, dass sie während des Fluges nicht herabfallen können. Ferner ist bei Hängegleiter- und Paragleiterflügen ein geeigneter Kopfschutz zu tragen und bei Höhenflügen ein Rettungssystem (Fallschirm) mitzuführen. Bei Paragleiterflügen ist zusätzlich ein Gurtzeug mit geeignetem Rückenschutz (z. B. Protektor, Airbag) zu verwenden. Weiters hervorzuheben sind die allgemeinen Bestimmungen über Verantwortlichkeiten (§ 4 LVR) oder Flugvorbereitung (§ 5 LVR). Neben den allgemeinen Ausweichregeln (§§ 11 ff LVR) gelten für Hängegleiter und Paragleiter die besonderen Ausweichregeln für Segelflugzeuge (§ 53 LVR), wie für Flüge mit Hängegleitern*

und Paragleitern überhaupt grundsätzlich dieselben Bestimmungen wie für Segelflüge gelten (§ 51 LVR).

Der Betrieb von Hängegleitern und Paragleitern ist nur bei Tag (§ 2 LVR) und nur unter Sichtflugwetterbedingungen (§ 41 LVR) zulässig.

Siehe im Übrigen auch die Bestimmungen im § 56a LVR. Bei Hänge- und Paragleiterflügen wird von der Verpflichtung zum Mitführen von Notsendern (Crashsendern) abgesehen.

*2.2.3 Hängegleiter und Paragleiter sind nicht in das Luftfahrzeugregister einzutragen, aber jedenfalls als Luftfahrzeug **zulassungspflichtig.***

2.2.3.1 Zulassungen ausländischer Behörden oder von solchen anerkannte Zulassungen für ein- und zweisitzige Hänge- bzw. Paragleiter sind ohne weiteres anzuerkennen. Ansonsten kommen primär Musterprüfungen in Betracht (auf Grund deren dann alle entsprechenden Geräte ohne Einzelprüfung zugelassen werden bzw. als zugelassen gelten können). Hauptzweck der luftfahrtbehördlichen Zulassung ist die Vorschreibung bzw. Ermöglichung einer Haftpflichtversicherung (siehe Punkt 2.2.5.2) und die Statuierung der Halterverantwortlichkeit. Nicht zugelassene Hängegleiter bzw. Paragleiter dürfen nur zu Erprobungszwecken und mit einer entsprechenden Erprobungsbewilligung des ÖAeC verwendet werden. Das zu erprobende Gerät ist gemäß den Vorschriften der ZLLV als Prototyp entsprechend zu kennzeichnen.

*Periodische **Nachprüfungen** sind entsprechend den Betriebshandbüchern durchzuführen. Zweisitzig zugelassene Hänge- und Paragleiter, die gewerbsmäßig betrieben werden, sind jedenfalls alle 150 Flüge bzw. jährlich nachzuprüfen. Für die Wartung, die regelmäßige Überprüfung und die Aufrechterhaltung der Lufttüchtigkeit entsprechend den von der Zulassungsbehörde genehmigten Betriebsanweisungen (siehe Punkt 2.2.3.2) ist der Halter verantwortlich. Ohne Bewilligung des Herstellers dürfen an zugelassenen Hängegleitern und Paragleitern keine Änderungen vorgenommen werden. An*

zugelassenen Hängegleitern und Paragleitern müssen deutlich lesbar und in dauerhafter Schrift die Bezeichnung der Type, die Angaben der Eigenmasse, der Mindest- und Höchstzuladung, des Baujahres, weiters die Werknummer sowie der Name und die Anschrift des Herstellers sowie eine Musterprüfplakette angebracht sein.

2.2.3.2 Bei der Zulassung ist vom Zulassungswerber eine Betriebsanweisung in deutscher Sprache zur Genehmigung vorzulegen. Die entsprechenden Vorschriften der Zivilluftfahrzeug- und Luftfahrtgerät-Verordnung 1999 (ZLLV 1999) BGBL. Nr. 363/1999 in der geltenden Fassung, sind zu beachten.

Jeder Benützer hat sich mit der Betriebsanweisung vertraut zu machen.

Für die gewerbsmäßige Vermietung von Hänge- und Paragleitern ist eine Bewilligung gemäß §§ 116 f LFG erforderlich.

2.2.4 Die Landeshauptmänner werden ersucht, Abflüge mit Hängegleitern und Paragleitern **ohne Außenabflugbewilligung** zu dulden (ausgenommen in dicht verbauten Gebieten sowie von Bauwerken z. B. Brücken). Die Halter und Piloten von Hängegleitern und Paragleitern werden darauf hingewiesen, dass die über die benützten Grundstücke Verfügungsberechtigten aus zivilrechtlichen Gründen jedenfalls eine Zustimmungserklärung abgegeben haben müssen. Landungen mit Hängegleitern und Paragleitern sind gemäß § 10 Abs. 1 lit. c LFG bewilligungsfrei.

2.2.5 Für **Störungen** gelten nach der ZSV, BGBl. Nr. 152/1980, in der geltenden Fassung, keine Sonderbestimmungen.

2.2.5.1 Der Flugbetrieb soll nur in Anwesenheit einer weiteren Person durchgeführt werden, die in der Lage ist, bei Unfällen Soforthilfemaßnahmen einzuleiten. Unfälle und sonstige Störungen sind gemäß § 136 LFG der ACG (Tel. Wien 7988380) unverzüglich zu melden. Bei Störungen, die sich als geringfügig erweisen (z. B. Baum-

landungen mit Paragleitern) und die Sicherheit des Flugbetriebes nicht unmittelbar berühren, kann eine Störungsmeldung unterbleiben, ebenso bei harten Landungen (Crash-Landungen) mit geringem Schaden (z. B. verbogenes Trapez). Zu melden sind jedoch u.a. Gerätebruch im Flug, wenn sich auch der Pilot mittels Fallschirmes unverletzt retten konnte, Zusammenstöße mit Luftfahrzeugen, Unfälle, bei denen der Pilot schwer oder ein Dritter (wenn auch nur leicht) verletzt wurde, sowie sonstige Störungen, deren Bekanntwerden der Flugunfallverhütung dienen kann. Die Meldepflicht obliegt (nebeneinander) dem Piloten, dem Luftfahrzeughalter, dem Flugplatzhalter (Ausbildungsunternehmen bei Störungen im Rahmen der Ausbildung) und den Organen des öffentlichen Sicherheitsdienstes.

2.2.5.2 Hinsichtlich der **Halterhaftpflicht** und der Versicherungspflicht gelten die §§ 146 LFG, BGBL. 253/1957, in der geltenden Fassung, uneingeschränkt (Haftung bis 1 200 000 Euro).

2.3 Flüge mit Hängegleitern und Paragleitern außerhalb von gemäß 2.2.1.3 festgelegten Schul- und Übungsbereichen unterliegen voll den luftfahrtrechtlichen Vorschriften (Punkt 1.1).

2.3.1 Die Führer solcher Hängegleiter und Paragleiter bedürfen eines **Sonderpilotenscheines** für Hängegleiter bzw. für Paragleiter. Der Sonderpilotenschein für Hängegleiter berechtigt auch zum Führen von Paragleitern, wenn der Scheininhaber eine gültige Schulbestätigung für Paragleiter (siehe 2.2.1.1) hat und insgesamt 15 Höhenflüge unter der Aufsicht eines Fluglehrers nachweist. Der Sonderpilotenschein für Paragleiter berechtigt zum Führen von Hängegleitern, wenn der Scheininhaber eine gültige Schulbestätigung für Hängegleiter (siehe 2.2.1.1) hat und insgesamt 15 Höhenflüge unter der Aufsicht eines Fluglehrers nachweist. Diese Berechtigungen sind auf Antrag in den Sonderpilotenschein einzutragen.

2.3.1.1 Voraussetzungen für die Bewerbung um einen Sonderpilotenschein für Hängegleiter bzw. für Paragleiter sind die Vollendung des 16. Lebensjahres, die Verlässlichkeit, die körperliche und geistige Tauglichkeit, eine Schulbestätigung gemäß Punkt 2.2.1.1, sowie insgesamt 40 von einer Hängegleiter- bzw. Paragleiterschule bestätigte Höhenflüge, von denen 25 unter Aufsicht eines Fluglehrers absolviert werden müssen. Von diesen 25 Flügen sind mindestens 10 mit einem Höhenunterschied von mindestens 500 m, die übrigen mit einem Höhenunterschied von mindestens 300 m durchzuführen. Weiters ist eine spezielle im Lehrplan festgelegte Alpeneinweisung zu absolvieren. Als praktische Prüfung hat der Bewerber einen nach entsprechend festgelegtem Flugplan flugtechnisch einwandfreien Prüfungsflug mit einem Höhenunterschied von mindestens 500 m und einer korrekten Landung auf einem zugewiesenen Landeplatz mit einer Größe von etwa 60 m im Quadrat für Paragleiter und etwa 80 m im Quadrat für Hängegleiter auszuführen. Die theoretische Prüfung umfasst die in Punkt 2.2.1.1 bezeichneten Gegenstände sowie Erste Hilfe und Flugmedizin.

2.3.1.2 Der Inhaber eines Sonderpilotenscheines hat alle drei Jahre – innerhalb der letzten 12 Monate vor Ablauf der 3-Jahres-Frist – in einer Hängegleiter- bzw. Paragleiterschule einen entsprechenden **Überprüfungsflug** mit einem Höhenunterschied von mindestens 500 m durchzuführen. Dieser Flug ist im Flugbuch zu bestätigen. Bei Überziehung der 3jährigen Frist ist in einer Hänge- und Paragleiterschule eine entsprechende Nachschulung gemäß den offiziellen Lehrplänen erforderlich. Sind mehrere Berechtigungen im Sonderpilotenschein eingetragen, richtet sich die Gültigkeit einer Berechtigung bzw. die Verlängerungsfrist immer nach der Grundberechtigung (SOPI).

Zur Durchführung von Streckenflügen (Überlandflüge) ist eine **Überlandberechtigung** erforderlich. Für die Erlangung dieser Berechtigung hat der Bewerber 20 Höhenflüge zu absolvieren, von denen 10 einen Höhenunterschied von mindestens 500 m und 10 eine Flugzeit von mindestens je einer halben Stunde Flugdauer auf-

weisen müssen. Diese Flüge sind auf zwei verschiedenen Fluggeländen durchzuführen und von einer Flugschule zu bestätigen. Weiters ist eine spezielle Unterweisung in den Gegenständen Navigation, Geographie, Wetterkunde und Luftfahrtrecht in einer Hänge- bzw. Paragleiterschule sowie eine theoretische Prüfung in diesen Gegenständen erforderlich.

Für die Erlangung der Überlandberechtigung ist weiters ein Streckenflug nach Flugauftrag einer Flugschule auf einer festgelegten Übungsstrecke einer Flugschule mit mindestens 10 km für Paragleiter und 20 km für Hängegleiter zu absolvieren.

2.3.1.3 Voraussetzungen für die Erlangung der **Hängegleiter- bzw. Paragleiter-Fluglehrerberechtigung** sind der Besitz des Sonderpilotenscheines für Hängegleiter bzw. Paragleiter seit mindestens 24 Monaten, eine Überlandberechtigung, die Durchführung von 200 Flügen mit einem Höhenunterschied von mindestens 300 m mit Hängegleitern bzw. Paragleitern, eine einmonatige Tätigkeit (mindestens 30 Tage) in einer Hängegleiter- bzw. Paragleiterschule als Fluglehreranwärter unter Aufsicht eines befugten Fluglehrers, die Absolvierung eines vom ÖAeC in einer Flugschule durchgeführten Hänge- und Paragleiter-Fluglehrerlehrganges, die Ablegung der Prüfung gemäß § 20 der ZLPV und eine Fluglehrertätigkeit in einer Hängegleiter- oder Paragleiterschule an mindestens 90 Tagen unter der Aufsicht eines befugten Fluglehrers.

Für Inhaber einer Hängegleiter-Fluglehrerberechtigung sind für die Erlangung der Paragleiter-Fluglehrerberechtigung der Besitz einer gültigen Schulbestätigung für Paragleiter sowie die Durchführung von 200 Höhenflügen mit Paragleitern (Höhenunterschied mindestens 300 m) erforderlich sowie eine Fluglehrertätigkeit in einer Paragleiterschule während mindestens zwei Monaten.

Für Inhaber einer Paragleiter-Fluglehrerberechtigung sind für die Erlangung der Hängegleiter-Fluglehrerberechtigung der Besitz einer gültigen Schulbestätigung für Hängegleiter sowie die Durchführung von 200 Hö-

nehmen, sofern sie nicht hauptberuflich als Fluglehrer tätig waren. Bei Überziehung der dreijährigen Frist ist eine Teilnahme an einem Weiterbildungslehrgang und eine zweiwöchige Praxis in einer Flugschule erforderlich.

2.4 Zur Durchführung von **Doppelsitzerflügen** mit Hängegleitern bzw. Paragleitern muss der verantwortliche Pilot (§ 2 LVR) mindestens 12 Monate im Besitz eines gültigen Sonderpilotenscheines für Hängegleiter bzw. Paragleiter sein, mindestens 100 Höhenflüge (Höhenunterschied mindestens 300 m) absolviert haben sowie 5 Doppelsitzerflüge mit einem Fluglehrer und als Einweisung an einem speziellen Lehrgang in einer Hängegleiter- bzw. Paragleiterschule teilgenommen haben, wobei ausländische Lehrgänge, welche mindestens die gleichen Anforderungen stellen, anzuerkennen sind. Weiters sind zur Erlangung der Doppelsitzerberechtigung 30 Flüge mit Passagieren, die Inhaber eines gültigen Sonderpilotenscheines sind, im Schul- und Übungsbereich, mit Flugauftrag der Flugschule, durchzuführen. Die Doppelsitzerberechtigung ist jedenfalls in den Sonderpilotenschein einzutragen.

Zur gewerbsmäßigen Beförderung von Personen und Sachen ist eine Bewilligung gemäß §§ 101 ff LFG erforderlich.

Piloten, die Doppelsitzerflüge durchführen, haben alle drei Jahre einen Nachweis über die körperliche und geistige Tauglichkeit zu erbringen und innerhalb der letzten 12 Monate der dreijährigen Frist in einer Hängegleiter- bzw. Paragleiterschule einen Tandemflug als Überprüfungsflug zu absolvieren. Die erforderlichen Bestätigungen sind im Flugbuch zu vermerken. Die Flugschule hat entsprechende Aufzeichnungen zu führen und ebenso wie bei Nachschulungen diese umgehend an den ÖAeC weiterzuleiten.

2.5 Sonstige gewerbsmäßig durchgeführte Lehrgänge, wie z. B. Thermikkurse, Streckenflugkurse, Sicherheitstraining sind nur im Rahmen der Weiterbildung in einer Hängegleiter- bzw. Paragleiterschule zulässig.

henflügen mit Hängegleitern (Höhenunterschied mindestens 300 m) erforderlich sowie eine Fluglehrertätigkeit in einer Hängegleiterschule während mindestens zwei Monaten.

Inhaber einer Lehrberechtiung für Hängegleiter bzw. Paragleiter haben alle drei Jahre an einem Weiterbildungslehrgang des ÖAeC in einer Flugschule teilzu-

Unterschiede zum deutschen Luftrecht

Neben den formalen Unterschieden infolge der verschiedenen Rechtssysteme und -entwicklungen bestehen auch einzelne inhaltliche Unterschiede. Die wesentlichen Abweichungen der österreichischen Vorschriften für Hängegleiter und Paragleiter von den deutschen sind nachfolgend in der Reihenfolge des Kapitels Luftrecht dargestellt.

Rechtsvorschriften und zuständige Stellen

Das **Luftfahrtgesetz** (LFG) ist die gesetzliche Basis. Die **Luftverkehrsregeln** (LFR) entsprechen als Durchführungsverordnung der deutschen LuftVO und sind auch für Hängegleiter und Paragleiter verbindlich. Im **Erlass** über Hängegleiter und Paragleiter hat das Bundesverkehrsministerium die Einzelheiten vorgeschrieben.

Das **Bundesministerium für Verkehr**, Innovation und Technik (BMVIT) ist die Oberste Zivilluftfahrtbehörde in Österreich. Die **Austro Control** GmbH (AcG) ist ausführende Institution. Zu ihren Aufgaben gehören – mit Bedeutung auch für Hängegleiter und Paragleiter – die Flugsicherung, der Flugwetterdienst, der Fluginformationsdienst und die Flugunfalluntersuchung.

Der **Österreichische Aeroclub** (ÖAeC) ist als Luftfahrtbehörde erster Instanz für die Verwaltung der Hängegleiter und Paragleiter zuständig, seine Aufgaben entsprechen denen des Deutschen Hängegleiterverbandes.

Das »Österreichische Nachrichtenblatt für Luftfahrer (ÖNfL)« ist auch für Hängegleiter und Paragleiter die offizielle Informationsschrift.

Fluggerät

Der Gerätetyp (Fluggerät, Gurtzeug, Rettungs- und Schleppgerät) bedarf der **Musterzulassung**, die auf Antrag des Herstellers vom Österreichischen Aeroclub erteilt wird. Grundlage ist die Musterprüfung nach den Bauvorschriften/Lufttüchtigkeitsforderungen für Hängegleiter und Gleitsegel, wie sie auch für die Musterprüfungen des Deutschen Hängegleiterverbandes gelten.

Paragleiter müssen, gemäß den Angaben in der Betriebsanleitung, in einem dafür vom Österreichischen Aeroclub bewilligten Instandhaltungsbetrieb **nachgeprüft** werden.

Eintragung und Kennzeichnung von Hängegleitern und Paragleitern ist nicht möglich.

Für die Flugausrüstung deutscher **Gäste** gelten die Voraussetzungen wie in Deutschland. Die Halterhaftpflichtversicherung muss jedoch 1,2 Mio. Euro betragen.

Ausbildung

Der österreichische **Paragleiterschein** wird vom Österreichischen Aeroclub erteilt. Er entspricht dem beschränkten Luftfahrerschein (A-Lizenz) in Deutschland. Die Überlandberechtigung zum Paragleiterschein entspricht dem unbeschränkten Luftfahrerschein (B-Lizenz).

Flüge mit einer **Schulbestätigung** in Schul- und Übungsbereichen bedürfen der Zustimmung des Schulleiters oder seines Stellvertreters.

Der **Überprüfungsflug** alle drei Jahre muss bei einer Hänge- bzw. Paragleiterschule durchgeführt werden.

Für die **Passagierberechtigung** muss der Pilot alle 3 Jahre ein fliegerärztliches Flugtauglichkeitszeugnis vorweisen.

Fluggelände

Eine Geländezulassung – in Österreich Außenabflugbewilligung – ist für Hängegleiter und Paragleiter nicht erforderlich, wenn der Verfügungsberechtigte über das Grundstück zugestimmt hat.

Luftraum

Der Luftraum G ist in Österreich in 3 Bereiche mit unterschiedlichen Sichtflugregeln unterteilt, siehe Skizze. Im Luftraum E gelten auch im Bereich 1 die Regeln des Bereichs 2.

Als **spezielle kontrollierte Lufträume** gibt es zusätzlich den Nahkontrollbezirk (TMA) und den Bereich mit Sonderregelungen (SRA) jeweils in Flugplatznähe. Ausnahmebereiche dienen Militärflügen. Wenn sie aktiv

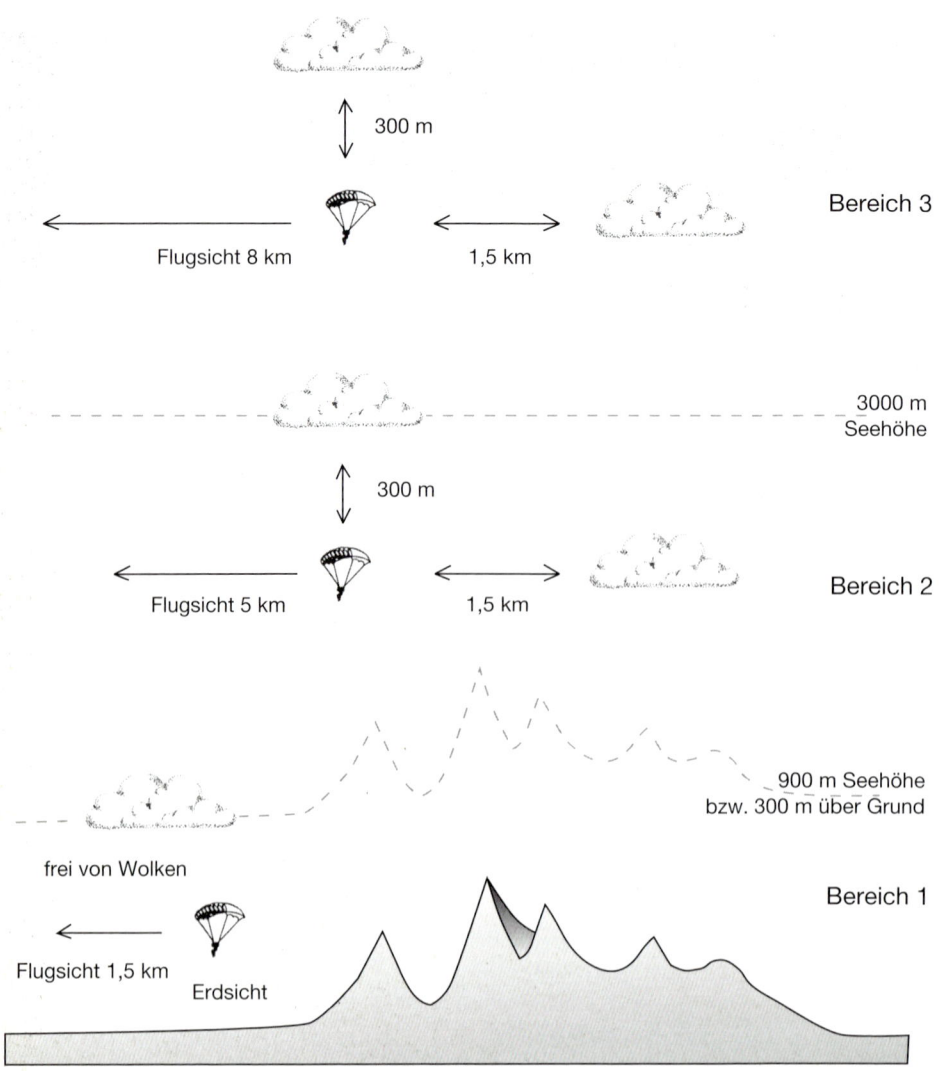

raum G zusätzlich in 3 Bereiche (Stockwerke) mit unterschiedlichen Anforderungen unterteilt, der Luftraum E in 2 Bereiche, siehe Abbildung. Im Luftraum E gelten auch im Bereich 1 die Regeln des Bereichs 2.

Einen **Startleiter**, wie bei einigen Geländen in Deutschland, gibt es nicht.

Bei sich **kreuzenden Kursen** von Segelflugzeug und Hängegleiter/Paragleiter hat das Segelflugzeug auszuweichen, anders als in Deutschland, wo sie gleichberechtigt sind, also Rechts-vor-Links gilt.

Beim **Überfliegen** von Personen, Gebäuden und Freileitungen ist in Österreich ein Abstand von 50 m einzuhalten.

Nicht speziell vorgeschrieben sind in Österreich dagegen
- das Mitführen der Rettungsschnur nach FBO,
- die Vorgaben der FBO zu den Windverhältnissen,
- die Sicherheitsmindesthöhen von 300 m und 600 m nach § 6 LuftVO,
- die Mindestabstände der FBO (ausgenommen gegenüber befahrenen Skipisten, öffentlichen Transportanlagen wie Bahnen, Seilbahnen, Skiliften),
- die Links-Landevolte als Pflicht,
- das Gebot zum Freihalten des Luftraums bei möglichem Hubschraubereinsatz.

Besondere Sichtflugregeln in den Lufträumen G und E
sind – nur in den Dienstzeiten, veröffentlicht im AIP – dürfen Hängegleiter und Paragleiter nur mit einer Einflugfreigabe der Militärflugleitung einfliegen.

Luftraum F ist nicht eingerichtet.

Flugbetrieb
Für die **Mindestsichtbedingungen** gelten in Österreich andere Regeln. Anders als in Deutschland ist der Luft-

Unfälle und Störungen
Die Meldung von schweren Unfällen und von Störungen mit unmittelbarer Bedeutung für die Flugunfallverhütung sind vom Piloten, Gerätehalter, ggf. Flugschule, Polizei an Austro Control zu melden. **Immer zu melden** sind Unfälle mit Gerätebruch in der Luft, ärztlicher Hilfe oder Verletzung Dritter.

Register

Die klassischen Lehrbücher

6. Auflage

Karl Heller
Fallschirmspringen
ISBN 3-485-00941-5

5. Auflage

Toni Bender / Peter Janssen / Klaus Tänzler
Gleitschirmfliegen für Meister
Mit CD-ROM
ISBN 3-485-00998-9

**Neu
7. Auflage**

Friedrich Schmidt
Ultraleichtfliegen
ISBN 3-485-01049-9

6. Auflage

Peter Janssen / Klaus Tänzler
Drachenfliegen
ISBN 3-485-01799-X

3. Auflage

Peter Janssen / Klaus Tänzler
Drachenfliegen für Meister
ISBN 3-485-01798-1

2. Auflage

William M. Gaugler
Fechten
ISBN 3-485-01020-0